衢州绿色金融的探索与实践

THE EXPLORATION AND PRACTICE OF GREEN FINANCE IN QUZHOU

主 编 李志青 丁丽霞

復旦大學 出版社

编委会

编委会主任

陈诗一　安徽大学常务副校长、副书记
　　　　复旦大学绿色金融研究中心主任
王良春　衢州市人民政府副市长

编委会成员

丁丽霞　衢州市人民政府金融工作办公室主任
徐韶华　中国人民银行衢州市中心支行党委委员、副行长
李莲香　中国银行保险监督管理委员会衢州监管分局调研员
李志青　复旦大学经济学院党委副书记
　　　　复旦大学绿色金融研究中心执行主任
陈冬梅　复旦大学风险管理与保险学系副教授
李治国　复旦大学管理学院产业经济系副教授
刘瀚斌　复旦大学环境经济研究中心研究员
胡时霖　复旦大学绿色金融研究中心研究助理

前言

作为全国最早谋划绿色金融改革的创新地区之一，衢州市在2014年被浙江省政府确定为全省唯一一个"绿色金融综合改革试点市"，2017年被国务院批准为"绿色金融改革试验区"。衢州市委、市政府高度重视，把绿色金融改革试验区建设作为推动衢州经济社会发展重大历史机遇，把绿色金融改革作为经济高质量发展、开展生态文明建设和探索支持基层治理的最优城市路径。主动作为、大胆创新，秉持"绿色＋特色"理念，紧抓"标准、产品、政策、流程"四大核心要素，着力探索"大花园"统领、大平台集聚、大数据支撑、大联动服务的绿色金融改革"衢州模式"。在复旦大学绿色金融研究中心发布的长三角41个城市绿色金融发展竞争力评级结果中，衢州市的绿色金融发展竞争力排名第一，评级为A+。

衢州市在绿色金融的创新与改革发展上做了大量探索，主要包括建立完善绿色金融政策支持体系、创新开展绿色金融产品服务体系、夯实绿色金融基础设施体系等，通过不懈努力，绿色金融改革推动了衢州绿色生态发展，实现了环境效益、经济效益和社会效益的统一。在环境效益上，生态幸福产业不断壮大；在经济效益上，传统产业活力不断激发；在社会效益上，影响力和关注度不断扩大。衢州在绿色金融领域的先行发展优势正在逐渐辐射到其他城市，衢州探索形成的先进绿色金融发展理念和体系正为其他城市所借鉴和吸收。为了更好地归纳总结衢州绿色金融发展的经验，在衢州市人民政府金融工作办公室、中国人民银行衢州市中心支行、中国银行保险监督管理委员会衢州监管分局等部门以及衢州各金融机构和单位的大力支持下，本书整理和归纳了衢州市各级政府、各主要金融机构在绿色金融上的改革创新实践，形成了标准、产品、政策、流程与综合5大类别，并在每个类别下细分出助企、助创、助农和助绿4个目录，全书共收录94个经典案例，较好地体现了衢州在绿色金融改革与创新方面的最新探索与实践成果。

展望未来，在"做好碳达峰、碳中和工作"的最新发展背景下，我们将继续总结衢州绿色金融改革创新的成功案例，形成可复制、可推广的成功模式，持续发挥衢州作为绿色金融综合改革试点市的模范作用。一是以双碳目标为约束，修订完善绿色金融界定标准，大力推进碳市场的建设，推动金融机构开展碳核算工作，研究开发碳排放权相关金融产品服务，逐步建立全面的金融机构气候与环境信息披露制度，完善环境信息披露与绿色金融相关法规，鼓励有条件的地区出台绿色金融法规并提出碳中和目标。二是大力发展数字化技术，为绿色金融发展赋能。坚持加大数字化技术运用，充分发挥数字经济和数字改革优势，添加金融科技元素，提升金融要素的配置效率，助推政府打造掌上服务和管理平台，运用信息技术推动打造绿色金融信息系统、绿色主题认定系统、绿色银行监管系统以及绿色金融综合服务平台，促进各平台信息共享，全面加速政府、银行、企业的绿色金融数字化转型。三是努力攻坚与探索,力争在衢州绿色金融实践的基础上形成区域和国家绿色金融发展有效路径。推动绿色金融相关制度建设、搭建完善的绿色金融数字服务平台、研究开发绿色金融创新产品,在全面助力政府、银行、企业绿色转型的基础上继续探索推动绿色金融可持续发展的有效路径,克服当前所面临的绿色项目投资回报率不高、吸引力不足以及需要政府长期投入补贴的困难,加强各地区绿色金融案例实施经验交流,多尝试、多举措降低绿色项目的融资成本,争取全面提高绿色金融可持续能力。

　　本书的编写得到了衢州市各有关部门、金融机构以及复旦大学经济学院等单位的大力支持,在此表示衷心感谢。书中的不足和遗漏之处恳请读者谅解,文责由编者自负。

编　者

2021 年 8 月 10 日

目录

标 准 篇

助企型·案例一	把绿色标准融入小贷业务,为小微企业"贷"来新机遇	3
助企型·案例二	把环保等级与贷款利率挂钩,引导企业绿色发展信贷	5
助企型·案例三	标准化、便利化、专业化——泰隆银行探索绿色发展新模式	7
助创型·案例一	运用大数据打造"蜂巢"科技工程,推进数字普惠金融	10
助创型·案例二	全行打造,绿色赋能促发展	13
助创型·案例三	衢州市率先试点银行"个人碳账户"构建居民绿色行为采集、评价与应用标准体系	17
助创型·案例四	融绿色,行普惠,筑梦"两山"实践	18

产 品 篇

助企型·案例一	"合同能源管理"金融业务,助力科技型小企业绿色发展	25
助企型·案例二	绿色金融创新支持小微企业可持续发展	27
助企型·案例三	"绿色节能贷"助推小微企业绿色转型	29
助企型·案例四	专利质押"智权贷"盘活小微企业无形资产,破解融资难题	31
助企型·案例五	专利质押贷款解困科技企业融资难题	33
助企型·案例六	全国首笔工业企业碳账户应用贷款——"绿色减碳贷"贷款落地衢州	35
助创型·案例一	衢州市大力推广绿色支付,助力"智慧医疗"示范工程建设	36
助创型·案例二	"光伏养老贷"走出"光伏扶贫"新路径	39
助创型·案例三	绿色"民宿贷"助力全域旅游发展驶入"快车道"	41
助创型·案例四	衢州市运用政保合作机制,率先开展电动自行车综合保险	43

助创型·案例五	"两山"贷促进农民专业合作社绿色转型	44
助农型·案例一	"橘融通"贷款模式促柑橘产业转型	47
助农型·案例二	用"生态链"串起传统养殖业生态经济新模式	50
助农型·案例三	银保双向发力,打造开化"清水鱼"特色美食品牌	53
助农型·案例四	林权抵押贷款让"青山变金山、资源变资本"	54
助农型·案例五	生猪保险与无害化处理相结合的绿色保险"龙游模式"	56
助农型·案例六	绿色创新产品——生猪饲料成本价格保险	58
助农型·案例七	应收账款供应链融资,助力食用菌产业绿色发展	60
助农型·案例八	全国首笔农业碳中和账户应用贷款——"碳融通"贷款落地衢州	62
助农型·案例九	推出"农粮保",粮农育秧有了"保护伞"	63
助绿型·案例一	绿色金融支持衢州"金屋顶"光伏富民工程	65
助绿型·案例二	绿色金融债支持餐厨垃圾资源化再利用	68
助绿型·案例三	积极发挥绿色基金作用,助力地方经济绿色发展和项目攻坚	70
助绿型·案例四	银团贷款新模式支持"渔光一体"绿色项目成功落地	72
助绿型·案例五	绿色信贷助推"美丽乡村"建设	73
助绿型·案例六	金融支持山区农户下山脱贫与退宅还林	75
助绿型·案例七	"普惠+绿色",为乡村振兴注入"金融活水"	78
助绿型·案例八	排污权质押贷款支持企业绿色生产	81
助绿型·案例九	全国首推安全生产和环境污染综合责任险,助推衢州绿色发展	83
助绿型·案例十	"绿色金融+绿色PPP模式"加快民生环保项目建设	87
助绿型·案例十一	绿债为"活力新衢州,美丽大花园"建设添砖加瓦	90

政 策 篇

助企型·案例一	"绿色资金风险池"助力环境友好型,小微企业转型腾飞	95
助企型·案例二	银信携手助力光伏新能源产业升级发展	97
助企型·案例三	绿色信贷助力传统钙产业转型升级	99
助创型·案例一	智能制造"江山模式"初长成	102
助创型·案例二	绿色信贷支持休闲农业发展	105
助创型·案例三	"招朝相伴",绿动衢州	107
助创型·案例四	执绿色金融之笔共绘绿水青山之图	111
助创型·案例五	贷款公司助力民宿经济规模发展	115

| 助创型·案例六 | 绿色金融全力支持龙游"龙天红木小镇"建设 | 118 |
| 助创型·案例七 | 绿色金融支持废砖窑变身"摇钱树" | 120 |

助绿型·案例一	绿色金融托起常山"蓝天三衢"梦	122
助绿型·案例二	优化结构,创新金融,助力区域绿金发展	125
助绿型·案例三	点燃创新引擎,服务绿色发展	127
助绿型·案例四	构筑绿色体系,助力转型发展	130
助绿型·案例五	发力绿色金融,助推产业转型升级	133
助绿型·案例六	提升绿色金融服务能力,助力地方绿色经济发展	136
助绿型·案例七	衢州绿色金融支持"五水共治",助推经济绿色发展	139
助绿型·案例八	金融支持传统制造产业绿色转型升级	141

流 程 篇

助企型·案例一	支持企业环保设备制造,助力企业加快绿色发展	147
助企型·案例二	"小微快贷"打造绿色信贷一站式服务	149
助企型·案例三	"投贷联动"模式破解科技型绿色企业融资难题	151
助企型·案例四	绿色金融跟踪帮扶建材企业绿色转型发展	153
助企型·案例五	绿色金融支持小微企业转型升级,推进县域"五水共治"	156
助企型·案例六	绿色金融助推巨化集团绿色发展	158
助企型·案例七	绿色金融助力开山集团参与"一带一路"建设	161
助企型·案例八	打造绿色金融服务新体系,助力循环经济发展	163
助企型·案例九	绿色金融创新助推传统小微企业转型升级	165

助创型·案例一	改革创新助推绿色金融跨越发展	168
助创型·案例二	高效便捷服务,助力绿色金融改革	171
助创型·案例三	银政联动,助推绿色金融改革	174
助创型·案例四	绿色金融服务助力衢州绿色公交	176

助农型·案例一	打造特色支行,助力金融绿色发展	179
助农型·案例二	"央行再贷款+绿色金融+科技"助力农民增收致富	181
助农型·案例三	绿色金融助推"常山三宝"绿色转型升级	184
助农型·案例四	创新BOT方式探索农贸市场提升改造新思路	187
助农型·案例五	绿色金融创新助推"三农"绿色发展	189
助农型·案例六	惠农网贷助力农户创业增收	191
助农型·案例七	农业产业链融资,助推农业集约化发展	194
助农型·案例八	银担协作助力农村特色养殖绿色发展	196
助农型·案例九	开启金融支持生猪养殖生态循环农业新模式	197

助农型·案例十　绿色金融支持农业产业化转型升级……………………… 201
助农型·案例十一　绿色金融服务支持农产品加工业绿色崛起…………… 203

助绿型·案例一　念好"四字经"着力打造绿色银行……………………… 206
助绿型·案例二　创新绿色发展，建设银行勇担当………………………… 209
助绿型·案例三　巧借金融之力，助燃绿色引擎…………………………… 212
助绿型·案例四　支持绿色金融发展，助力衢州绿金试验区建设………… 215
助绿型·案例五　"银团贷款＋收费权质押"助力地区能源结构转型升级　218
助绿型·案例六　绿色金融支持水资源保护，助力资源变财源…………… 220
助绿型·案例七　绿色金融为5A景区增后劲，助推"国家东部公园"
　　　　　　　　建设………………………………………………………… 222
助绿型·案例八　助推绿色金融看转型发展，杭州银行在行动…………… 225

综 合 篇

案例一　绿动衢州两周年，华夏银行添助力………………………………… 231
案例二　绿色金融，绿色赋能………………………………………………… 233
案例三　深化绿色金融体系改革，为绿水青山建设添动力………………… 236
案例四　坚持"五个度"，为衢州绿色金融改革创新试验区建设贡献工行
　　　　力量………………………………………………………………… 240
案例五　新产品、新政策、新服务，推动绿色金融创新转型……………… 243
案例六　发挥市场关键作用，助力"三个先行示范"——衢州市"两山银行"
　　　　改革实践及成效…………………………………………………… 246

标准篇

衢州绿色金融的探索与实践

专家点评

绿色金融标准是我国金融标准的重要组成部分。中国人民银行副行长陈雨露表示,目前初步确立的"三大功能""五大支柱"的绿色金融发展政策思路着重强调了完善绿色金融标准体系的重要性。作为绿色金融领域的"通用语言",绿色金融标准既是规范绿色金融相关业务、确保绿色金融自身实现商业可持续的必要技术基础,也是推动经济社会绿色发展的重要保障。本篇细致梳理了衢州市绿色金融标准建设的7个典型案例,从制度与实践的多重角度展现了衢州市目前在绿色金融标准制定与应用上的探索与创新,为当地规范绿色金融业务、优化绿色金融服务、推动经济社会绿色发展提供了重要保障。

——**陈诗一**　复旦大学绿色金融研究中心主任

> 助企型·案例一

把绿色标准融入小贷业务，为小微企业"贷"来新机遇

[摘要]

近年来，国家陆续出台针对小微企业减税降费的优惠政策，针对小微企业资金需求"小、散、急"的特点，作为"小企业之家"的民泰银行研发了随贷通自助循环贷款，实现了小额贷款全天候放贷，极大地方便了客户。本案例的亮点在于上线移动营销平台，推动"最多跑一次"改革。

一、案例背景

中国经济发展正在经历一场新旧动能的转换期，小微企业在创造就业、贡献税收、迎合双创方面的驱动作用愈发凸显。近年来，国家陆续出台针对小微企业减税降费的优惠政策，2011年银监会也颁布了"银十条"及补充通知，鼓励商业银行先行先试，积极探索，开展小企业贷款模式、产品和服务创新。在此背景下，金融机构加大小微信贷产品和金融服务的创新力度，特别是创新小微企业的还款方式，赋予小微企业客户随借随贷的权利，从而帮助其缓解转贷时的资金压力。

二、案例简述

针对小微企业资金需求"小、散、急"的特点，民泰银行研发了随贷通自助循环贷款（以下简称"随贷通"），为客户提供不一样的循环贷款体验。随贷通定位于满足从事轻工业制造、批发零售、农林牧渔等行业的小微企业主或个体工商户的短期周期性、经营性的资金需求。申请随贷通，只要符合民泰银行的授信条件，获取授信额度，在授信额度和有效期内，客户可通过柜面、网银等渠道提用、归还贷款，并周转使用。

（一）引入绿色信贷，助力小微企业发展

民泰银行衢州分行自成立以来一直坚守小微定位，服务实体经济。在2019年初发文的《2017年信贷指导意见》中，连续四年以制度的形式明确了立足小微企业发展的战略目标。首次引入绿色信贷标准，将环境保护及节能减排作为客户分类、信贷支持、利率定价的重要标准。全面实施绿色信贷评审机制，推进小微企业金融产品创新，全力支持在衢小微企业的发展。如某餐饮连锁企业，凭借无公害绿色原料和自建标准配送中心两大优势在绿色健康饮食深入人心的大环境下取得较快发展。银行根据绿色信贷指导意见，结合客户上一年经营状况，将其周转业务由原固定利率调整为浮动利率，企业可在合同项下采

用借据逐笔利率,此举有助于减少企业的利息支出。

(二)调整授信额度和期限,减轻小微企业负担

受限于经济形势不景气及担保链风险,小企业主往往担心银行贷款归还后续贷难。为更好地服务小微企业,减轻企业主融资成本,根据市场需求,银行适时调整随贷通产品要素。贷款授信最高期限由一年调整为五年,授信额度最高由100万元调整为300万元。在授信期限内,客户经营情况若无明显变化,贷款资金由客户自主设定,以缓解小企业主的资金压力。如某客户经营一家主营柴油发电机组生产研发与销售的公司,鉴于其个人信誉和企业经营情况,银行将其随贷通授信总额由最初的100万元调整为150万元,并将其经营的企业纳入联合授信,金额共计300万元。

(三)上线移动营销平台,推动"最多跑一次"改革

针对首笔或周转金额50万元以下的贷款业务,尤其是随贷通业务,大力推广移动营销平台,实现贷款流程无纸化。通过移动PAD提供上门开卡、办理贷款服务,客户不需提供任何纸质材料,只需最后到现场签订合同,节省了多次跑银行的时间;同时客户经理办公地点也因此从行内搬到了客户现场,提高了办理贷款的效率。

(四)简化信贷审批流程,提升客户满意度

为进一步简化信贷操作流程,提高小微企业信贷业务办理效率,提升客户满意度,民泰银行衢州分行2019年连续两次发文对贷款业务相关操作流程进行简化,具体对征信查询及管理流程、客户基础信息资料收集、信贷系统利率审批功能、移动PAD业务审批流程、合同文本等提出了简化要求。

三、实践效果

2017年民泰银行的"随贷通"产品荣获了浙江银行业协会颁发的"浙江银行业第四届服务小微企业十佳金融产品"奖项。自随贷通产品推出以来,民泰银行在衢州的市场份额不断加大,产品余额、累放金额和贷款户数逐年增加。2016年贷款金额、累放金额及贷款户数情况如表一所示;截至2017年6月末,贷款余额7566万元,现余户数659户。同时,截至2017年上半年,民泰银行衢州分行通过PAD银行、直销银行和自助终端累计发放贷款182笔,贷款金额1183万元,贷款余额830.1万元,实现了小额贷款全天候放贷,极大地方便了客户。

表一 2016年贷款金额、累放金额及贷款户数情况

	贷款金额(万元)	累放金额(万元)	贷款户数(户)
数量	8 998	5 246	742
同比增长(%)	289	88.8	562
较去年同期上升(%)	255.6	82.8	504.3

四、小结

民泰银行研发了"随贷通",引入绿色信贷,助力小微企业发展;调整授信额度和期限,

减轻小微企业负担;上线移动营销平台,推动"最多跑一次"改革;简化信贷审批流程,提升客户满意度。随贷通产品荣获了浙江银行业协会颁发的"浙江银行业第四届服务小微企业十佳金融产品"奖项,实现了小额贷款全天候放贷,极大地方便了客户。

助企型·案例二

把环保等级与贷款利率挂钩,引导企业绿色发展信贷

[摘要]

衢州是国内九个生态良好地区之一、浙江省首个全市域国家级生态示范区。建设银行衢州分行积极承担社会责任,探索可持续的绿色金融发展,在信贷机制建设上,坚持"四不贷"原则;在金融产品创新上,坚持"多元化"原则;在金融服务优化上,坚持"全方位"原则;在绿色企业评估上,坚持"有保有压"原则。本案例的亮点在于全面推进绿色信贷,推动环保节能领域发展。

一、案例背景

"居浙右之上游,控鄱阳之肘腋,制闽越之喉吭,通宣歙之声势",地处浙江母亲河钱塘江源的衢州,自古以来生态俱佳,山水相宜,是国内九个生态良好地区之一、浙江省首个全市域国家级生态示范区。作为浙江重要的生态屏障,护好一方水土、加强生态建设对衢州而言,更是一种神圣的使命。因此,从地方政府到企业和民众,对环境的保护均十分重视。近年来,五水共治、小城镇环境综合整治等一系列环保措施相继出台,衢州沿着"绿水青山就是金山银山"的思路一路阔步前行,打出生态建设组合拳,呵护一方碧水蓝天。

二、案例简述

建设银行衢州分行积极承担社会责任,探索可持续的绿色金融发展,取得了积极的成效。对不符合产业政策和环境违法的企业和项目进行信贷控制约束,以绿色信贷约束机制遏制高耗能、高污染产业的盲目扩张。

(一)在信贷机制建设上,坚持"四不贷"原则

建设银行衢州分行坚持以绿色信贷为导向,优先支持"绿色信贷、环保节能"领域,积

极拓展节能减排、低碳经济、清洁能源、绿色生态、循环经济等新兴领域。对项目坚持"四个不贷"原则,即对未通过环评部门审批的项目不贷;对高耗能、高污染行业限制类、淘汰类项目不贷;对环保限保区域内的项目不贷;对环保部门通报"黑名单"的客户不贷。

(二)在金融产品创新上,坚持"多元化"原则

针对节能型生产企业、节能服务企业、节能设备供应企业、公共节能事业服务部门,推出委托代理贴现、非证项下信托收据贷款等多种融资模式,并将污水处理收费权纳入可接受的抵押品范畴。同时,大力支持钢铁、水泥、电力等高耗能行业的节能改造,并结合企业节能减排任务指标和具体方案,探索适合节能减排企业的贷款担保方式。

(三)在金融服务优化上,坚持"全方位"原则

对符合环保要求的项目,积极做好投资咨询、资金清算、现金管理、企业年金和工程项目资金监管咨询等金融服务,及时推介金融产品,并加快建立产品创新和销售支持,形成产品创新、产品管理、销售支持和售后服务有机衔接的完善的金融服务体系。

(四)在绿色企业评估上,坚持"有保有压"原则

结合浙江省环保局、衢州市环保局的辖内节能减排改造计划,建设银行衢州分行建立环保改造企业名录库,一方面,以信贷机制督促企业进行设备更新、环保改造;另一方面,针对产能落后、技术低端的企业坚决退出,在企业中树典型、抓案例,起到示范和推广的作用。

三、实践效果

(一)经济效益

截至2017年9月底,建设银行衢州分行支持节能减排企业59个,本外币贷款余额48.01亿元,当年新增本外币贷款12.29亿元,增幅为34.42%,主要投向天然气及光伏发电、污水处理、制造业类新建及技改节能减排项目以及为园区提供管道排污、排水等配套服务的基础设施类项目。近三年来,建行衢州分行累计发放绿色信贷贷款超过150亿元。2017年9月浙江省建行与衢州市人民政府签订了《支持绿色金融战略合作协议》,计划在衢州绿色金融领域累计投放金融资源500亿元以上,有力地推动了地方节能减排事业的健康发展。

(二)社会效益

随着绿色信贷建设的全面推进,绿色信贷意识已根植于建行的信贷文化。积极推进绿色信贷,促进节约型社会建设,已成为建行全体员工的共识。

四、小结

建设银行衢州分行以绿色信贷约束机制遏制高耗能、高污染产业的盲目扩张,多元化创新金融产品,优化金融服务,评估绿色企业进行示范和推广。绿色信贷贷款发放规模扩大,有力推动了地方节能减排事业的健康发展。

助企型·案例三

标准化、便利化、专业化——泰隆银行探索绿色发展新模式

[摘要]

2019年是国家绿色金融改革创新试验区建设持续深入推进、力争取得重大突破的关键之年。泰隆银行衢州分行积极探索小微绿色金融标准化体系,创新驱动、科技赋能,提升绿金服务的便利化程度与专业化水平。针对浙江某拉链公司融资困难问题,采用设备抵押＋道义担保的综合授信方案,弥补了其资金缺口。目前,全行绿色信贷余额逐步增长。小企业业务的审查审批时限较2018年有所缩短。泰隆银行衢州分行大力发展绿色信贷,健全绿色信贷管理体系,创新绿色金融产品和服务,确保监管绿色信贷评价达标,走出了具有泰隆特色的小微绿色信贷之路。本案例的亮点在于银行科创助力,打造智慧绿色信贷管理平台,并进行组织建设,设立绿色专营机构。

一、案例背景

绿色金融是国家重要金融发展战略,也是供给侧结构性改革的重要内容。2017年衢州市正式获批国家绿色金融改革创新试验区。

二、案例简述

(一) 精准定位,精细管理,探索小微绿色金融标准化体系

为保障绿色信贷业务健康发展,泰隆银行衢州分行积极推动绿色信贷管理体系的建立,从业务导向、信贷管理、定价管理、队伍建设、考核评价和统计制度等方面明确绿色信贷管理标准,为业务发展提供制度保障。

1. 制定清晰的认定标准,有的放矢

2019年以来,泰隆银行衢州分行全面梳理绿色信贷业务,并于6月初出台《浙江泰隆商业银行绿色信贷业务认定标准》,以监管机构绿色信贷标准为基础,结合该行市场定位和小微业务特色做法,将绿色信贷业务认定标准划分为绿色农业、绿色林业、资源循环利用、垃圾处理及污染防治、绿色交通、绿色建筑、可再生及清洁能源、节能环保服务以及农村和城市水项目等九大类别,根据每笔贷款资金的实际用途进行逐笔认定,并辅以客户所属行业类型等指标进行判断。

2. 明确特色的客群标准,精准营销

基于对自身客群和业务结构的精准分析,泰隆银行衢州分行明确绿色信贷重点拓展

方向为绿色农业、绿色林业、资源循环利用、垃圾处理及污染防治、绿色交通和节能环保服务等六类客群。主要目标客户为经营稳定、总体信用状况良好、融资需求介于30万元~500万元区间的小微客户,鼓励以企业、持牌个体工商户作为借款主体。对六大绿色行业的主要目标客群、营销切入点和调查要点进行详细罗列,帮助一线营销人员实现精准营销,提升银行绿色信贷余额占比。

3. 规范严谨的认定流程,确保"真绿"

一是客户经理需尽职调查,对客户经营范围、贷款资金用途进行尽职调查和资料收集,确保尽职调查结论与客户该笔贷款实际用途一致;二是系统录入选择正确,客户经理在信贷系统或PAD中真实、准确地选择该笔贷款的"行业投向",并在"资金用途备注"栏对该笔贷款资金的实际用途进行披露;三是信贷业务尽职审查人员需对客户经理尽职调查和系统录入是否佐证该笔信贷业务符合绿色信贷业务标准进行审核和确认。此外,对客户经理误选或客户行业变化的,支持信贷系统修改流程,环节严谨且审慎,涵盖客户经理、团队负责人、支行行长、分行绿色信贷管理员直至总行管理员多道复核。

4. 出台绿色机构的评价标准,加快落地

一是推进绿色专营机构发展。为了加强绿色金融创新的内生活力,泰隆银行衢州分行双管齐下,一方面,加快"自上而下"的顶层设计,另一方面,积极推动"自下而上"的区域探索。2017年11月,该行设立绿色专营机构,并在配套政策、营销资源、产品创新和人员培养等方面给予政策倾斜和扶持。根据机构的发展实践,目前已制定三年发展规划,通过出台专项考核政策,对于新增首笔的绿色信贷业务翻倍奖励,并给予FTP成本下调1‰的补助等措施,实现到2021年年底绿色信贷余额占比达50%的目标,真正凸显绿色专营支行的标杆作用,形成典型,最终以绿色专营支行做法为模板,加快在全行范围内的经验复制。

二是完善绿色支行评价标准。将绿色信贷余额和绿色信贷户数两个指标设定为绿色支行评价标准,鼓励支行积极参与绿色支行评比。根据绿色信贷发展情况将绿色支行分为从A到5A五个等级,获得以上五个等级的支行将在支行薪酬池、评优评先等方面获得专项扶持,大幅提升了支行发展绿色金融的自主积极性。

(二)创新驱动,科技赋能,提升绿金服务的便利化程度

1. 完善系统,打造智慧绿色信贷管理平台

一是在系统操作端,2018年年底泰隆银行衢州分行在信贷系统PAD端上线绿色信贷业务识别及环境效益评价功能,2019年上半年试运行期间,绿色信贷管理平台运行情况稳定,通过系统的自动识别与分类,绿色信贷数据的准确性得到明显提高,并实现了环境效益的自动测算。后续该行将进一步加大系统功能优化的研发力度,提升识别归类的精准度。

二是在客户营销端,泰隆银行衢州分行即将上线移动端的"绿色信贷预识别"小程序,协助客户经理在营销环节进行绿色信贷预识别,提高绿色信贷营销的针对性和效率。

2. 创新流程,让客户少跑腿

一是创新绿色金融作业模式,泰隆银行衢州分行推出PAD金融移动服务站,客户经理带着PAD机具即可主动上门到客户处进行现场开户、放贷,最快30分钟即可完成,实

现客户"最多跑一次""最好不用跑"的金融便利化需求,实现绿色化的作业模式。

二是深入推进不动产抵押登记"最多跑一次"改革,通过对接衢州市不动产登记中心,在该行设立抵押登记便民服务点,实现抵押登记"不见面、一证办",助力打造最优营商环境。

(三)专业产品、专业团队,提升绿金服务专业化水平

1. 加强绿色产品创新和品牌建设

立足小微市场定位,推出小微企业绿色信贷品牌——"长青贷",并将全行所有绿色信贷业务纳入统一品牌进行管理及宣传,提升产品辨识度、知名度。同时分行结合当地特色及细分客群,设计差异化的绿色信贷子产品,丰富创新绿色金融产品库。如产品"智融通",下含专利质押贷款和商标质押贷款。同时,针对技改企业推出机器设备抵押贷款,解决技改企业的资金难题。

2. 加快培育绿色金融专业人才

开发绿色金融专属线上电子课程,要求全员学习并组织相应测试;在全行范围内开展绿色信贷的讲师选拔、培训和认证,建立小微绿色信贷讲师队伍;组建绿色信贷专业辅导员队伍,辅导员从讲师队伍中择优选拔;制定绿色信贷面授集训计划,实现绿色信贷线下集训全覆盖。通过线上线下持续培训,"实践锻炼""帮带交流""培训学习"等多方式、多渠道的培养模式,营销一线在绿色金融发展理念、业务营销、绿色信贷调查等方面的能力得到明显提升。

(四)点绿成金,绿色金融服务案例

浙江某一家集设计、开发、生产、销售于一体的国内外知名拉链制造企业,2016—2017年投入800余万元实施技改,生产流水线基本实现全自动化操作,2018年该企业产值近5 000万元,仍然保持高速增长趋势,目前已经形成年产1亿条成品拉链的产能。2018年3月初,该企业的"年产1 000吨拉链布带染色技改项目"遇到了融资瓶颈,出现200多万元的资金缺口,泰隆银行衢州分行迅速分析了企业的发展情况及项目的可行性,给出了采用设备抵押+道义担保的综合授信方案,5天内为企业增加授信敞口250万元,让该公司的技改项目的环境报告书顺利通过环保局审批。

三、实践效果

产品"智融通"下含专利质押贷款和商标质押贷款,泰隆银行衢州分行截至目前共发放商标贷21户,授信金额5 616万元,授信余额3 826万元;专利贷17户,授信金额3 510万元,授信余额2 763万元。同时,针对技改企业推出机器设备抵押贷款,解决技改企业的资金难题,目前有贷款笔数15笔,余额3 586万元。

四、小结

泰隆银行从总行到分支行均高度重视并积极配合政府部门的绿金改试验区建设,全行统一思想,整合资源,大力发展绿色信贷,健全绿色信贷管理体系,创新绿色金融产品和服务,确保监管绿色信贷评价达标,并将绿色信贷与该行小微金融做法有机结合,走出具有泰隆特色的小微绿色信贷之路。探索差异化、特色化的小微企业绿色信贷服务模式,打造小微绿色金融名片。

助创型·案例一

运用大数据打造"蜂巢"科技工程，推进数字普惠金融

[摘要]

十八届三中全会提出金融改革路线图,银行业竞争日趋激烈,互联网金融影响广,农商行盈利模式受到冲击。2013年开化农商银行开始研发数字普惠金融系统,2015年年初正式用"蜂巢工程"命名该系统,并推广使用,后续采取了全域网络化、数据全息化、网络全时化、管理项目化一系列做法,从技术上解决"信息孤岛"问题,促进了金融服务精准化,深度推进普惠金融工程。本案例的亮点在于数字普惠系统的应用研发及其可推广性。

一、案例背景

自十八届三中全会提出金融改革路线图以来,国内银行业竞争日趋激烈,市场主体呈多元化发展趋势,农信机构面临市场份额减少、互联网金融产品创新、存贷盈利空间缩小等诸多挑战。

从业务发展态势角度看,随着利率市场化和市场主体多元化的发展,竞争日趋白热化。商业银行在主营业务利润空间收窄的情况下,拓展了表外业务发展的渠道。目前,农信机构对存贷利差的依赖性还是很强,只有依托数据信息实现社区银行的顺利转型,才能保持稳健的业务发展态势。

从互联网金融发展前景和大数据运用角度看,互联网金融已延伸至社会各阶层(如支付宝、微信支付、互联网虚拟货币、电子钱包等),在信息对称、交易成本、交易效率、金融脱媒、便捷支付等数据业务上占明显优势。大数据,或称巨量资料,指的是需要新处理模式才能具有更强的决策力、洞察力和流程优化能力的海量、高增长率和多样化的信息资产。在维克托·迈尔·舍恩伯格及肯尼斯·库克耶编写的《大数据时代》中,大数据指不用随机分析法(抽样调查)这样的捷径,而采用所有数据进行分析处理。当前,一方面,农村金融市场需求量日益膨大、需求模式日益多元化;另一方面,农商银行对客户新型金融产品的需求、使用和贡献度等情况底数不清,以往在传统人工管理模式下,对于客户的金融服务需求及金融机构自身服务短板难以全面真实掌控,金融服务"灯下黑"的现象难以消除。因此,充分挖掘地方潜在数据资源、发挥大数据的引领作用是大势所趋。

从经营管理模式看,利率市场化挤压着存贷款利差,农商银行依靠规模扩张的盈利模式和存、贷、汇"三板斧"业务模式受到巨大冲击,传统管理机制和考核激励机制与现行实际情况逐渐不相适应,缺乏精细化、可量化的考核抓手。若不创新求变,就难以从日趋激

烈的市场竞争中突围出去。

二、案例简述

在当地人民银行的指导和推进下,开化农商银行致力于普惠金融建设,在实现经营模式从"以产品为中心"向"以客户为中心"、营销模式从"粗放营销"向"精准营销"、服务模式从"标准化服务"向"个性化服务"转型等方面开展了积极的探索。

开化农商银行于2013年开始研发数字普惠金融系统,根据农商行网点多、根植末端客户、网格化管理及延展性强等特点,于2015年年初正式用"蜂巢工程"这一形象化的名字命名该系统,并推广使用。该工程运用计算机、互联网、移动通信技术,整合现有的CRM等管理系统,以及通过客户经理营销考察、调研、网络搜索、信息交流等途径获得的数据,对其进行实时分析,生产县域金融主体的海量非结构化数据,全方位反映区域和客户金融服务需求信息。同时,纳入以项目为导向的总部效能管理体系,在营销、金融服务和风险控制方面做到有的放矢,成为提升数字普惠金融的一大利器。通过努力探索运用大数据思维,打造数字化的"蜂巢"科技工程,通过网格化的数据提升普惠金融覆盖面和精准度,取得了明显成效。

该工程依托客户资源,以科学的网格划分为基础,通过数据分层,科学划分了服务区域,明确管理层与经营层权责,使得操作层面和管理层面都能围绕中心目标和"责任田"开展工作,实现对客户资源深度挖掘、科学管理、精准发力。目前,系统内客户数已达441 186户,其中手工采集并录入建档190 763户。

(一) 全域网格化

以开化县行政区块和管理权限为蓝本,遵循"街巷界定、村居认定、单位划定、商圈锁定"的划分标准,制定县级、乡(镇)、村(社区)三级名片和农商行、支行、客户经理(联络员)、客户四级名片。依据数据名片,科学划分网格。如在县域,以街道(社区)为统筹,结合现有农商行网点数量划分网格,并将行政区内服务对象(居民、个体户、单位等)纳入网格范围,每一个网格均有相应的客户经理或社区联络员负责;在农村,根据行政村划分网格,将农户、农村专业合作组织、家庭农场、农家乐等组织纳入网格;客户经理按片区划分小网格,最终形成条块结合、纵向到底、横向到边、覆盖城乡的服务网格体系。

(二) 数据全息化

县级、乡(镇)、村(社区)三级名片和农商行、支行、客户经理、客户四级名片共设置了各项指标61项,涵盖了县域(乡/镇/村/社区)基本情况,包含网格内每个客户的家庭情况、经营情况、存贷款业务和电子银行业务交易情况及总部效能指标等信息。该工程还可以根据业务拓展需求及监管部门要求进行指标补充。数据主要来源于三个方面:一是开化农商银行现有的31万张社保卡的客户清单;二是现场调查数据;三是通过相关职能部门采集的数据。该工程对系统内每个客户信息进行每天T+1的数据自动跑批,以身份证号为唯一索引进行关联,按村名进行统一整合,分析出客户与农商行的粘连度、客户的交易喜好、客户的潜在需求、现有业务和机具的使用情况,并以地图方式进行展示,使客户信息一目了然。

(三) 网络全时化

数据实现T+1解读,每个工作层面的操作人员在自己权限范畴内,只要在"核心业务系统""大信贷平台"等子系统进行相关的操作记录,触发关联指标,次日"蜂巢"系统就会将相关信息整合、分析、显示出来。客户经理可以不受时间、地点限制(借助智能手机、IPAD等)有针对性地开展精准营销和服务,并实时监控各项指标情况及自己的工作成果。此外,客户经理还可通过"营销日志"对营销过程的经验心得进行记载积累,帮助以后的工作更上新台阶,同时也可以为其他人员(特别是新员工)快速成长提供良好的工作基础。

(四)管理项目化

建立了一套衔接全程化督导制度和一项资源全域化运行机制。以客户经理操作层面的网格化管理为基础,建立以项目经理负责制和责任清单为主线的管理方法,充分利用"蜂巢"系统来进行任务下达、指标规划并汇总比较。具体操作流程一是以"蜂巢"系统为依据产生项目目标值;二是项目经理结合"蜂巢"系统根据各地区情况对总目标进行分解,客户经理等操作层面人员对项目工作进行落实;三是由系统自动或客户经理手动对工作的完成情况进行标注,"蜂巢"系统在名片中对客户经理的完成情况进行汇总和明细导出;四是由"蜂巢"系统对各机构、个人的工作情况和最初的总体目标进行呼应,由业绩好的介绍经验,业绩不佳的分析不足和努力方向,共同推进工作目标的实现。

三、实践效果

(一)经济效益

1. 从技术上解决"信息孤岛"问题

在"蜂巢"系统没有上线之前,要想全面了解区域内金融服务提供、普及情况及客户的交易信息和交易喜好、中间业务开办情况等,只能通过系统一个个地查询,不仅非常不便且难以全面掌握。"蜂巢"系统启用实现了可靠性统计分析数据的集中存储和管理,从技术上保证数据及时、灵活共享,其提供了灵活便捷的数据报表和时间序列查询功能,可以利用系统提供多维分析和数据抓取功能,并对全县金融指标进行多角度的智能化分析、处理、预测和模拟,提供及时、准确、科学的辅助决策依据。

2. 促进了金融服务精准化

通过对数据的深入分析,管理层可以发现在人员、设备配置及服务流程等方面存在的缺陷。客户经理可以掌握"责任田"内现有客户及潜在客户的详细信息,进而对网格内的客户做到有的放矢、精准营销。如对助农机具使用情况进行分析,以苏庄镇富户村为例,其总客户数2 789户,有关联客户2 719户,占比97.49%;社保卡户数2 622户,占比94.01%,存款总余额3 246万元。在系统使用之初使用自助终端客户数据为261户,其中65岁以上241人,得出自助终端使用人数比例为9.6%。因此,针对活动范围不大或出行不便的人群,农商行开展上门服务,提升助农机具业务量,现在苏庄镇自助终端的使用人数已达515户,年度上升290余户;利用"蜂巢"系统从后台对前台的普惠金融工作进行评价,确保服务满意度、营销成功率、机具使用率、普惠金融覆盖面"四提升"。再比如开化农商银行将全县3万多户低收入农户纳入蜂巢网格,查看这些客户在联社接受各项金融服务的情况,方便客户经理精准对接和服务,目前已对5 118户低收入农户发放贷款3.65亿元,年增1.58亿元。

(二)社会效益

依据"蜂巢"系统,开化农商银行有针对性地选派6名优秀青年干部挂职担任乡镇长助理,组建了一支243个助农点管理员队伍,新开办银医一卡通和智慧校园一卡通业务,组建自助银行44个、助农服务点243个、丰收驿站91家,新增调整和优化ATM 90台、助农机具268台,架构了农村金融服务新桥梁,消除金融服务空白区和薄弱环节,以深度推进普惠金融工程。到2016年年末,共创建信用乡镇2个、信用村105个、信用农户8.16万户,创建面分别达14.3%、39.8%和94.25%,其中省级信用村1个、市级信用乡镇1个、信用村4个、信用农户13户;并评定信用农民专业合作社59家,信用家庭农场135家,让全县8万多农村经济主体享受到了贷款优先、利率优惠的实惠。同时,布设各类机具1 514台,其中ATM机102台、特约商户1 222户、助农终端190台;开设个人网银(含手机银行)40 574户、企业网银1 679户;设立助农服务点243个,机具管理员243人,乡镇(社区)服务点覆盖率达100%,行政村服务点覆盖率达100%,截至目前,各项存款89.14亿元,比年初增长7.11亿元,增幅8.67%,市场占比44.01%;各项贷款62.78亿元,年度增长5.01亿元,增幅8.67%,市场占比42.58%。其中,涉农贷款余额60.30亿元,比2016年年初新增3.43亿元,占全部新增贷款的68.46%,增速6.04%;小微企业贷款余额37.88亿元,比2016年年初增加2.68亿元,占全部新增贷款的53.49%,增速7.6%,存贷规模占据开化"半壁江山"。

四、小结

开化农商银行在浙江省联社各系统应用的基础上和"互联网+"思想的启发下,基于浙江省联社数据基础和CRM系统架构思路,整合整村营销、精准营销、组合营销的三大营销策略,树立创新发展理念,对客户分层、营销和获客能力进行了思考与探索,以科技创新为驱动力,创造性地建设"蜂巢"系统,稳定拓展客户群体,量身定制金融产品,并建立绩效考核机制,提升金融服务效率,将时代挑战转化为发展机遇,加速推进农商行转型发展。

该蜂巢管理项目产生较好复制推广价值,获得广泛好评,曾荣获浙江省农信系统产品服务与创新的二等奖,并作为管理增效"金点子"优秀方案由浙江省金融团工委推选至中央金融团工委"双提升"活动参与评选(全省推荐名额3个)。2016年该项目还获得国家知识版权专利,并两度登上"浙江政务·昨日要情",在《金融时报》《中国农村金融》等核心报刊上发表,课题成果获得省农信联社规划类课题第一名,先后吸引了浙江安吉、龙泉、安徽祁门等省内外的10余家兄弟行社前来学习。

助创型·案例二

全行打造,绿色赋能促发展

[摘要]

开化农商银行以努力打造可复制、可推广、可借鉴的绿色金融"开化模式"为目标,从绿色标准、政策、产品、流程方面进行前期建设,在此基础上,开化农商银行提供资金保障,制定改造金融帮扶方案,支持特色小镇、特色景区、乡村振兴示范村的建设,加大特色产业的扶持力度,助力特色小城镇发展。银行内部全面打造提升,监管自评获好评。本案例的亮点在于银行内部进行了完善全面的组织建设,使得特色小镇发展有了资金保障,在经济效益与社会效益上取得了良好提升。并且,银行与小镇建设都可作为典范,具有推广普及价值。

一、案例背景

2017年以来,为深入践行习近平总书记"两山"理念,走绿色高质量发展之路,助力创建"全国绿色金融改革创新试验区",开化农商银行以努力打造可复制、可推广、可借鉴的绿色金融"开化模式"为目标,融合普惠金融的良好基础与绿色金融的创新元素,掀开了开化农商银行以绿色赋能绿色转型的新篇章。

二、案例简述

(一)建立绿色标准

2017年衢州市被列为全国绿色金融改革创新试验区,衢州市积极响应启动绿色金融项目,开化农商银行主动投入该项工作。该项目携手国内四大权威评级机构之一——中国诚信信用管理股份有限公司(简称中诚信)开展战略合作,就衢州农信的绿色行业实际进行分析并结合当前监管部门的分类标准进行探究。通过对现有制度、流程、客户的全面梳理,建成了绿色银行服务平台,出台了一套具备权威性、科学性、创新性、实用性的绿色信贷三大标准,即客户环境风险评估标准、绿色信贷自动映射标准、环境效益计量标准。

1. 客户环境风险评估标准

该项标准是根据《中华人民共和国环境保护法》《中华人民共和国环境影响评价法》,结合当地实际,科学构建了产业、环境、社会三大表现维度,设置了一票否决的直接判定指标和54项综合判定指标,实现了对客户的精准画像。依托绿色银行服务平台,系统自动评分,将客户分为四个类别,分别为一类信贷支持类、二类适度支持类、三类谨慎支持类、四类禁止类。客户环境风险评估四大分类构成了客户的准入门槛。

2. 绿色信贷自动映射标准

对应中国人民银行、中国银行保险监督管理委员会等权威机构出台的绿色标准,开化农商银行首创了"名单制、产品制、单列制"的工作方法来实现对绿色信贷的识别。名单制主要按企业主体的产业特征来判断是否绿色;产品制主要按信贷产品来判断是否绿色;单列制主要按行业投向判断是否绿色。在此基础上,形成了绿色信贷映射关系表,实现了对绿色信贷的精准识别。该映射表的建立,统一了对绿色标准的理解,实现了贷款的自动导入、逐笔识别、一键导出、数据可视,解决了中小金融机构共同面临的客户多、金额小、类别广所导致的定标难、贴标难的困惑,节省了人力、物力、财力,打造出衢州绿色金融新样板。

3. 环境效益计量标准

针对绿色信贷带来的环境效益，该行也提出了一整套适用于中小金融机构的量化标准。该项标准以国家认可的环境效益测算方法为基准，依据行业特色，制定出通用公式16套、定制公式18套。计量绿色信贷带来的环境效益，以节约标准煤、二氧化碳减排量、其他减排量等指标进行展示，让绿色效益看得见、摸得着。以上三大标准已在开化农商银行广泛应用，为全面推动绿色金融改革提供有效助力。

（二）推行绿色政策

一是战略规划有保障。开化农商银行以上级部门及监管部门相关文件思想为指导，结合自身发展实际构思并制定了《绿色金融五年行动计划（2017—2021年）实施方案》（开农信联〔2017〕119号）、《开化农信联社创建绿色金融示范行实施方案》及《绿色金融提质年行动计划实施方案》等，为绿色金融工作提供方向性指导。

二是绿色机构设立到位。在绿色金融工作归口管理上，开化农商银行明确了绿色金融牵头管理部门，并落实专人专岗。成立绿色金融工作小组，由业务管理部、风险合规部及市场营销部负责人员、各支行行长、绿色金融产品经理组成，作为绿色金融具体工作的组织实施部门。同时在业务管理部设二级部绿色金融事业部，进行绿色金融专项工作运作，并下发《开化农商银行关于设立绿色专营支行的通知》（开农商银发〔2018〕101号），在基层支行设立营业部、马金支行为绿色金融专营支行。

三是内部流程重塑有依据。2018年年末，随着衢州农信绿色金融项目成果的全国性新闻发布会的召开，包括《绿色信贷工作指导意见》《绿色信贷授信业务管理办法》等一系列成果发布，与开化农商银行原有的绿色信贷工作相关政策制度及特色产业、行业、金融产品的专项政策等形成补充，构成了一整套较为完备的绿色金融运行政策体系，为落地绿色银行提供了制度保障，激发了绿色发展的内生动能与生产合力。

（三）创新绿色产品

截至当前，开化农商银行已有多个绿色信贷创新产品系列，包含个体工商户支持贷款诚信相伴、绿色元素评定食品流通主体贷款绿色相伴、以纳税数据授信实体的税银相伴、支持农户光伏安装的阳光相伴、支持电商创业发展的融E相伴、扶贫产品爱心卡、支持农户下山脱贫安居贷款乐居相伴、党员星级评定贷款忠诚相伴、支持清水鱼产业贷款富鱼相伴以及纯线上贷款产品浙里贷、支持绿色养殖的生猪活体抵押贷等。其中通过富鱼相伴信贷产品，该行已对全县清水鱼养殖产业累积授信3 400万元，贷款余额达2 353万元，受惠养殖户达107户，实现户均创收10万元以上。诚信相伴累放674笔，累放10 781万元，现余额3 901万元；绿色相伴累放11笔，共计245万元，现余额100万元；税银相伴累放3笔，共计400万元，现余额为0；阳光相伴累放756笔，共计6 589万元，现余额4 904万元；融E相伴累放31笔，共计769万元，现余额254万元；生猪活体抵押贷款660万元。

（四）绿色金融案例

近年来，开化农商银行尽心尽力扶持"特色产业"。开化县根雕和"两茶"产业声名鹊起，该行本着"扶一把、推一程"的原则，持续加大对特色产业的扶持力度。

一是持续支持根缘小镇建设，致力于根雕产业发展。如根据根雕项目的建设进度，创新驻企客户经理制,及时了解项目建设难题,解决项目资金周转难题,从最初的筹建园区到如今规模宏大的商业小镇,开化农商银行一直陪伴助推企业做强做大。据统计,根缘小镇相关企业在该行累计贷款额达 8 080 万元。

二是大力支持"两茶一鱼"特色绿色产业,近年来,累计发放开化龙顶绿茶产业、开化山茶油产业发展资金 3.5 亿元,其中特色茶园一项达 623 万元。

三是开创"红窑里"绿色信贷模式,金融助推景区村建设。"红窑里"原为一处旧式窑洞,经金融支持现转型特色民宿发展,重焕新生。开化农商行以全行为试点,在全县摸排"变废为宝"项目,因地制宜制定改造金融帮扶方案。该模式成为当前开化农商银行绿色信贷支持重点模块之一。

四是支持乡村振兴示范基地打造,以"典"带面。2019 年 3 月中旬,"钱江源大花园"十大典范村项目擂台赛开赛,为支持十大典范村产业振兴,注入金融活水,银行与十大典范村以"银村结对"的模式合作,为入围典范村的十个村集中授信 1.1 亿元。其中,金星村将作为乡村振兴示范基地重点打造,开化农商银行重点支持。

三、实践效果

(一) 经济效益

开化农商银行通过发放产业发展资金,大力支持"两茶一鱼"特色绿色产业,助力其油茶产业发展和提升品牌影响力。在全县摸排"变废为宝"项目,因地制宜制定改造金融帮扶方案,成功推动闲置废旧设施改造成汉唐香府等景区村典型设施。且通过乡村振兴示范基地、典范村的发展作为样板,带动了全域发展。

(二) 社会效益

随着近年来开化农商银行落地全行打造绿色银行的思路与理念的推进,围绕绿色金融改革的各方面工作取得了较为明显的突破与提升。继 2017 年入选衢州市银保监局的绿色银行示范行培育对象后,持续改进提升。在 2019 年第一季度的浙江省法人银行业存款类金融机构绿色信贷业绩评价工作中,根据绿色信贷业绩评价整体情况,开化农商银行绿色信贷业绩评价结果总分位于全省法人金融机构第 7 位,位于全省同类型金融机构第 3 位,位于所在地市法人金融机构第 1 位,在同行评级中处于前列。

四、小结

开化农商银行以努力打造可复制、可推广、可借鉴的绿色金融"开化模式"为目标,从绿色标准、政策、产品、流程方面进行前期建设。在此基础上,支持了特色小镇、特色景区、乡村振兴示范村的建设,加大对特色产业的扶持力度,助力特色小城镇发展,银行内部建设也取得了显著成效。

助创型·案例三

衢州市率先试点银行"个人碳账户"构建居民绿色行为采集、评价与应用标准体系

[摘要]

《衢州市智慧支付优化升级行动方案(2018—2020)》、"智慧支付"系列工程指导衢州市内银行建设"个人碳账户"平台。通过全方位采集个人绿色行为,采用权威标准反映个人碳排放,丰富客户体验,在绿色乡村建设评价体系中实现应用,进一步激发和引导了个人绿色行为,自然人客户群体的绿色行动自觉进一步增强。这在一定程度上弥补了个人领域绿色金融改革创新工作的空白,为传统银行发挥优势助推绿色发展做出了有益尝试。本案例的亮点在于银行与政府协同合作,建设"个人碳账户"平台,运用"个人碳账户"微信小程序,进行科创助力,在社会效益上取得了良好提升。

一、案例背景

中国人民银行衢州市中心支行紧紧围绕绿色金融改革创新试验区建设目标要求,深入贯彻《中国人民银行杭州中心支行关于推进全省绿色金融发展的实施意见》《衢州市绿色金融发展"十三五"规划》《衢州市智慧支付优化升级行动方案(2018—2020)》等文件精神,依托近年来持续深入实施的"智慧支付"系列工程,指导辖内银行机构进一步运用金融科技手段,探索以银行账户系统为依托,以当前国内权威公开的碳排放计量标准为依据,通过发掘目前银行账户系统蕴含的绿色支付、绿色出行、绿色生活等"大数据",积极探索建设"个人碳账户"平台,以此构建居民绿色行为采集、评价与应用标准体系。

二、案例简述

(一)开好数据"采集路",全方位采集个人绿色行为

目前江山农商银行的"个人碳账户"平台主要包括绿色支付、绿色出行、绿色生活三大模块,下设14个一级子模块和42个二级子模块,现有数据主要通过银行账户系统采集,包括各类支付方式数据、绿色出行的公交车自行车IC卡使用数据、家庭用水用电数据、五水共治和垃圾分类参与情况、家庭人口从事绿色产业情况、负面清单等六大方面。

(二)把好标准"权威关",立体式反映个人碳排放

目前采用积分方式形成"个人碳账户指数",体现客户通过绿色行为节约的碳排放量。行为折算为积分的规则,主要参照北京市环境交易所碳排放标准的成熟做法,从纸张、用电用水、交通碳排等维度,综合折算个人绿色行为节省的碳排放量,进而以成本倒算法确

定"个人碳账户"积分。以客户通过该行丰收互联系统自助申请获得一笔贷款为例,与传统到银行网点现场办理相比,可节省纸张(借款借据4联、合同1份、申请书1份)、交通(自驾车或公共交通工具)、电量(银行机具打印)等方面对应的碳排。按照上述标准,自江山农商行个人碳账户平台上线以来,共累计减少碳排放595.80吨。

(三)打好客户"增值牌",丰富客户体验

试点银行客户可通过"个人碳账户"微信小程序,实时查询碳账户指数(积分)变动情况及对应的个人绿色行为。同时,该行将碳账户指数(积分)与原有客户积分管理机制进行整合改造,客户可享受通过碳账户指数(积分)线下兑换绿色生活用品、认领有机蔬菜水果以及合作商户消费抵扣等权益。目前,试点银行正在筹划发起兑换"公益基金"的活动,客户还可自助选择将碳账户指数(积分)转化为对特殊困难群体的公益捐赠。

(四)绘好乡村"绿力图",深层次助力地方绿色发展

以客户户籍所在乡镇为单位,一方面将个人碳账户积分与手机银行覆盖率、移动支付商户覆盖率、移动支付交易量等相结合,另一方面通过与地方政府职能部门合作,增加绿色产业、美丽乡村、五水共治、垃圾分类、村庄整治等信息的采集,将个人碳账户指数应用于绿色乡村建设评价体系。最后以"绿力图"(分为深绿、中绿、浅绿)的形式展示各乡镇绿色发展能力水平。

三、实践效果

自2018年8月辖内首家试点银行——江山农商银行正式推出并实施"个人碳账户"项目以来,该行移动支付交易量呈现"井喷"增长,移动(绿色)支付对绿色行为的激发和引导作用得到进一步发挥,自然人客户群体践行"绿水青山就是金山银山"的行动自觉进一步增强。

四、小结

衢州市"个人碳账户"项目的推进,在一定程度上弥补了目前个人领域绿色金融改革创新工作的"空白",为丰富和拓展金融标准化建设领域提供了更多可能,为传统银行机构发挥独特优势助推经济社会绿色发展做出了有益尝试,在绿色金融改革方面开辟了一条新路子。

助创型·案例四

融绿色,行普惠,筑梦"两山"实践

[摘要]

"两山"理论指引绿色发展,2016年龙游县实施"生态立县、创新兴县、产业强县、富民

安县"四大战略,龙游农商银行这样的地方小法人银行将绿色金融与普惠金融结合,开启地方小法人绿色金融标准探索实践,将产品服务创新融入绿色金融改革发展。本案例的亮点在于该行在浙江省农信联社衢州办事处牵头下,与第三方专业公司合作,形成了"农信样板"。创新绿色信贷产品助力企业绿色转型,"绿色循环贷"助力循环产业发展,创新绿色金融服务方式助力乡村振兴,创新优化平台服务助力"最多跑一次"改革。

一、案例背景

当前我国社会对绿色金融的关注多聚焦在大型绿色项目,地方小法人银行发展"支农支小"普惠金融因缺少标准而成为绿色金融评价的空白区,但事实上,绿色金融离不开普惠金融。以龙游农商银行为例,该行全辖36家网点,226家丰收驿站覆盖城乡,存款规模占全县金融机构的39.19%,贷款规模占33.46%,存贷规模稳居全县第一,且信贷支持农户占比超过90%,而目前按中国人民银行总行绿色信贷标准统计,绿色信贷占比仅为2.45%,难以有效提升绿色金融改革惠及面。

二、案例简述

(一)开启地方小法人绿色金融标准探索实践

1. 探索小法人银行绿色金融标准化体系建设

在省农信联社衢州办事处牵头下,龙游农商银行与第三方专业公司合作,形成了小法人银行绿色金融评价、识别、计量三大标准的"农信样板"。

一是建成信贷客户环境和社会风险评估体系。从产业、环境、社会及出色表现四个层面对客户进行风险评估,按照风险表现程度高低划分为四个等级,纳入信贷全流程管理,通过采取差异化的信贷政策,实现绿色信贷精准投放,强化信贷风险管控。

二是建成绿色信贷标准化自动识别统计系统。依据《绿色贷款专项统计制度》《绿色信贷情况统计表》等文件建立小法人银行绿色信贷统计标准,并依托信贷资产与绿色信贷标准的映射关系开发绿色银行服务平台,实现对绿色信贷的自动识别与统计。

三是建成绿色信贷环境效益测算体系。以《绿色债券支持项目目录》为范围和对象,研究建立绿色信贷环境效益测算方法学,基于不同行业特点,结合现场调研,制定出64套通用公式和20套定制公式,并在绿色银行服务平台嵌入,以自动量化每一笔绿色信贷投放所产生的社会环境效益,使小法人银行推动地方绿色发展的作用可计量、可视化。

2. 初步完成绿色金融改革制度体系建设

把绿色金融改革创新摆在该行可持续发展的战略角度,形成了组织架构搭建、绿色金融发展目标管理、绿色信贷流程化及激励约束等较为完备的体制机制。

一是完成"3+1"组织架构搭建。"3"是指成立"一会、一组、一专班",即在董事会下设立绿色信贷委员会,成立董事长为组长的绿色金融工作领导小组和成立分管行长为组长的绿色金融工作专班,从不同层面指导、协调工作开展。"1"是指单设绿色金融事业部,负责全行绿色金融工作,同时每家支行确定1名联络员和1名环保人才培育对象,组建"1+1"绿色金融专业团队,以内外训及交流等方式提升绿色金融服务水平。

二是加强绿色金融发展目标管理。通过制订绿色发展战略、五年行动计划等明确发展目标。为解决绿色金融发展与员工认知不足的矛盾,制订实施细则和工作指导意见,借力绿色金融工作专班,强化走访调研,解决实际问题,同时成立营业部、小南海支行、溪口支行等专营机构先试先行、总结经验、复制推广。为绿色信贷投放腾出规模,单设2019年衢州地方口径绿色信贷新增规模5亿元,至2019年第二季度末,绿色贷款余额28.4亿元,比2019年年初新增2.29亿元,增幅8.79%,高于各项贷款的平均增幅。

三是强化"前、中、后"台风险管控。前台:制订信贷客户环境和社会风险分类管理办法,将信贷评价结果运用到授(用)信准入中。中台:制(修)订客户授信管理办法、绿色信贷管理办法及操作流程,加强客户环境和社会风险等级应用,实行差异化的信贷政策,如对风险程度低的客户优先授信、对风险程度偏高的客户要求作出环境和社会风险管理承诺、对绿色信贷落实绿色专柜优先受理等。后台:制订绿色信贷内部控制管理办法,明确各部门职责分工,加强制度执行检查和内部审计,规范重大环境和社会风险应急处置程序,防范环境违法突发事件带来的信贷风险。

四是完善"内1+外1"激励约束机制。"内1"是指绿色金融发展考核机制,抓住绿色金融发展的重点、难点和薄弱环节,单设绿色金融考核。"外1"是指贷款利率定价机制,将环境和社会表现、绿色信贷等纳入综合定价因子权重设置,同时在产品定价中对绿色贷款实行优惠。

(二)产品服务创新融入绿色金融改革发展

1. 创新绿色信贷产品助力企业绿色转型

秉持发展"小而美"的普惠产品创新思路,推出"绿色循环贷""绿色转型贷""幸福黄茶贷""幸福金顶"(太阳能光伏)、"幸福网创通"等系列绿色信贷产品。同时不断拓宽担保方式范围,创新推出专利权、商标权及应收账款质押,生物活体、林权抵押及仓储抵(质)押等;不断丰富还款方式,创新推出"幸福分期"、厂房(设备)按揭及"幸福增信通"(续贷无缝对接)贷款等,满足地方经济绿色转型发展需要。

2. "绿色循环贷"助力循环产业发展

以金融支持畜禽养殖粪污无害化处理和资源化利用为突破点,量身打造"绿色循环贷",有效推动产业发展和环境保护相平衡。在主体定位上,抓住废弃物回收利用核心企业,延伸支持产业上下游企业,实现信息对称及同步发展,解决"拖后腿"现象。在资金额度上,依据多方面因素综合确定,尽最大限度满足企业转型及发展的资金需求,让企业无后顾之忧。在担保方式上,对农户、个体商户、家庭农场、专业合作社等各类主体发放信用贷款的基础上,推出应收账款、商标权、林权、生物活体及专利权等,盘活"沉睡"资产变活钱,同时推出"银行+合作社+社员+担保基金"和"银行+企业+养殖户+基地"两大发展模式,有效解决担保难题。在贷款利率上,根据客户主体、担保方式、产业支持等给予相应的利率优惠。

3. 创新绿色金融服务方式助力乡村振兴

加强绿色与普惠融合,创新推出"绿色金融+扶贫""绿色金融+党建""绿色金融+信用""绿色金融+公德"等"绿色金融+N"服务系列。与县扶贫办对接,在林下经济、中草药种植等领域开启"绿色金融+扶贫"的有益尝试,助力低收入农户实现精准脱贫。浙江宗泰农业发展股份有限公司打造的就是以优质龙游飞鸡(原称"龙游麻鸡")养殖为基础,免费为低收入农户安装篱笆、木棚、监控,提供鸡苗、技术支持等,通过电商平台及会员系统销售回收农产品的"公司＋基地＋低收入农户＋电商平台"产业化运作模式。

4. 创新优化平台服务助力"最多跑一次"改革

加快丰收驿站转型,以金融服务为中心,整合资源,打造"金融、电商、政务、民生"一体化的农村(社区)金融服务网络。推行智慧医疗、智慧公交、智慧政务、智慧社保、智慧学校等线上支付项目,深化绿色支付场景应用服务地方。依托流动服务车、"普惠通"手机及移动终端进农村、进社区、进园区、进学校,让客户在"家"门口即可享受基础金融服务。联合创新"龙游通＋有礼金融"基层治理模式"新样本",让"有礼"转化成实实在在的实惠,助力"南孔圣地,衢州有礼"城市品牌打造。2018年8月,该行在下杨村推出"有礼金融",实现农户信用等级与综合评价关联的动态管理。

三、实践效果

(一) 社会效益

目前龙游农商银行已支持企业352家,累放贷款5.94亿元,有力地推进了美丽乡村、美丽"大花园"建设进程。发放1 000万元应收账款质押贷款,助力"猪粪收集＋沼气发电＋有机肥生产＋种植养殖利用"的模式形成,实现年消耗生猪排泄物18万吨,年处理农业废弃物20万吨,年发电量1 600万度,年产有机肥1.6万吨。1 000万元贷款全部信用发放,支持"龙游飞鸡"林下养殖产业扶贫,目前已带动500余户低收入农户增收。推行智慧医疗、智慧公交、智慧政务、智慧社保、智慧学校等线上支付项目,深化绿色支付场景应用服务地方。

(二) 环境效益

"猪粪收集＋沼气发电＋有机肥生产＋种植养殖利用"的模式解决了生猪排泄物对环境的污染问题,又实现了废弃物的资源化利用。

四、小结

龙游农商银行率先在衢州市地方小法人金融机构中成立绿色金融事业部,完成"3＋1"组织架构搭建;与第三方专业公司合作形成了小法人银行绿色金融评价、识别、计量三大标准的"农信样板",进行风险评估;秉持发展"小而美"的普惠产品创新思路,推出"绿色循环贷"等系列绿色信贷产品。

产品篇

衢州绿色金融的探索与实践

专家点评

我国各类绿色金融产品正日趋丰富,但从规模来看,绿色信贷产品仍占主导,其占比超过90%。目前仍需积极发展和创新多元化的绿色金融产品体系,以满足各类绿色、低碳、循环经济发展的融资需要。中国银保监会发布的《关于推动银行业和保险业高质量发展的指导意见》提出,要积极发展能效信贷、绿色债券和绿色信贷资产证券化,稳妥开展环境权益、生态补偿抵质押融资,依法合规设立绿色发展基金,探索碳金融、气候债券、蓝色债券、环境污染责任保险、气候保险等创新型绿色金融产品,支持绿色、低碳、循环经济发展,坚决打好污染防治攻坚战。本篇包含了30个衢州市积极探索发行绿色金融产品的代表性案例,涵盖了绿色债券、绿色信贷、绿色基金、绿色支付、绿色保险、绿色PPP等多种绿色金融产品,充分体现了衢州市动员各类资本尤其是更多社会资本参与绿色项目建设,提升各类经济主体发展绿色金融内在动力的尝试与努力。

——**李瑾** 上海环境能源交易所副总裁

助企型·案例一

"合同能源管理"金融业务,助力科技型小企业绿色发展

[摘要]

近几年,我国科技型企业发展迅速,由于自身成立时间短,规模小,还处于初创和成长期,外部融资比较困难。本案例的亮点在于杭州银行衢州分行利用总行"科技金融"的实践经验,充分利用征信中心的应收账款融资服务平台线上交易的便利,创新推出了"合同能源管理"质押融资模式,即"节能贷"业务,支持高新技术企业的发展,大力提高企业节能减排成效,助推绿色金融发展。

一、案例背景

科学技术的发展已成为促进社会和经济发展的强大动力,这已成为全社会的共识。与传统企业相比,科技型中小企业具有技术更新快、高投入、高风险、高回报的特点。这些特点决定了其融资需求呈现"资金需求时效性强,单次融资量相对较小"的特征。通过对科技型企业走访调研,发现科技型中小企业融资所具备的条件与商业银行要求的担保条件难以吻合,资金的供需各方按传统的信贷模式难以达成合作。

二、案例简述

杭州银行衢州分行利用总行"科技金融"的实践经验,充分利用征信中心的应收账款融资服务平台线上交易的便利,创新推出了"合同能源管理"质押融资模式,即"节能贷"业务。"节能贷"是指对节能服务公司采用合同能源管理实施节能服务项下的融资所提供的一种信贷业务。"节能贷"的担保方式为应收未来预期收益账款作质押,就是借款人未来的全部预期收益。

(一)明确"合同能源管理"金融业务服务对象

合同能源管理,是指节能服务公司通过与客户签订节能服务合同,为客户提供包括能源审计、项目设计、项目融资、设备采购、工程施工、设备安装调试、人员培训、节能量确认和保证等一整套的节能服务,并从客户进行节能改造后获得的节能效益中收回投资和取得利润的一种商业运作模式。杭州银行衢州分行专门针对节能服务公司采用合同能源管理实施节能服务项下的融资推出"节能贷"信贷业务。通过调研,将以高端电子化学品技术、提供成套装备设备及合同能源综合服务为主,主要研究烟气余热回收专项节能项目的浙江某合同能源管理有限公司确定为扶持对象。

（二）创新融资担保方式

杭州银行衢州分行通过调研发现浙江某合同能源管理有限公司所从事的节能项目，尽管是国家提倡节能环保行业范畴，但由于轻资产，无资产抵押，其服务客户则要求在节能环保设备的制造、维护等方面要先行垫款，等设备启用后产生的利润才可形成付款来源，因此垫资时间长，金额大，企业融资又不能提供足够的担保物，接单能力难以提高，企业从成立到发展至今的过程中一直受资金问题的困扰。为此，杭州银行衢州分行创新担保方式，在办理"节能贷"业务中，以未来预期收益账款作质押，为企业提供资金支持，化解融资难题。

（三）贷款资金实行封闭运作

合同能源管理项下的贷款资金实行封闭运作，节能公司需在杭州银行衢州分行开立监管账户，银行、节能公司和节能技术使用企业三方需签订账户监管协议，取得节能技术使用企业的回执，协议中约定节能公司在该行的账户为回款账户。节能技术使用企业按照1～2年100％、3～4年90％节能收益支付给节能公司（即浙江某合同能源管理公司），第5年开始不再支付节能款项收益。节能技术使用企业需配合银行做好节能款回款情况的台账登记并提供相关税票。在留足当季需归还本金及利息外的部分后，节能公司方可使用余留资金用于日常生产经营，并且资金使用需通过银行审批。

三、实践效果

（一）经济效益

在"节能贷"的推动下，可以让节能减排的各项工作开展提速。能促使借款人节能创新，推动企业节能技术不断向精尖方向发展。而技术设备及服务的使用方则是节能减排的直接受益者，可高效地对废气余热回收利用，产生很好的经济效益。银行恰如其分地切中了当前绿色金融的工作主题，可以通过在这一领域的信贷实践积累更多的绿色金融经验，让更多符合条件的客户群体受益。

（二）社会效益

有力支持高新技术企业发展。首笔贷款发放后，杭州银行还与上述公司达成了后续深入合作的协议，而公司获得该行的贷款后，对其现金流管理、发展策略、人才储备等各方面都产生了积极的影响。获得贷款后的公司现金流得到了很大的改观，在此基础上，公司开始了新的规划：在发展策略上，对市场客户实行了分类管理，对部分交易对手的合作模式做了调整；在研发投入上，也加快了投入节奏，新技术得到了更广泛的应用；在人才储备上，公司可以用更广泛的视野来物色专业技术人才，最近已成功引进一名大学动力学博士，同时正在邀请国外专家加盟，研发实力进一步增强。通过这一系列的完善改进，公司接单能力大幅提高，品牌形象在业界也逐渐提升。

（三）环境效益

大力提高企业节能减排成效。目前上述公司正在与热电厂开展合作，热电六号、七号机组原来能耗高，余热回收效果差，在该公司研发的全套设备跟进、安装及配套软件使用的情况下，已顺利实现效果极佳的节能回收。根据预测，公司可为客户年节约标煤约10 000吨，给客户带来直接经济收益700万元，减少CO_2排放26 000吨，减少SO_2排放

240 吨,减少 NO_x 70 吨。

四、小结

杭州银行衢州分行利用总行"科技金融"的实践经验,充分利用征信中心的应收账款融资服务平台线上交易的便利,创新推出了"合同能源管理"质押融资模式,即"节能贷"业务,支持高新技术企业发展,大力提高企业节能减排成效,助推绿色金融发展。

助企型·案例二

绿色金融创新支持小微企业可持续发展

[摘要]

江山金融系统探索"一企一策"个性化服务,开辟"量身定制"绿色通道,在产品和服务上持续优化升级,对小微企业一对一扶持,创新推出一系列产品等,激活了特色产业的"沉睡资产";创新服务模式,积极创新灵活运用信贷产品,细分应对小微企业个性化融资需求。本案例的亮点在于协同合作组建银团贷款,引入异地资金支持光伏产业发展;引入绿色金融债资金支持企业转型升级,建立"金融+科技+企业"模式,探索发放无形资产质押贷款方式。

一、案例背景

当前中央提出供给侧结构性改革,以去产能、去库存、去杠杆、降成本、补短板("三去一降一补")为核心,着力解决产业结构不合理等问题,提高供给体系的质量和效率,推进产业结构调整和升级优化。作为地方经济的核心与血液,江山辖内各金融机构全力支持供给侧结构性改革背景下当地小微企业的健康发展,一企一案,量身定制,整合资源,梳理制度,简化流程,因地制宜创新产品。

二、案例简述

一是组建银团贷款,引入异地资金支持光伏产业发展。江山光谷小镇是一个以光伏工业为基础,联动生态农业、绿色经济和现代服务业的全产业链融合型小镇。江山某林农光伏发展有限公司位于光谷小镇之中,是小镇建设的重要部分。该企业农光互补项目以部分光伏大棚和相关配套种植的农业措施为主,在地面发展生态农业,向种植养殖无公害绿色果蔬、中草药等方向发展。项目符合国家产业政策和浙江省可再生能源发展战略,对推进全省光伏发电项目规模化应用,促进光伏产业发展,加快清洁能源示范省建设具有积极作用,同时符合当地加快能源电力结构调整,促进当地的经济社会发展的需要。为满足项目前期建设所需大量资金需求,江山工行作为牵头行组建银团贷款,在其 3.5 亿元贷款的撬动下,引入工行杭州分行、温州分行资金 1.5 亿元,国家进出口银行 5 亿元,利率为基准利率,积极利用外部资金支持本地实体企业发展。

二是引入绿色金融债资金支持企业转型升级。自 2017 年 1 月 27 日,浦发银行总行成功发行首单绿色金融债券后,浦发银行江山支行迅速启动首笔绿色金融债支持项目的申报工作,为绿色企业发展提供实质性的精准扶持。2017 年 4 月 1 日,成功获批纳入总行绿色金融债支持项目名单,江山市最大的生物质燃料颗粒生产企业获得 250 万元流动资金贷款,企业全年消耗 30 万吨木屑。该企业被纳入浦发银行绿色金融债支持项目名单后,贷款利率由原来的基准上浮 50% 降至 30%,有效降低了企业财务成本。

三是建立"金融＋科技＋企业"模式,探索发放无形资产质押贷款。以无形资产质押为切入点,探索建立江山市"金融＋科技＋企业"模式,即在金融机构、科技部门、企业之间建立融资协调机制,发挥科技的桥梁纽带作用。由科技型小微企业向科技局提出贷款需求,科技局对企业进行初步筛选,将符合条件的企业贷款需求告知银行,由银行客户经理和科技局相关人员共同对科技企业进行贷款初步调查,确定贷款意向。由专门知识产权评估团队对申请质押的知识产权进行价值评估,并将相关资料报送至国家知识产权中心杭州代办处进行专利质押登记。2017 年 5 月 18 日,泰隆银行成功向浙江某特种变压器有限公司发放了江山首笔专利权质押贷款 100 万元。同时,商标专用权质押贷款是向获得中国驰名商标、浙江省著名商标、衢州市著名商标并取得经国家商标局依法核准的商标注册证的企业发放贷款。贷款额度原则上按商标评估价值的 30%,最高不得超过商标评估价值的 50%。贷款期限一般不超过三年,且不能超过商标专用权的有效期限。商标专用权质押贷款是农商行支持"三农"的有效探索,不仅帮助具有商标品牌优势的企业在解决融资问题时开辟了一条新途径,还让更多龙头企业、农村工商企业重视品牌建设,挖掘商标价值,盘活企业无形资产,有效解决中小企业融资难等问题。截至 2017 年 6 月末,共计发放商标专用权质押贷款 150 万元。

三、实践效果

截至 2017 年 6 月,江山市地区生产总值 136.89 亿元,同比增长 7%。辖内以输配电、照明电器为主导产业,1—6 月累计工业总产值 29.17 亿元,同比增长 5.2%;以门业、消防器材为特色产业,1—6 月累计工业总产值 25.95 亿元,同比增长 18%;以建材、精细化工为传统产业,1—6 月累计工业总产值 28.74 亿元,同比增长 26.1%。截至 2017 年 6 月底,本外币各项贷款余额 317.96 亿元,较年初新增 15.66 亿元,同比增长 8.37%。

一是发挥好绿色金融对经济发展的保障作用,大力引导辖内外资金为地区绿色经济发展服务。引导金融部门优化信贷结构,明确信贷资金投放重点,确保绿色农业、绿色产业集聚区基础设施建设、绿色资源开发、特色产业发展、民生改善等领域的重点工作,引导金融机构创新服务品种,加快审批速度,协调金融机构加强对民生事业的金融服务。

二是发挥好绿色金融的激励作用,完善沟通协调机制。银行信贷能否成为"绿色金融"并为环境保护做出贡献,关键在于制定环境主导型的间接金融政策,将环境保护纳入信贷的决策环节,建立绿色金融的间接融资体系。

三是发挥好绿色金融的协调作用,改善金融生态环境。探索政银、政证、政保、政企工作模式,发挥县金融工作平台的联动作用。成立以政府、纪委、人行、银监等部门组成的信用工程建设领导小组,加快信用体系建设,完善企业和个人信用评价制度,强化失信惩戒机制,健全金融风险防范机制。完善政府、金融监管部门、各金融机构和司法、宣传部门参加的金融风险预警和应对机制,有效防范和化解金融风险;民间资金运行稳定,县域金融生态环境良好。

四、小结

江山金融系统探索"一企一策"个性化服务,组建银团贷款,引入异地资金支持光伏产业发展,引入绿色金融债资金支持企业转型升级,建立"金融+科技+企业"模式,探索发放无形资产质押贷款方式。发挥好绿色金融对经济发展的保障作用,大力引导辖内外资金为地区绿色经济发展服务;发挥好绿色金融的激励作用,完善沟通协调机制;发挥好绿色金融的协调作用,改善金融生态环境。

 助企型·案例三

"绿色节能贷"助推小微企业绿色转型

 [摘要]

小微企业普遍存在技术水平落后、能源利用效率低下、资金缺口大、污染严重等问题。在探索金融如何支持传统产业绿色改造转型的过程中,台州银行衢州分行创新推出"绿色节能贷",成功助推传统小微企业绿色改造转型。本案例的亮点在于台州银行衢州分行运用了小微企业节能减排量计算工具、小微企业节能评估技术,填补了小微企业节能改造的技术、资金双重缺口,实现了"节能减排、绿色环保",达到了经济效益与环境效益的双重提升。

一、案例背景

小微企业大多处于成长阶段,面对节能改造的技术、资金双重缺口,小微企业既缺乏绿色节能改造的能力，又缺乏绿色节能改造的内生动力。在绿色发展已成为共识，衢州市深入推进绿色金融改革创新试验区建设之际，金融如何支持传统产业绿色改造转型，是衢州市金融业面临的一项新课题。

二、案例简述

台州银行衢州分行运用小微企业节能减排量计算工具，以及小微企业节能评估技术，创新推出"绿色节能贷"，助推传统小微企业绿色改造转型。"绿色节能贷"贷款的主要用途是小微企业的生产流程改造和转型升级，客户申请"绿色节能贷"需出具证明用于节能增效项目投资的资料凭证，银行信贷人员将赴企业经营场所进行实地调查；同时，能源利用评估专员开展能源利用调查。信贷调查结束后，信贷人员在一个工作日内撰写调查报告和能源利用评估报告，并先提交至绿色节能贷款专岗审核，绿色节能贷款专岗审核通过后，按正常贷款流程完成审批。"绿色节能贷"贷款对象包括企业法人、城乡个体工商户和自然人；贷款金额没有上限，但不能超过节能增效项目投资的80%；贷款执行优惠利率，最低可优惠至5.91‰；贷款期限为3个月至3年，支持一次性还款或灵活还款等方式。

三、实践效果

（一）经济效益

截至2017年7月31日，台州银行衢州分行累计发放"绿色节能贷"24笔，授信金额814万元，有效填补了小微企业绿色改造的资金缺口。

（二）环境效益

"绿色节能贷"助力小微企业节能减排，绿色环保。台州银行衢州分行分别向衢州某拉链有限公司、衢州市某化工有限公司发放"绿色节能贷"50万元、100万元，用于设备节能更新改造。两家企业设备改造后，均实现电脑全自动化控制，既提升了生产效率，又降低了能耗支出。衢州某拉链有限公司减少用工15人，每年能节约电量4.22万度电，可降低CO_2排放量32.29吨；衢州市诺尔化工有限公司减少用工30人，每年能节约电量3.22万度电，可降低CO_2排放量21.5吨。

台州银行衢州分行分别向衢州某铝业有限公司、衢州市某建材有限公司发放"绿色节能贷"55万元、250万元，用于购买节能环保设备。衢州某铝业有限公司以油炉设备替换了煤气发生炉设备，以柴油原料替换了粒子煤原料，预计在相同产量的情况下，每年能节约电量9.33万度，可降低CO_2排放量71.34吨；衢州市某建材有限公司贷款购置的新型环保设备可提炼煤炭中的分子作为燃料，效能较高，预计在相同产量的情况下，每年能节约电量15.2万度，可降低CO_2排放量124.5吨。

四、小结

台州银行衢州分行通过创新推广"绿色节能贷"产品，为传统小微企业绿色改造转型提供资金和技术支持，在实现"节能减排、绿色环保"的同时，助推小微企业绿色腾飞和可持续发展。

助企型·案例四

专利质押"智权贷"盘活小微企业无形资产,破解融资难题

[摘要]

衢州市绿色产业集聚区获批成为国家知识产权试点园区,园区内企业亟须传统贷款业务以外的渠道满足企业融资需求。《中共中央国务院关于深化体制机制改革加快实施创新驱动发展战略的若干意见》中提出的"建立知识产权质押融资市场化风险补偿机制",为相关小微企业开展融资指明了方向。在此基础上,北京银行衢州分行进行充分调研,推出专利质押"智权贷"融资模式。该融资模式成功推动知识产权的应用,助力小微企业发展与衢州市产业转型升级。本案例的亮点在于银行与政府、各产业区协同合作,并建立了良好的风控体制。

一、案例背景

自2014年启动国家知识产权试点城市以来,衢州市经过3年的努力正式通过考核验收,并于2017年4月正式启动国家知识产权示范城市建设。衢州市绿色产业集聚区获批成为国家知识产权试点园区,园区内企业急需传统贷款业务以外的渠道满足企业融资需求,将无形资产转化资本有利于企业树立品牌信心,解决资金需求。2015年3月,中共中央国务院出台的《中共中央国务院关于深化体制机制改革加快实施创新驱动发展战略的若干意见》中明确提出"建立知识产权质押融资市场化风险补偿机制,简化知识产权质押融资流程"。这为一批拥有自主知识产权的小微企业开展融资指明了方向,同时对金融机构提出了通过运用知识产权质押融资解决企业融资难题的要求。为此,北京银行衢州分行在充分调研的基础上,推出专利质押"智权贷"融资模式,以推动知识产权的应用,助力小微企业发展。

二、案例简述

(一)构建知识产权融资合作框架

以衢州市创建国家知识产权示范城市暨"4.26"知识产权宣传周启动为契机,北京银行衢州分行积极向总行及杭州分行汇报,加强与政府及主管部门的汇报沟通,与衢州市科技局、衢州市绿色产业集聚区签订知识产权金融服务战略合作协议,通过与衢州市各产业区、绿色产业集聚区的合作,创新知识产权质押融资产品,找到与中小微企业业务合作的切入点,为企业提供全新融资渠道。

（二）精心设计"智权贷"操作流程

北京银行衢州分行根据总行的"小巨人"中小企业成长融资方案，以中小企业自主拥有的知识产权作为质押物，创新推出"智权贷"融资产品。该融资产品分四个阶段：申请、贷前调查、授信审批、放款，具体流程如下：

（1）申请：客户向银行申请知识产权质押贷款，银行客户经理实地走访客户并查询企业及实际控制人征信记录，对企业进行预准入判断后将《知识产权质押贷款业务调查表》提交至北京银行杭州分行公司部预审。

（2）贷前调查：银行聘请评估公司根据企业资料判断是否可以准入，并对可准入的项目进行知识产权预估价格报价，形成预评估报告。银行根据评估公司报价，由客户经理到企业收集授信资料与评估初评资料，形成调查报告，将预评估报告和调查报告报信用审批部。

（3）授信审批：银行信用审批部根据预评估报告和调查报告，签发授信批单，通知客户经理配合评估公司开展现场正式评估，评估公司形成正式评估报告，并报信用审批部。

（4）放款：信用审批部取得正式评估报告，通知客户办理开户手续，按相关规定办理质押登记及核保工作后，进行放款。

（三）建立风险防范机制

一是聘请拥有资质的第三方机构对企业的知识产权进行评估，合理确定质押标的价值；二是追加担保，由企业的实际控制人承担无限责任保证；三是积极推动政府建立风险补偿机制。目前，衢州市各级政府正在制定针对知识产权融资的免息、贴息、减免评估费等政策。

三、实践效果

目前北京银行衢州分行已审批首笔"智权贷"授信，某实业有限公司成为首个与该行"智权贷"业务合作的衢州市绿色产业集聚区企业。

北京银行衢州分行对某实业有限公司单笔授信200万元，品种为流动资金贷款，期限12个月，利率执行基准上浮30%，以该公司的"简易式轴承检测装置"系列实用新型专利所有权作无形资产质押，该实用新型专利所有权无形资产经某资产评估有限公司评估，评估价为1 372万元，质押率不超过15%；同时追加企业实际控制人夫妇个人无限责任保证。

四、小结

专利质押"智权贷"成功盘活了小微企业的无形资产，破解了融资难题，同时提升了企业知识产权意识，有效助力衢州市产业转型升级。

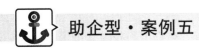

专利质押贷款解困科技企业融资难题

[摘要]

科技型中小企业有轻资产、重技术的突出特点,抵质押物明显不足,以传统方式向银行申请贷款的门槛较高。为破解这一难题,泰隆银行积极探索银政企三方合作的融资新模式,发放专利权质押贷款,并适时推出"智融通"产品,拓宽了融资渠道,促进企业创新,加强了银政合作,服务更多企业,填补了衢州市专利权质押贷款空白,必将有力推动周边科技型企业的孵化和成长。本案例的亮点在于银行与政府协同合作,并在组织内部对人员进行专业培训,且将此融资模式进行推广普及,在经济效益与社会效益上取得了双重提升。

一、案例背景

一直以来,科技型中小企业都有轻资产、重技术的突出特点,企业抵质押物明显不足,以传统方式向银行申请贷款的门槛较高。

为破解这一难题,泰隆银行积极与市科技局对接,探索银政企三方合作的融资新模式,积极创新金融产品。通过科技局搭建平台,主动服务科技型企业,真正解决这部分企业的融资难、担保难问题。并适时推出"智融通"产品,专项服务于有知识产权的企业及其企业主。

二、案例简述

浙江某自动化技术有限公司创建于20世纪90年代初,是以生产成套系统测量控制为主的国家高新技术企业。公司在科研上取得了一定成效,但需要快速发展壮大,公司在原材料采购和基础设施建设方面遇到了资金问题。当衢州市科技局推出新政策,高新技术企业可以凭借专利权质押贷款时,泰隆银行积极与该公司联系,并组成临时团队进行分析和研究,现场走访企业以了解情况,并结合企业的经营评估专利价值,最终该自动化技术有限公司以两项发明专利权和一项实用新型专利权作质押,从该行获得贷款授信250万元,解决了企业资金困境,成为衢州市首个专利权质押获贷企业,而此次专利质押贷款业务,也是泰隆银行首次办理此类型的业务。

(一)产品专属定制——"智融通"

为更好地服务拥有知识产权的企业,盘活企业无形资产,泰隆银行以企业的注册商标权、专利权、著作权中的财产权作为质押,推出"智融通"专属产品,向借款人发放短期贷款。企业直接以知识产权中的财产权作为贷款质押物获得贷款,无须其他担保,手续简便。企业提供专利权证书和企业财务状况相关证明材料,银行结合企业资信进行评估,流程简化。企业无须支付评估费,节约财务成本。

（二）银政合作，以点带面

泰隆银行衢州分行与科技局保持良好互动，筛选符合条件的科技型企业清单，大力推广专利权质押贷款，视企业资信情况给予100万元～300万元不等的贷款额度，并在利率上倾斜。继浙江某自动化技术有限公司和浙江某特种变压器有限公司两家企业的成功案例，泰隆银行将进一步扩大合作范围，拓宽合作客群，目前已在筛选清单，对符合条件的企业进行实质授信。

另外，江山市科技局牵头，联合市政府、银行与当地中小企业担保公司，推出专利质押利好政策，财政资金按照1∶1的比例存放在办理了专利质押的银行，贷款利率基准上浮20%，中小企业担保公司承担70%的风险。

（三）强化培训，模式传承

泰隆银行衢州分行专利权质押贷款对接人员于2017年8月参加了由杭州中国人民银行、浙江省知识产权局、中国保监会浙江监管局联合开展的全省专利权质押融资及专利保险业务培训，系统学习了知识产权质押融资的价值评估、专利权质押登记流程及注意事项以及知识产权基础知识及融资实践等。通过培训学习，对知识产权融资相关工作有了进一步的了解，为后续办理此类业务奠定了基础。

三、实践效果

（一）经济效益

拓宽融资渠道，促进企业创新。科技型企业普遍面临轻资产、重技术的特点，可抵押资产少、大量资金投入科研，可用于融资的固定资产有限，贷款额度少。专利权质押为科技型中小企业的融资开辟了新的渠道，无形资产有形化，提高了资产利用率，解决了这类企业的融资担保问题，有利于企业的发展壮大，为创新发展提供资金支持。同时，也鼓舞了科技企业自主创新的士气，推动社会创新步伐。

（二）社会效益

加强银政合作，服务更多企业。泰隆银行与科技局积极对接，通过银政企三方协作，对辖内科技型企业进行摸查，将该项金融产品创新带来的福利延伸至更多同类型企业。同时对辖内各支行进行专利权质押产品培训，分享首笔专利权质押办理成功经验，在全行范围内重点推广。

四、小结

近年来，泰隆银行衢州分行积极寻求和衢州市科技局的合作，探索专利权质押贷款等创新业务，以满足高新技术企业发展需求，此次该行率先开展了专利权质押贷款业务，为衢州的高新技术企业营造良好的融资环境，也开创了泰隆办理此类型业务的先河，必将有力推动周边科技型企业的孵化和成长。

此模式经过传导复制，泰隆银行江山支行继续完美接棒，为江山当地企业浙江某特种变压器有限公司授信300万元，贷款100万元，成为江山市首个专利权质押获贷企业，成功破解了科技型企业由于抵押物不足而造成的融资难题，是一次金融创新助推科技创新的重要举措，填补了衢州市专利权质押贷款的空白。

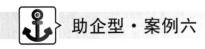

全国首笔工业企业碳账户应用贷款——"绿色减碳贷"贷款落地衢州

2021年7月9日,浙江衢州成功发放全国首笔以"碳账户"为主要参考指标的专项贷款500万元,助力企业实现固碳减排、加快绿色转型,为金融行业支持碳达峰、碳中和提供新的实践样本。

一、案例背景

在中国人民银行衢州市中心支行的指导下,农业银行衢州市分行基于企业碳账户创设"绿色减碳贷·工业减碳助力贷"专项产品。2021年7月9日,农业银行衢州市分行为辖内某化工企业成功办理了首笔"绿色减碳贷"。

二、案例简述

"工业企业碳账户"是2021年以来人民银行衢州市中心支行联合市生态环境局、国家电网供电公司等部门在全国首创的三大碳账户体系之一,全市已有125家工业企业被纳入体系进行核算。为加快"碳账户"金融场景应用,中国人民银行衢州市中心支行多措并举,率先开展探索实践。根据工业企业碳账户四色贴标结果,推出首批"绿色"以上标准的33户可支持类工业企业清单,并及时召开碳账户金融应用场景建设工作专题部署会议,加强市县整体联动、资源统筹整合,摸排辖内企业绿色低碳改造项目融资需求。同时,出台《关于金融支持碳账户体系建设的指导意见》,指导金融机构加快基于碳账户的金融产品和服务模式创新。为进一步提升金融服务质效,衢州市中心支行加快碳账户系统平台与衢州市数字化平台"衢融通"的连接互通,碳账户标签为"绿色"的企业可通过线上优先办理贷款,银行在收到企业贷款需求2个工作日完成对接,在相关合法性手续和贷款资料齐全的情况下,贷款可在5个工作日完成审批发放,最快可实现当日放款。其主要做法如下:

(1)中国人民银行衢州市中心支行根据每家企业碳账户信息创建形成企业碳征信报告,农业银行衢州市分行将其嵌入贷前审查、贷中评估和贷后管理等信贷流程的各个环节,着力为碳账户"黄色"及以上等级贴标工业企业提供差异化信贷支持。

(2)利率定价方面,对"深绿"等级工业企业,最低给予执行利率减少0.1%的利率优惠;对"浅绿"等级工业企业,最低给予执行利率减少0.05%的利率优惠。

（3）担保方式方面，除保证、抵押和质押等担保方式外，对"浅绿"以上、亩均税收超过省市平均水平的企业，给予核定一定信用贷款额度。

（4）贷后管理方面，建立完善碳账户风险内部报告制度，持续追踪企业碳账户信息；对未达到排放标准的企业及时进行预警，对碳账户信息异常或等级下降幅度大的企业相应下调客户分类、贷款风险分类，对评价等级下降至"红色"等级或等级下降两个等级及以上的视情况提前收回部分或全部贷款。

三、实践效果

某化工企业是一家传统化工企业，主要生产工业原料双氧水，双氧水生产过程中产生的煤制氢、煤制一氧化碳等挥发气体直接排入空气将形成大量的二氧化碳。企业需通过引入转化设备，将原有气体生产成液体二氧化碳再利用，才能避免二氧化碳的直接排放，但由于运营资金短缺，原有转化设备容量较小且一直闲置。为帮助该企业改造原有闲置设备，提高二氧化碳收储转化能力，农业银行衢州市分行通过线上对接、线下审贷，八小时内完成放贷流程，为该企业发放"绿色减碳贷"500万元，利率4.3%，较原有执行贷款利率低0.3%，有力支持该企业降低二氧化碳排放7.5万吨/年。

目前，全市金融机构共推出低碳、减碳类信贷产品12个，发放贷款2.239亿元。

四、小结

2021年7月9日，浙江衢州成功发放全国首笔以"碳账户"为主要参考指标的专项贷款，助力企业绿色转型。下一步，中国人民银行衢州市中心支行将进一步深化三大"碳账户"金融场景的应用，系统研究基于"碳账户"的差别化要素供给政策、产业扶持政策、鼓励创新政策等，进一步引导金融资源向绿色低碳的碳账户主体倾斜，从而实现以"碳账户"为抓手，有力推动区域"碳达峰、碳中和"工作继续开展。

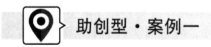

衢州市大力推广绿色支付，助力"智慧医疗"示范工程建设

[摘要]

在《衢州市"智慧支付"工程实施方案》《浙江省医疗保险移动支付工作试点方案》政策支持背景下，中国人民银行衢州市中心支行引导辖内银行机构复制推广"智慧医疗""人民

医院"模式,成功将绿色支付业务推广至14家医院应用。2017年,人民银行衢州市中心支行协同市社保局、市卫健委等,进一步深入探索推进智慧社保移动服务平台建设,试点推进诊间结算模式。本案例的亮点在于政府主导、银行全面参与、市场主体有益补充的协同合作;加强宣传发动,营造家喻户晓的应用氛围,方便患者就医,规避医院面临的资金风险,实现多方共赢。

一、案例背景

长期以来,看病难的矛盾一直是医疗行业的痛点,患者在衢州市各医院就医面临"一号难求""三长一短"(挂号、收费、取药时间长,医生看病时间短)等问题,病人看病就医不便,也给医疗机构日常管理带来巨大压力。2015年,人民银行衢州市中心支行引导工商银行衢州分行以衢州市人民医院为试点,通过改造医院整体结算系统并配置30台自助挂号结算一体机,推广金融IC卡等绿色支付方式在医疗卫生领域的应用,减少了患者在就诊和结算之间的无效往返,缩短了患者的等候时间,取得了良好的社会效应。

二、案例简述

(一)强化部门联动,建立合力共为的智慧医疗推广机制

一是突出政府主导作用。促成政府印发《衢州市智慧支付工程实施方案》,将"智慧支付+医疗卫生"示范工程作为衢州市智慧支付八大示范工程之一,落实卫健委、社保局在推进"智慧支付+医疗卫生"示范工程中的牵头责任,并由卫健委印发《衢州市"智慧支付+公共卫生"示范工程实施方案》,细化推广步骤和推广举措。二是发动银行全面参与。筛选与医院存在贷款等金融合作关系的银行,督促其创造条件推广智慧医疗工程,目前共有11家银行机构参与智慧医疗项目创建,全市所有银行共同参与智慧支付应用方式宣传。三是市场主体有益补充。采取政府与社会资本合作的PPP模式,引入信息技术开发企业等民间资本,系统建设等费用由系统开发商承担,医院和银行按照"谁使用,谁投入"的原则有偿使用,分散摊薄创建成本。

(二)突出责任驱动,形成主动担当的智慧医疗推进热潮

一是签订智慧医疗项目目标任务责任书。连续两年分别制定各银行机构的智慧支付目标任务书,即在对各银行机构与医疗领域的合作情况进行充分沟通与了解的基础上,以列举的形式确定各银行业机构推广绿色支付、创建"智慧医疗"项目任务,其中2016年明确了6家银行机构在9家医院的创建任务,2017年明确了11家银行机构在17家医疗机构的创建及升级完善目标。

二是开展绿色金融业务竞赛。连续2年将智慧支付项目推进情况纳入衢州市中心支行与市财贸工会联合开展的绿色金融业务竞赛,结合智慧医疗项目在民生领域的重要作用,以医院规模、智慧支付模式、智慧支付业务量等为指标高权重考核各智慧医疗项目,加快推进智慧医疗项目进度。

三是实施智慧医疗项目进度通报机制。按月统计各银行机构智慧支付业务推广进度,对业务量增长缓慢、筹建时间过长的机构采取约谈等举措,有针对性地提出推进

（三）注重示范带动，实施阶梯分布的智慧医疗应用工程

一是率先在人民医院依托自助挂号/结算一体机试点智慧医疗工程。2015年，引导工商银行衢州分行成功建设衢州首例"智慧医疗"示范工程，首期投入自助挂号结算终端14台，截至2017年6月增至30台，该终端具备自助发卡、社保卡激活、当天挂号、专家预约、预约取号、预交金充值、自助缴费及院内明细查询八大功能。

二是在城乡广泛复制推广智慧医疗人民医院模式。人民银行衢州市中心支行召开智慧支付工作推进会，由工商银行衢州分行在会上交流智慧医疗项目创建经验，引导7家银行由城及乡在另外13家医院通过布放97台自助挂号结算终端，复制推广智慧医疗示范工程人民医院模式，其中乡镇卫生院共3家。

三是试点升级推进智慧医疗诊间结算模式。2017年，人民银行衢州市中心支行协同市社保局、卫健委，选择柯城区人民医院在投入使用5台自助挂号结算终端的基础上，试点推进智慧医疗诊间结算模式，即通过改造医院诊疗系统，实现患者挂号诊疗后，由医生诊间完成划价、医保报销，减少患者缴纳检查费、医药费等重复缴费操作。

四是探索推进智慧社保移动服务平台建设。协同市社保局共建智慧社保移动服务平台，面向广大医保参保患者提供基于社会保障卡的互联网医保身份认证、医保自助移动结算等服务。借助生物识别技术等完成患者互联网就医身份认证，患者在候诊及就诊期间通过平台掌握排队情况等诊疗信息，在就诊过程中为医保参保患者在市社保局指定的多家医院均可一键完成医保及自费金额的自助移动结算与支付。

（四）加强宣传发动，营造家喻户晓的应用氛围

一是长期开展"手把手"志愿引导活动；各智慧医疗项目承办银行会同项目医院，联合推出志愿引导服务，手把手教会患者使用智慧支付方式。如衢州市工行在衢州市人民医院主要4个接诊楼层安排8名志愿者，衢化医院安排实习护士轮流开展志愿引导活动；柯城区人民医院行政部门员工轮流进行智慧支付方式引导。

二是通过主流媒体发布智慧医疗项目上线信息。衢州市政府公众微信号、传统媒体及各县市主流媒体对上线运行智慧医疗系统的信息进行宣传报道。

三是开展智慧支付应用方式常态化宣传。在医院自助终端布放处设置展板，详细说明智慧支付的应用步骤，相关承办银行充分利用该行的微信公众号，推送智慧医疗相关信息。

三、实践效果

（一）方便患者就医，缩短结算排队时间

通过在辖内14家医院安装127台自助挂号结算一体机，相当于在每家医院平均增加9个结算窗口，有效缓解患者排长队进行挂号、缴费的难题。据统计，智慧医疗模式节约患者50%以上的就医时间。

（二）规避资金风险，提升医院管理效率

运行智慧医疗系统，取代了传统惯用的现金现场缴费模式，杜绝了假币出现的情况，避免了窗口人员资金清点差错，节约人力成本，如柯城区人民医院的收费窗口结算量减少

了70%。此外,智慧医疗项目中的收费管理平台统一管理所有收费项目,医院可根据需求自动生成各类报表,方便财务对账,减轻财务管理工作量。

(三)实现多方共赢,促进金融及社会管理发展

在支付业务拓展方面,智慧医疗项目便捷的特性提高了社保卡激活率、客户粘合度,电子支付替代率也大幅增长。在医疗卫生管理方面,智慧医疗项目推进了卫生医疗领域信息化建设进程,节约医院及社保大量管理成本,提升了全市卫生医疗领域智能化管理水平。在社会安全管理方面,智慧医疗项目大大提升患者满意度,减少医患矛盾,降低社会不安定风险,整体加快了智慧城市建设进程,并提升社会管理水平。

四、小结

中国人民银行衢州市中心支行协同市社保局、市卫健委等推动智慧医疗项目再升级,强化部门联动,建立合力共为的智慧医疗推广机制;突出责任驱动,形成主动担当的智慧医疗推进热潮;注重示范带动,实施阶梯分布的智慧医疗应用工程;加强宣传发动,营造家喻户晓的应用氛围,实现了多方共赢,促进了金融及社会管理发展。

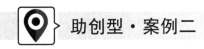

"光伏养老贷"走出"光伏扶贫"新路径

江山市凤林镇光谷小镇属于浙江省省级特色小镇第二批创建镇,凤林镇以此为契机加快建设"太阳兴能、旅游兴镇"的"光伏+旅游、农业、体育"的产业链,"金屋顶"光伏富民项目正成为凤林镇农民贴补养老支出的好帮手。江山农商银行积极尝试农村光伏扶贫新模式,推出"光伏养老贷款"产品,为居民购买光伏发电设备提供融资服务。

一、案例背景

2016年年初,浙江省省级特色小镇第二批创建名单正式出炉,江山市凤林镇光谷小镇榜上有名。凤林镇以此为契机,鼓励各种投资主体加快建设"板上发电、板下种植","太阳兴能、旅游兴镇"的"光伏+旅游、农业、体育"的产业链,丰富特色小镇内涵。

在凤林镇中岗村的荒坡上,由某新能源开发有限公司投资、华东地区最大的200兆瓦光伏电站农光互补发电项目,可实现年发电量2亿度,收益2.2亿元。同时,太阳能发电

与现代农业种养、智慧农业有机结合,形成集太阳能发电、花卉观赏、水果采摘为一体的综合型光伏产业集聚地,亩[1]均年收益约10万元。光伏产业不仅给企业带来可观效益,也"照亮"了当地百姓的生活。随着"光伏"入驻,凤林镇以"处处有光伏、家家用光伏、人人享光伏"为发展理念,以"金屋顶"光伏富民项目为抓手,树立村庄山岭开遍"太阳花"的目标。

二、案例简述

为支持光谷特色小镇发展,江山农商银行积极尝试农村光伏扶贫新模式,推出"光伏养老贷款"产品,为居民购买光伏发电设备提供融资服务。

(一)出台信贷政策,推动光伏发电项目落地

制定《百万屋顶光伏项目信贷支持实施意见》,明确介入"百万屋顶光伏项目"网点面达100%,确保光伏信贷100%覆盖凤林镇所有行政村。对凤林镇建立"百万屋顶光伏项目"的项目用户名单,确保不遗漏一户有信贷资金需求的用户。强化网格化分片管理,分片维护和营销好本区域项目市场,明确分片管理者的责任,确保全镇客户综合金融服务覆盖面的提升、小额贷款户和面的提升。推行信贷支持光伏发电类小额贷款尽职免责制度,引导和激励客户经理落实专项工作。

(二)创新产品,拓宽民生金融领域

出台《"光伏养老贷"贷款管理暂行办法》,推出"光伏养老贷款"为农户购买光伏发电设备提供融资服务。通过"零首付、长期限、信用担保、专款专用、分期还款",减轻农户前期购买或租赁光伏发电设备的资金压力。产品特点主要有三点:一是手续简便。"光伏养老贷款"对贷款流程进行简化,一般提交所需的客户基本资料以后,以"普惠通"快速审批通道进行审批,仅需一天时间即可获得贷款资金。二是方式灵活。"光伏养老贷款"针对农户直接购买和租赁光伏发电设备两种不同形式均提供相应的融资服务,选择面更广、贷款满足率更高。对于直接购买光伏发电设备的农户,除自有资金外,为其提供2万元~15万元的贷款支持;对租赁光伏发电设备的农户,为其一次性支付租赁费用提供2万元~5万元的贷款支持。同时,通过灵活多样的还款方式,支持农户根据自身情况选择按月或按季分期还款或一次性还本付息等不同还款方式,适用性更强。三是利率优惠。"光伏养老贷款"利率比该行农户小额信用贷款利率优惠70个基点,农户融资成本较低,让利农户,助农增收。

(三)发力光伏扶贫,试探光伏扶贫之路

为帮助凤林镇2 600户低收入农户尤其是贫困残疾人户建立长久增收脱贫项目,落实市扶贫办《2016年光伏扶助贫困残疾人试点工作实施方案》,以光伏养老贷和丰收爱心卡小额贷款为载体,对凤林镇符合条件的贫困残疾户提供组合式贷款。目前已成功为6户贫困户安装光伏太阳能发电板,实现户均年增收约2 200元。

三、实践效果

(一)经济效益

截至2020年年底,江山农商行累计发放光伏养老贷135户,金额1 230万元,帮助凤

---

[1] 1亩合666.7平方米,下文不再赘述。

林镇71户农户成功安装光伏发电板,年平均获益3 500元。以中岗、白沙两个村作为新能源建设示范村,成功引进杭开集团的"金屋顶"项目,目前该项目已完成投资近3 000万元,安装屋顶光伏500余户。

(二) 环境效益

下阶段,江山农商行将持续跟进农户安装光伏发电设备的资金需求,全力帮扶光伏特色小镇建设运营。据测算,建成后年发电量可达2.4亿千瓦时,产值38亿元,仅光伏发电站每年可节约标煤7万吨,减排温室气体18万吨。

四、小结

江山农商行出台信贷政策,推动光伏发电项目落地;创新产品,拓宽民生金融领域;发力光伏扶贫,试探光伏扶贫之路,成功引进杭开集团的"金屋顶"项目。

助创型·案例三

绿色"民宿贷"助力全域旅游发展驶入"快车道"

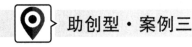[摘要]

在《衢州市人民政府办公室关于加快推进民宿经济发展的若干意见》的引领下,衢州柯城农村商业银行按照"政府引导+市场运作+信贷扶持"原则,创新推出乡村休闲旅游产业融资新模式——绿色"民宿贷",解决了乡村休闲旅游产业经营主体融资难、融资贵的问题,推动乡村休闲旅游产业和民宿经济规模化、产业化、品质化发展,助力衢州全域旅游驶入"快车道"。本案例的亮点在于银行与政府协同合作,成功助力乡村休闲旅游产业转型升级。

一、案例背景

为深入推进美丽乡村"一县一带"及"全域旅游示范区"创建工作,促进衢州市乡村休闲旅游和民宿经济持续健康发展,2016年12月,衢州市出台《衢州市人民政府办公室关于加快推进民宿经济发展的若干意见》,要求"拓宽融资渠道,积极鼓励金融机构创新和开发金融产品,加大对民宿特色村、民宿综合体创建项目的信贷支持,并在贷款利率上给予优惠。各县(市、区)要结合旅游扶贫项目制定民宿发展的贴息补助政策。鼓励金融机构在民宿示范村（点）布设ATM机，为符合条件的民宿经营户（点）提供POS消费终端等电子化结算方式。加强金融机构和民宿创建主体对接，有效开展银企对接活动"。

二、案例简述

衢州柯城农村商业银行按照"政府引导＋市场运作＋信贷扶持"原则，联合柯城区农办、财政局创新推出乡村休闲旅游产业融资新模式——绿色"民宿贷"。

柯城区农办牵头组织辖内从事乡村休闲旅游行业的经营主体组建衢州市柯城区农家乐协会，目前共有会员64名。资金实力强的会员出资组建衢州××乡村旅游发展有限公司，为协会会员提供贷款担保，该公司注册资金1 000万元。衢州××乡村旅游发展有限公司将一定数额的资金存入柯城农商行保证金账户，作为贷款风险保证金；柯城农商行按存入资金总额放大10倍，向协会会员发放贷款。柯城区农办、旅游发展公司、柯城农商行三方对会员的资格进行审查，并采用名单制的形式进行公示。旅游发展公司根据会员入股情况，确定建议授信金额并提交至柯城农商行；柯城农商行根据会员入股金额、经营状况、当前融资情况等因素确定各会员最终授信额度，并量身打造了评级、授信、用信的"一站式"服务机制和一次授信、随用随贷"绿色通道"。为体现"资金取之于本土、信贷惠之于本土"的反哺精神，柯城农商行对会员发放的贷款执行年利率6%的优惠利率。同时，柯城区财政也统筹安排200万元贴息资金，专项用于绿色"民宿贷"的贷款贴息。贷款贴息按年利率2%由区财政给予贴息，每户每年最高贴息不超过10万元。

三、实践效果

柯城农商行创新推出的绿色"民宿贷"，为辖内乡村休闲旅游产业经营主体提供了方便快捷、利率优惠、财政贴息的信贷支持，不仅解决了乡村休闲旅游产业经营主体融资难、融资贵的问题，还有效促进乡村休闲旅游和民宿经济的转型升级。截至2020年年末，柯城农商行累计发放绿色"民宿贷"68户、金额5 096万元。获得贷款的23户经营主体均扩大了经营规模，实现初步转型。

绿色"民宿贷"产品的推广，将带动更多的乡村休闲旅游产业经营主体扩大经营规模，提高经营水平，推动乡村休闲旅游产业和民宿经济规模化、产业化、品质化发展，助力衢州全域旅游驶入"快车道"，并成为农民持续较快增收和村级集体经济快速发展的重要增长点，将"绿水青山就是金山银山"化为生动现实。

四、小结

衢州柯城农村商业银行按照"政府引导＋市场运作＋信贷扶持"原则，联合柯城区农办、财政局创新推出乡村休闲旅游产业融资新模式——绿色"民宿贷"，进一步加大对乡村休闲旅游和民宿经济的信贷支持力度，助力乡村休闲旅游产业转型升级。

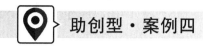

衢州市运用政保合作机制，率先开展电动自行车综合保险

[摘要]

电动自行车是市民广泛应用的绿色交通工具，具有节能环保、方便快捷等优点，也存在着管理不规范、安全隐患多等问题。作为全国绿色金融改革创新先行区，衢州市依据浙江省首部电动自行车管理地方性法规，运用政保合作机制，推行电动自行车综合保险。加强了电动自行车管理，稳妥解决了事故赔偿问题，有利于市民绿色出行。本案例的亮点在于具有良好的推广普及价值，政保协同合作，取得了良好的风险控制效果，并在社会效益上取得了良好提升。

一、案例背景

电动自行车是市民广泛应用的绿色交通工具，具有节能环保、方便快捷等优点，也存在着管理不规范、安全隐患多等问题。

二、案例简述

作为全国绿色金融改革创新先行区，衢州市依据浙江省首部电动自行车管理地方性法规，运用政保合作机制，从2017年5月开始推行电动自行车综合保险，加强电动自行车管理。

（一）制定地方性法规

2016年12月1日浙江省人大常委会批准实施了《衢州市市区电动自行车管理规定》，这是全省首部、全国第二部电动自行车管理的地方性法规，其第二十四条明确指出，"鼓励电动自行车所有人或者使用人投保车辆第三者责任险、驾乘人员人身意外伤害保险和车辆盗抢险"，为开展电动自行车综合保险奠定了法规基础。

（二）研究制定保险方案

衢州市政府有关部门联合保险机构，制定电动自行车综合责任保险方案，保险责任及赔偿限额包括整车盗抢险新车1 200元、非新车800元，第三者责任保险5万元（其中医疗费用5 000元）和附加车上人员责任保险2 000元，每辆电动自行车的保费60元。车主投保前，须先到公安交通管理部门办理电动自行车登记上牌，非法拼装或改装的电动自行车一律不准登记上牌。投保后，由合作的第三方科技公司为车辆加装防盗芯片，加强车辆安全管理。

（三）建立政保合作机制

该市财政、公安等部门积极参与推行电动自行车综合保险，人保财险衢州市分公司、太平洋财险衢州中心支公司和中国人寿财产保险衢州中心支公司（国寿财险）组成共保

体,共同解决电动自行车安全管理和事故赔偿等问题。保费60元,由政府补贴10元,车主自缴50元。上牌和加装防盗芯片费用由市财政另行承担。

三、实践效果

(一)加强电动自行车安全管理

通过电动自行车综合保险,衢州市在较短时间内实现了电动自行车的牌照管理,杜绝了非法拼装或改装电动自行车上路,大幅减少醉酒驾驶、超速驾驶等交通违规行为。在上牌过程中,公安部门对车主进行道路交通安全教育,纠正"只要发生交通事故,就是机动车的错"的错误观念,促进电动自行车安全、文明出行,减少交通安全隐患。

(二)稳妥解决事故赔偿问题

实行电动自行车综合保险之后,不仅有利于减少事故率,还妥善解决了事故责任分担和赔偿问题,促进社会和谐稳定。同时,防盗芯片可以对电动自行车运行轨迹进行定位,一旦失窃,便于警方追查。即使被盗车辆无法找回,保险公司也能先行赔付,弥补车主损失,稳定车主情绪。

(三)有利于市民绿色出行

电动自行车综合保险有利于发挥电动自行车绿色出行的优点,同时减少因事故引发的交通拥堵。各有关保险公司成立电动自行车理赔专组,开展远程定损、直赔等服务,如人保"车险理赔无忧"服务理念延伸至电动自行车理赔,切实做到"最多跑一次"。如果发生电动自行车交通事故,保险公司可启动快速理赔机制,双方车辆及时撤离,有效缓解主干道和高峰期的交通堵塞问题,促进市民绿色出行。

四、小结

作为全国绿色金融改革创新先行区,衢州市依据浙江省首部电动自行车管理地方性法规,运用政保合作机制,从2017年5月开始推行电动自行车综合保险,加强电动自行车管理,取得积极成效。试点期间,该市市区已上牌投保电动自行车达25万多辆,投保率达83%,保费收入1 500余万元,为市民提供了超过125亿元的保障。该保险已向全市推广。

助创型·案例五

"两山"贷促进农民专业合作社绿色转型

[摘要]

近年来,常山农商银行认真贯彻县委县政府"绿色发展、产业崛起、开放创新、民生优先"发展战略,根据《财政部办公厅关于做好 2015 年财政支持农民合作社创新试点工作的通知》(财办农〔2015〕69 号)、《2014 年浙江省中央财政支持农民合作社创新试点实施方案》(浙财农〔2014〕162 号)精神,积极探索,大胆创新,加大力度扶持一批有实力、有带动力的农民专业合作社,推动农业生产组织化进程,促进农业生产经营体制机制创新,形成可复制、可推广的新模式。

一、案例背景

农民专业合作社自诞生以来,在各级政府和有关部门的精心组织与大力支持下,呈蓬勃发展之势。目前常山县注册登记的专业合作社有 1 216 家,社员总数 6 598 人,基本涵盖了柑橘、胡柚、茶叶、竹笋、蔬菜、生猪、禽类、食用菌、粮食、水产养殖等各种主导产业,对农民增收、新技术推广以及推进农业产业化发展等方面起到了不可忽视的作用。

但在生产经营及发展上仍存在许多的困难和问题,特别是大部分合作社的运营资金成为瓶颈,融资渠道窄、银行融资难使得合作社后继发展乏力,严重制约了全县农民专业合作社的平稳运行,影响了全县农业产业化、规模化、专业化发展进程。主要表现在以下三个方面:一是财务制度不完善。长期以来从事传统农业生产的专业合作社其账务制度不健全、财务状况不透明、信息内部化以及信息不透明等特点,决定了经营者在市场融资时,很难向金融机构提供证明其信用水平的信息,金融机构对其资金的使用、经营及效益等无法做出准确的评价,增加了银行进行信用状况调查和评价的困难。二是缺乏融资所需的抵押担保物。由于当前尚未能实现流转土地的抵押登记,受其拥有财富和可供抵押的物品严重不足的制约,寻求符合条件的担保难度很高,除少数拥有林权的农村企业外,绝大多数的农民专业合作社得不到信贷资金的支持。三是抗风险能力较弱。农民专业合作社由于经营规模小,注册资金不足,市场适应能力较弱,项目优惠补助及风险保障措施(如农业保险)常常不能及时到位,大大阻碍了合作社的发展壮大。

二、案例简述

(一)开展多方协调,升级银财合作

在常山县委县政府的大力支持下,常山农商银行以常山县被选为中央财政支持农民合作社发展创新试点县为契机,组织社员代表外出考察学习,同时多次召开座谈会探讨试点运营模式。通过财政局、林业局、农业局等部门联动协调,以"两山就是常山农民的金山银山"为宗旨,以农业龙头企业、农民专业合作社、家庭农场等为主体,由中央财政出资 1 000 万元作为风险基金,四家合作社出资 1 000 万元组成担保基金,成立常山两山农林合作社联合社。

(二)深入走访了解,开展信用评定

常山农商银行与工商部门沟通对接,出台《农民专业合作社信用等级联合评定办法》,成立信用等级联合评定小组,对辖内农民专业合作社逐户上门调查摸底、建立经济档案和开展信用等级测评,按道德品质、信用记录、经营能力(经济实力)、偿债能力等四个维度全面测评专业合作社、负责人及社员信用情况,结合工商管理测评结果,联合评定出星级信

用农民专业合作社 475 家,其中五星级 1 家、四星级 6 家、三星级 27 家、二星级 28 家、一星级 413 家。

(三)流程复制再造,放贷及时高效

常山农商银行借鉴农户小额信用贷款的模式,农民专业合作社可凭借联社和工商局根据农民专业合作社信用评定结果联合颁发的《农民专业合作社信用证》办理信用贷款,信贷流程大大缩减,实现快速放款,随到随贷、立等办结,联社审批一般可在两个工作日内办结。另外,结合部分农民专业合作社发展的实际情况,在为期两年的信用评定周期中,农民专业合作社信用等级联合评定领导小组可发起临时决议,提高信用级别并上调授信额度,为农民专业合作社送上资金"及时雨"。

(四)破解融资难题,开展创新试点

一是融资担保业务。由两山农林联合社出资成立风险资金池,为联合社需要融资的客户贷款提供融资性担保业务,双方按照不良贷款金额 2∶8(联社 20%、两山 80%)的比例共同承担风险,单笔最高担保额度不超过 200 万元,全部担保总额不超过公司实缴资本(2 000 万元)与中央财政资金之和的 10 倍。同时根据财政试点方案安排,农商行对符合财政贴息确认的客户发放的两山农林贷,执行利率按基准利率下浮 10 个百分点,县财政按照 40%的比例给予农信社利率补助。

二是银行转贷业务。银行转贷业务系鉴于中央财政出资 1 000 万元设立的风险扶持资金,两山合作社配套出资 1 000 万元用于服务合作社等涉农企业和个人,为联社客户提供短期还款资金周转,转贷业务单笔金额原则上不超过 1 500 万元,转贷资金使用期限一般为 5 天,最长不超过 10 天。

三是社员资金互助业务。主要为社员间资金供需双方提供信息收集、交易撮合和理财产品推介;开展借贷匹配,为出借合同记录备案;为成员的银行续贷提供短期周转等业务。

三、实践效果

截至 2017 年 8 月末,该行农民专业合作社贷款 65 户,余额 4 378 万元,累计发放贷款 512 户,金额 3.04 亿元。2017 年以来,两山联合社吸收会员 118 家,通过双方共同调查后已经办理的客户 23 户、金额 2 120 万元,贷款主体分别为从事水果种植、胡柚产销、油茶生产、山林开发和种粮等专业合作社。通过与两山联合社对接,该社 100 户信贷客户已在两山联合社获得转贷资金并重新办理信贷手续,转贷金额 6 164 万元。

(一)改变了传统财政资金直补形式

传统补贴模式下,农户单户获得补贴较其规模化、现代化发展所需资金而言,仅为"杯水车薪",如 2014 年常山县单家合作社补贴金额仅为 8 万元。本创新案例的特点是通过向联合社注入启动资金的形式帮助合作社能够取得金融部门支持(最大授信额度可放大到 3 亿元)。按照目前 23 户和 2 120 万元贷款投放效果来看,可产生经济效益约 5 000 万元,带动农户就业 200 余户,人均收入可达 10 万余元。

(二)创新了资金风险共同分担机制

县政府、农商行、两山联合社三方达成合作协议,共同建立既有利于保护金融资本和社会资本,又有利于激发管控运行风险内生动力的风险补偿机制。一是最大程度盘活农户可利用资产,反担保措施可以是流转土地经营权抵押、林权抵押、股权质押、房地产余值抵押、保证等多种形式,大大解决了农户担保难问题;二是实施风险共担,一旦发生担保代偿,信用社和两山联合社以2∶8比例分别承担贷款损失,从而调动双方尽职调查和风险管控的积极性;三是分层级的补偿安排,需代偿贷款优先从风险资金中扣除,不足部分再从联合社出资额中扣除;四是联合社开展追索,对于代偿部分由信用社和联合社共同行使追索权,追加资金返存风险资金池,确保担保基金持续循环运行。由此,形成了财政、农商行、联合社风险共担、利益共享的合作模式。

(三) 构建了一个合作互助生态圈

社员间互助是一个传统的农业产业化合作形式,在互联网+的业态发展背景下,构建一个互助生态圈有着其独特的时代意义。本创新从搭建平台开始,围绕构建社员互助生态圈迈出了最基础的一步,以金融创新为切入点,将社员以资金为纽带接入到这个生态圈中,最终将互助生态圈在生产、供销、资金全产业链中形成一个开放式的联合体。

四、小结

在常山县委县政府的大力支持下,四家合作社出资1 000万元组成担保基金,成立常山两山农林合作社联合社;深入走访了解,开展信用评定;流程复制再造,放贷及时高效;破解融资难题,开展创新试点。改变了传统财政资金直补形式,创新了资金风险共同分担机制,构建了一个合作互助生态圈。

 助农型·案例一

"橘融通"贷款模式促柑橘产业转型

 [摘要]

衢州柯城素有"中国柑橘之乡"美称,是浙江乃至全国的柑橘主产区。柑橘产业既是柯城区农业的主导产业,也是农民收入的主要来源。2014年11月,柯城农商银行按照"政府引导+市场运作+信贷扶持"原则,联合区农业局、区财政局创新推出了柑橘产业融资新模式——"橘融通"柑橘产业转型升级贷款,在解决产业融资困难、促进行业转型升级、强化自身业务发展等方面取得明显成效。本案例的亮点在于由区农业局牵头,各方主体参与,组织辖内符合条件的柑橘生产、加工、营销等经营主体组建柯城区×××出口柑橘专业合作社联合社;联合区农业局、区财政局创新推出了柑橘产业融资新模式——"橘融通"柑橘产业转型升级贷款。

一、案例背景

衢州柯城出口柑橘对拉升市场价格,促进农民增收发挥了显著作用。近年来,柯城区以促进柑橘出口为主线,强化出口柑橘质量安全示范区建设,强化柑橘出口产业园投入,强化柑橘出口目标市场的开拓,有力促进柑橘出口和产业转型升级。但柑橘出口产业流动资金占用大、周转慢,在一定程度上制约了柑橘出口主体的做大做强。随着柑橘出口比重不断提高,农户对柑橘出口的资金需求日益迫切。

二、案例简述

(一)政府引导,成立互助联保小组

由区农业局牵头,各方主体参与,组织辖内符合条件的柑橘生产、加工、营销等经营主体组建柯城区和利达出口柑橘专业合作社联合社。联合社下设互助联保小组,各小组成员由有信贷需求的联合社社员自发组成,每个小组成员不得少于3人。各小组成员的信贷需求额度由其入股的资金和自身经营状况综合确定。

(二)强强联合,组建融资担保机构

联合社与9家规模柑橘出口企业组建衢州市×××果业有限公司,注册资金1 000万元。其中,联合社出资220万元,9家规模柑橘出口企业出资780万元。主要用于为联合社社员提供出口柑橘专项贷款担保。该果业公司将一定数额的资金存入柯城农商银行保证金账户,作为贷款风险保证金;柯城农商银行按存入资金总量放大10倍,向联合社社员发放贷款。首期1 000万元资金可以为社员提供1亿元的担保贷款额度。

(三)三方协作,严把贷款授信关口

由农业局、果业公司、柯城农商银行三方对联合社社员的资格进行审查,并采用名单制的形式对社员名单进行公示。同时为解决各方信息不对称的情况,由果业公司根据社员的入股情况对每位社员确定建议授信金额后提交农商行,农商行再由客户经理对社员当前融资情况确定拟授信额度并提交总行,由总行根据社员的入股金额、经营状况、当前融资情况等因素确定其最终授信额度,并提交农业局和果业公司三方留存,社员在授信额度内可随时向所在地网点申请贷款。

(四)简化流程,打造便捷绿色通道

按照"贷款快、程序简、操作便"的原则,柯城农商银行根据最终确定的授信额度,专门为其量身打造了评级、授信、用信"一站式"服务和"一次授信,随用随贷"绿色通道。总行风险部门根据最终确定的授信额度、期限对其一次性进行授信,社员在申请贷款时无须上报授信即可办理贷款。同时积极与果业公司协调,进一步简化贷款流程,确定了分级担保审批流程,社员单户贷款在80万元(含)授信额度内,由公司董事长审批;超过80万元的贷款额度,由董事会审批。

(五)政策扶持,组推产业转型升级

为充分发挥柯城农商银行"资金取之于本土,信贷惠之于本土"的反哺精神,柯城农商银行加大让利回馈力度,实行贷款利率优惠,对联合社社员用于柑橘出口的贷款,按年利率6%的优惠利率执行,以真金白银帮助企业减轻负担。一是推动区财政建立柑橘出口

担保融资风险基金。每年由区财政统筹安排担保融资风险基金60万元,连续配套三年,实行专款专用。二是建立柑橘出口贷款贴息资金。区财政也统筹安排200万元贴息资金,专项用于果业公司联合社社员营销柑橘提供担保贷款贴息。贷款贴息按年贴息率2%由区财政给予贴息,每年每户最高贴息不超过10万元,以社员当年实际发生的贷款和支付的利息为依据。贴息资金由柯城农商银行每半年向区农业局和区财政局申报。经核准后,直接将贴息资金划给柯城农商银行。由柯城农商银行按时划给社员贷款付息账户,不得支付现金。

三、实践效果

"橘融通"柑橘产业转型升级贷款的推出,不仅解决了辖内柑橘产业融资难题,保证了辖内柑橘经营主体的信贷需求,更助推了辖内柑橘产业从"自产内销"向"走出国门"质的飞跃。同时促进柯城区柑橘经营主体由代加工的"中间群体"向话语权的"主导群体"发展,为柯城区柑橘产业的做大做强打下了坚实的基础。同时该产品的推出,也进一步突显了柯城农商银行作为地方本土银行,在反哺社会、承担责任、富民惠农等方面做出贡献,取得经济效益和社会效益双丰收。

(一) 经济效益

激活内生动力,促进产业转型。"橘融通"柑橘产业转型升级贷款的推出,为辖内柑橘产业提供了贷款方便、利率较低和政策鼓励等措施,极大激发了柑橘产业的内生动力,产业融资积极性空前高涨。截至2020年年末,柯城农商银行已累计发放该类贷款280笔,累放金额31 714万元,辖内柑橘产业新购置厂房3万多平方米,并相继引进了柑橘分级筛选机、光电自动包装机等行业高尖端自带设备,实现了柑橘加工由劳动力密集型向科技密集型转变。同时在无资金后顾之忧的基础上,辖内柑橘经营主体相继成立了自主进出口公司,改变以往产品出口国外需要通过福建、黑龙江等地进出口公司办理的局面,形成了柯城区柑橘产业"自产—自收—自主外销"的产业链,既提高了产业经营的盈利空间,又取得了话语权。

(二) 社会效益

1. 突出产品创新,凝聚客户资源

随着"橘融通"产品的推广,其"贷款快、流程短、操作便"办贷模式和"担保简、利率优、实惠多"的产品优势受到了社会各界的广泛认可。其独有的优越性也吸引了很多他行客户相继来柯城农商银行办理业务,表达了想成为联合社社员的强烈愿望。在打响品牌效应的同时,也为凝聚客户资源打下了基础。

2. 发挥杠杆效应,推动政银协作

柯城区农业、财政等部门,充分利用财政资金杠杆作用,一方面撬动了金融机构的信贷投入;另一方面,降低了企业、农户的融资成本。同时,促进了国有资本和民营资本的优化组合。柯城农商行利用此模式,不仅为当地柑橘主导产业的发展提供了资金保障,而且还为下一步推动柑橘产业转型升级、提升产业层次提供可复制、可推广的融资担保新产品。

3. 推动内部监督,强化风险控制

柑橘经营主体联保、互保一直以来是该产业的常态,然而随着产业结构调整、"三改一

拆"等项目的推进,产业受到了前所未有的冲击。也因此使得产业融资担保链风险尤为突出。"橘融通"产品推出后,不仅从根本上解决了柑橘产业的融资难题,也进一步化解了该产业的担保链风险。同时该产品通过"政府、公司、农商行"三方协作模式确定客户授信额度,从根本上解决了以往信息掌握不对称、不及时造成的过度授信问题,有效防范了信贷风险,实现了对全部目标客户的精确授信,解决了长期以来困扰银行授信的优质客户定位、信息掌握不对称和差别化风险控制三大难题。

四、小结

为强化柑橘产业金融扶持的力度,积极探索创新金融担保机制,努力发挥"政策强农、信贷助农、机制便农、服务惠农"的职能作用,着力满足出口柑橘经营主体的金融需求,创新融资机制,搭建融资平台,破解出口柑橘出口融资难题。柯城农商银行按照"政府引导+市场运作+信贷扶持"原则,联合区农业局、区财政局创新推出了柑橘产业融资新模式——"橘融通"柑橘产业转型升级贷款,加大对出口柑橘的信贷支持力度,在解决产业融资困难、促进行业转型升级、强化自身业务发展等方面取得明显成效。

助农型·案例二

用"生态链"串起传统养殖业
生态经济新模式

 [摘要]

开化县始终坚持"生态立县、特色兴县、产业强县"发展战略。衢州市某牧业有限公司是开化县最大的生态养殖基地,环境污染问题成了企业发展要解决的难题,企业在生产资金和环保投入双重压力下,出现资金紧张问题。开化农商银行积极向企业灌输绿色生态养殖观念,走五位一体生态农业发展道路,并提供信贷支持,创新推出"活体生猪抵押贷款"。

一、案例背景

1999年,开化县提出了"生态立县"战略的初步设想,是我国首个提出"生态立县"发展战略的县域。至今,开化县始终坚持"生态立县、特色兴县、产业强县"发展战略,构筑了生态工业、生态农业、生态旅游业、生态城市化和生态环境保护与建设等五大框架,经济社会发展逐年加快。"生态立县"发展战略深入人心,全民生态环境意识明显增强,农民和企业谋生致富的观念和发展经济的思路发生深刻变化。

衢州市某牧业有限公司,成立于2006年5月,位于开化县桐村镇所在地。公司占地面积450亩(其中饲料、蔬菜基地200亩,鱼塘37亩),联系规模养殖户18户、养殖散户300多户,年产值近亿元,是开化县最大的生态养殖基地。随着企业的不断发展,规模化生产后,养殖排放的污染物无法处理,污水废气不仅给周围的居民的生活造成影响,还影响了附近农作物的生长。环境污染问题成了企业发展要解决的难题,企业在生产资金和环保投入双重压力下,出现资金紧张问题。开化农商银行在了解企业发展中面临的瓶颈制约后,根据企业实际情况,创新推出"活体生猪抵押贷款"等信贷新产品,适时缓解企业发展资金需求。据统计,多年来该行共计为企业提供信贷资金支持1700多万元、贴息2万余元。在农商行支持下,公司花费1000多万元进行环保投入,走"养殖+沼气+发电+种植+有机肥"五位一体生态农业发展道路,在推动公司发展壮大同时促带动周边一批农户的致富,该公司先后被评为衢州市农业龙头企业、浙江省农业科技企业。

二、案例简述

(一) 五位一体,模式先行

开化农商银行利用信息优势,在提供资金支持同时,积极向企业灌输绿色生态养殖观念,并带领公司负责人赴省内湖州、市内龙游等地生态养殖企业参观学习。之后公司采用先进科学养殖技术,走"养殖+沼气+发电+种植+有机肥"五位一体生态农业发展道路,以沼气建设为基础,以拓展生态产业链为重点,采用先进科学养殖技术,集生态养殖为一体,多种种养结合,综合循环利用。将养殖生产的污水全部引进池内沼气处理,干粪发酵后用于山塘水库养鱼,沼液排入沼液沉淀池,然后进入田间积液池用于下游两百多亩土地农作物、茶叶基地施肥,沼气发电用于加工,变废为宝。公司的饲料和蔬菜基地,每年通过四季轮作,生产出200多万公斤的青料投喂种猪、鹅,既节约了饲料成本,又提升了种猪及鹅的健康水平;还充分利用沼液肥,减少化肥的大量使用,提高生产和环保效益,一举两得,不仅实现污水零排放,资源也得到充分合理利用,实现了经济循环,在同行业里树立了榜样。

(二) 信贷支持,不遗余力

作为地方百姓银行,开化农商银行一直以来坚持走绿色金融发展道路,对企业环境污染治理给予重点关注和资金支持。经过调查了解,该公司从2003年投入沼气建设,在同行业里率先采用了国家正在推广的沼气处理技术,彻底解决了环境污染问题,是开化首批进行沼气污染治理的企业。在2006年、2011年、2012年、2015年公司陆续加大投入,建成共计3500多平方米沼气池,环保投入成本累计1000多万元。在生产资金和环保投入双重压力下,企业出现资金紧张问题,开化农商银行迅速组建信贷小组,在多次走访调研企业情况后,提供了专项信贷支持方案,多年来持续为该公司注入资金支持,共计发放信贷资金1700多万元。另一方面,该行于2017年主动响应政府政策,对该公司进行贴息2万余元。

(三) 因需而变,创新产品

考虑到该公司是以养殖生猪为主要经营范围的企业,其资产与其他企业固定资产有所区别,对于其办理抵押贷款存在一定不便等情况,开化农商银行经过调查与研究,结合其他养殖户情况,创新推出"活体生猪抵押贷款"。"活体生猪抵押贷款"主要是面向种植养殖大户及企业发放的流动资金贷款,可以用存栏的母猪用来抵押,用于协助种植养殖大户及企业发展产业,促进新农村建设。这种做法对该公司给予了较大的信贷支持和优惠政策,作为创新性产品,也给开化县域更多的养殖企业带去信贷方便。

三、实践效果

(一)经济效益

经营效益逐年递增。截至2016年年底,公司拥有固定资产4 620.68万元(不含有机肥厂、土地、山林及绿化等),其中猪场拥有固定资产3 830.68万元,鹅及肥肝食品加工厂拥有固定资产790万元。公司现有存栏2 000头母猪的智能化饲养场及配套育肥场,年产1.5万头商品猪及3万头仔猪,年销售收入6 000万元,利润约800万元;鹅及鹅肥肝加工能力6万副,销售收入1 800万元,年平均利润270万元;年产有机肥6 000吨,销售收入360万元,(不计入猪粪付费)年利润约100万元。

(二)环境效益

建立牢固的生态环保养殖链条。该公司采用先进科学养殖技术,走"养殖+沼气+发电+种植+有机肥"五位一体生态农业发展道路,以沼气建设为基础,以拓展生态产业链为重点,采用先进科学养殖技术,集生态养殖为一体,通过沼气发电并网,内部全部使用沼气,节省大量电费,企业通过这些年的发展,效益有明显的提高,同时通过以收取管理费不赚利润的方式,给周边农村3 400多农户供气,替代液化气的使用。从企业内部、周边农户和环境保护等方面,形成了一个较好的循环链条系统,有效实现了"三赢"。

(三)社会效益

带动广大农户就业和增收。从2006年开始,该公司一方面加强企业的质量管理,严格无公害养殖要求进行养殖,提高产品的质量,打响企业的品牌;另一方面,以"农户+订单"的模式(即企业提供种鹅,农户进行养殖,企业进行回收的方式),鼓励低收入农户加入朗德鹅的养殖行业当中,并建立培训基地,免费为农户进行养殖技术的培训,通过各种优惠措施,引导广大低收入农户从事朗德鹅的养殖。在一定程度上缓解了农村就业难的问题,实现企业与农户的"双赢"。解决部分农民的就业问题,增加农户的收入,带动一批农户致富。

四、小结

开化农商银行积极向企业灌输绿色生态养殖观念,走五位一体生态农业发展道路,并提供信贷支持,创新推出"活体生猪抵押贷款",使得公司经营效益逐年递增,建立牢固的生态环保养殖链条,带动广大农户就业和增收。

助农型·案例三

银保双向发力,打造开化"清水鱼"特色美食品牌

[摘要]

在"生态开化"战略的引领下,结合清水鱼符合开化实际与市场消费趋势的情况,开化县政府提出大力扶持开化清水鱼产业,明确了清水鱼产业扶持政策,成立开化县助农渔业专业合作社,并针对清水鱼养殖户群体量身定做了"渔民贷"业务,为清水鱼养殖户提供保险保障。开化清水鱼作为具有开化特色的美食品牌正走出开化,为开化生态富民创出一条绿色之路。本案例的亮点在于银保协同合作,有效保证清水鱼养殖产业中的风险控制,达到了经济效益的显著提升。

一、案例背景

2008年以来,开化县提出"生态开化"的战略。开化县人大常委会在对县水利局工作评议中,发现了清水鱼符合开化实际与市场消费趋势,及时向县政府提出要大力扶持开化清水鱼产业,并将此作为县人大常委会的重点工作。2009年3月,中共开化县委、开化县人民政府发布的《关于加快发展高效生态特色农业促进农民增收的若干政策》中,明确了清水鱼产业扶持政策。2010年制定《清水鱼五年发展规划》,使开化清水鱼发展进入快车道。近年来,开化县水利局为扶持壮大开化清水鱼行业,推荐开化渔产协会会长方某带头养殖清水鱼,方某借助开化县水利局这一平台,成立开化县助农渔业专业合作社,经营清水鱼养殖销售,养殖基地需经环保部门检测水质无污染,成品鱼运送到杭州、绍兴等地销售,品种主要以草鱼为主,包括包头鱼、鲫鱼。

二、案例简述

(一)为方某及其养殖团队解决流动资金短缺问题

方某从2008年开始从事清水鱼养殖、销售以来,随着养殖规模和销售区域的逐步扩大,资金需求也越来越大,温州银行开化支行调研得知情况后,以最快的审批流程先给方某配套30万元流动资金贷款。同时针对类似方某这样的清水鱼养殖户群体量身定做了"渔民贷"业务,该贷款既可以作为流动资金周转,也可以作为中长期贷款使用。既可以先息后本,也可以按月还本付息,门槛低,创新还款方式实现借贷无缝对接。目前,方某已发展30余户村民一起养殖清水鱼。

(二) 建议方某为养殖的清水鱼购买保险

在方某及其团队的清水鱼养殖颇有成效、市场知名度扩大的同时,温州银行开化支行针对农产品养殖面临的病害或自然灾害的风险,建议方某为清水鱼购买保险,经多方协调,最终确定一家保险公司为方某的清水鱼提供保险保障,最高保额 350 万元。

三、实践效果

方某现已注册了自己的清水鱼商标,水产养殖基地 500 亩,养殖规模约 25 万千克,发展村内及邻村的养殖户 30 余户,下游长期合作的客户为绍兴某餐饮有限公司、杭州某餐饮店、杭州某饭店及绍兴杭州的水产商行等,每天销售额约 400 千克,收入 1.3 万元,年销售约 15 万千克,收入 480 万元,利润约 80 万元,经营情况稳定。目前开化全县已有 17 个乡镇 4 650 户农民从事清水鱼养殖,其中,规模化基地 10 余个,一年养鱼收入达 4 350 万元。

四、小结

开化清水鱼作为一个开化特色的美食品牌正走出开化,为开化生态富民创出一条绿色之路。

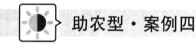

助农型·案例四

林权抵押贷款让"青山变金山、资源变资本"

[摘要]

衢州林地资源丰富,但从事农业种植的企业缺乏通常的抵质押物,无法从银行获得融资,制约了企业发展。金华银行衢州分行根据企业实际情况,对此类企业发放了林权抵押贷款,成功推动经济绿色转型升级,把生态资源加快转化为发展动能,使衢州的"绿水青山"源源不断地变为"金山银山"。本案例的亮点在于贷款模式的创新,使经济效益取得了显著提升。

一、案例背景

绿色发展是我国经济社会可持续发展的必由之路,不仅要加大生态环境保护力度,提高资源利用效率,而且要推动企业转变资源利用方式,构建绿色产业链和价值链,实现企业绿色转型升级。衢州拥有林地面积980多万亩,占全市土地总面积的74%,林木储蓄1758万立方米,是浙江省重点林区之一。但从事农业种植的企业缺乏通常的抵质押物,无法从银行获得融资,从而制约了企业发展。绿色金融作为引领经济绿色转型发展的高端要素,需要通过金融组织、融资模式、服务方式和管理制度等创新,推动经济绿色转型升级,把生态资源加快转化为发展动能,把生态优势转化为发展优势,使衢州的"绿色青山"源源不断地变为"金山银山"。

二、案例简述

常山某森林业有限公司主要从事林业的综合开发和利用。2010年,该公司流转了一万多亩山林。根据山上原有林业资源的分布,经规划修整和栽培,形成了具有2 000多亩山茶树、7 000多亩毛竹和4 000多亩杉木和松木的林场规模。2011年,为进一步扩大种植规模,对林区道路、通信、水电等基础设施扩建改造,该公司出现了较大的资金需求问题。金华银行衢州分行获悉该公司的融资需求后,由客户经理进行现场调查,并根据企业实际情况,对该公司发放了首笔375万元的林权抵押贷款;后来,又根据企业实际需求,对其发放1 000余万元的林权抵押贷款。截至2020年12月末,金华银行衢州分行累计为该公司发放林权抵押贷款7 890万元,全部用于支持林业生产经营和开发。

三、实践效果

金华银行衢州分行充分发挥衢州林地资源丰富的优势,给辖内农业种植开发企业办理林权抵押贷款业务,使"林权证"变成一张张"绿色信用证",有效地支持衢州农林生产经营企业加快发展步伐和转型升级。截至2020年12月末,金华银行衢州分行共发放林权抵押贷款金额7 890万元。该公司获得贷款资金后,对油茶林和毛竹林进行了改造;同时,也对林区道路进行大规模拓宽修建,接通了通信设备及电路,大大提升了种植林业产品的品质,也改善了林木资源的外销环境。林权抵押贷款盘活了林地资源,为农林企业拓宽了融资渠道,促进了"林"字号中小企业转型升级和绿色发展。

四、小结

林权抵押贷款使"林业得发展、林农得实惠、生态得保护",走出了一条"叶子变票子、青山变金山、资源变资本"的创新发展之路,让"绿水青山"真正成为"金山银山"。

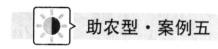

助农型·案例五

生猪保险与无害化处理相结合的绿色保险"龙游模式"

[摘要]

作为传统的农业大市,衢州市生猪养殖规模大,病死猪问题突出。在此情形下,衢州市委和市政府践行"绿水青山就是金山银山"理念,以绿色保险促进传统产业升级。人保财险龙游县支公司响应号召,与龙游县政府合作,全面启动生猪保险,降低了生产成本,避免死猪流入市场。无害化处理避免了水和土壤受污染。本案例的亮点在于保险公司与政府协同合作破解难题,首创的绿色保险已在衢州市各区县全面复制推广,具有良好的推广普及性。

一、案例背景

作为传统的农业大市,生猪养殖业在衢州农业产业中占据着主导地位,2013年全市生猪出栏数达到560万头,饲养规模连续多年排名全省第一。同时,养殖户对病死猪的随意处置给公共卫生和食品安全造成了严重的威胁,成为长期以来困扰政府部门的社会关注热点和敏感问题之一。

近年来,衢州市委和市政府坚定不移地践行"绿水青山就是金山银山"重要理念,按照"绿色发展、生态富民、科学跨越"的总体要求,始终把绿色发展理念贯穿于经济社会发展的全过程,坚持走以绿色保险促进传统产业转型升级的发展路子。

二、案例简述

2013年3月,人保财险龙游县支公司与龙游县政府初步达成政保合作意向,生猪保险全覆盖与无害化处理联动被列入龙游县政府"为民办实事"项目。在省市各级政府及职能部门、保险监管部门和人保财险省、市分公司的大力支持下,生猪保险全覆盖开始启动,人保财险公司和龙游县畜牧局开始了方案制订和启动的相关工作。主要是通过财政补贴的方式,吸引和鼓励参保,将保险对象涵盖到所有的养殖户,并将无害化处理作为保险理赔的前置条件,实现保险理赔与无害化处理的无缝连接。经过一年的试行,实现生猪保险的全覆盖和病死猪的全面无害化处理,得到了政府和社会各界的充分肯定,生猪保险与无害化处理联动的"龙游模式"在衢州市各县市区乃至全国得到了复制推广。

其主要做法有以下三点:

(1)定制专属保险条款。翻阅《中国人民财产保险股份有限公司浙江省分公司生猪保险条款》,会看到标题后有"龙游县适用"的内容,这是保监会专为人保财险公司上报修改后的生猪保险条款。条款对能繁母猪和生猪全部参保,并重新设计理赔标准。而之前的条款,只有能繁母猪及10千克以上的生猪才能参保。如果小猪病死了得不到赔偿,仍然会被养殖户丢弃,但小猪死亡率高达75%左右,承保风险很大。而且赔偿标准按照重量计算,若农户对死猪注水,保险公司和无害化处理中心必定亏本。

新的条款规定病死猪只要进行无害化处理就可获赔,赔偿按死猪体型规格长度分为5个等级,每头分别可获赔付30元、70元、160元、350元、600元。而对于保费缴纳,养殖户只需缴纳15%,即每头母猪、生猪农户只需交6元和4.05元,其余的全由财政买单(中央、省、县财政分别承担40%、35%、10%)。

(2) 相互监督,理赔真实。引入社会资本,建立病死猪无害化处理中心(浙江集美生物技术有限公司)。出现生猪死亡,养殖户不但需要向人保财险公司报案,同时还需要向无害化处理中心报收死猪。保险公司的查勘员在查勘死猪时,无害化处理中心的工作人员也会到场,收集员、理赔员一起在现场拍照、丈量、清点,并与养殖户共同签字确认结果。到了无害化处理中心后,县畜牧局和保险公司的工作人员要核查单据,确认当天收集和处理数量。只有畜牧部门和无害化处理中心均签字确认无误后,养殖户才能拿到保险赔款,做到将无害化处理作为理赔的前提条件,从而符合保监会发布《农业保险承保理赔管理暂行办法》的要求。

(3) 数据分析,防范风险。养殖户一旦需要处理病死猪,只要拨打免费热线电话,就有公司车辆上门收运,人保财险的保险理赔也送到了家门口。该热线是一套集智能语音报案报收、物流调度、订单实时查询、病死畜禽异常预警、保险理赔异常预警等功能于一体的专业无害化处理网络管理平台。一旦某家养殖场规模死亡率大于15%,保险公司、无害化处理中心、畜牧局就能看到这一预警信息,可及时派人上门查找死亡率高的原因,防范发生骗赔道德风险。

三、实践效果

(一) 经济效益

一是"政府监管、财政扶持、企业运作、保险联动"的生猪无害化处理机制运行后,以政策性农业保险为杠杆,养殖户进行无害化处理的积极性得到了激发。改变生猪养殖过程中病死猪处理的被动整改为主动配合。参保后,许多养殖户拆除了之前处理病死猪的沉淀池,新建了储存病死猪的冷库,现在大家纷纷用"死猪拉走好,减少损失还卫生清爽"来形容自己的养殖场。

二是生猪统保的政保合作模式,撬动了中央和省市县的专项补贴,减轻了养殖户的生产成本支出,也为其他省市复制推广提供基础保证。

三是承保全覆盖后,养殖户意识到保险的好处,投保积极性增加,保险风险得以分散,为长期经营奠定了基本条件。

(二) 社会效益

切断了病死猪污染的源头。通过保险全覆盖实现病死猪全覆盖,以市场调节死猪流向。以前市场收死猪的人,收一头100千克的死猪给养殖户约200元钱,养殖户通过保险理赔后,能获得600元保险赔款。对10千克以下的死猪,一般收死猪的人是不会收的,但通过保险也能获得30元赔款。所以,养殖户都愿意走保险理赔渠道,不会出售和丢弃病死猪。

(三) 环境效益

无害化处理中心把收集来的死猪进入粉碎机、高温干燥机,经过焚烧碳化变成生物质碳,可增加土壤的磷、钾含量,不会对水和土壤造成任何污染。

四、小结

(一) 政府与保险优势合力破解难题

一是政府主导推动和政府畜牧部门县、乡(镇)、村三级畜牧员及兽医网络优势,解决了保险公司在生猪统保过程中人力、物力和承保信息数据等方面的瓶颈,方便投保。二是通过保险赔偿的功能,杜绝了养殖户以往对病死猪随意乱扔乱埋和流向餐桌的风险,减轻了政府在环境保护和食品安全等方面的监管工作与压力。三是政府畜牧部门参与养殖户的防疫,有效减少了生猪养殖过程中的死亡率和动物高致病的发生概率,提高了养殖户的生产效益,降低了保险公司的赔付率。

(二) 全国推广扩大受益面

生猪保险与无害化处理联动的"龙游模式"是全国首创,实现了"政府得放心、农户得实惠、保险得发展、社会得满意",是一项绿色保险服务"三农"、保障民生和参与社会治理的创新与生动实践,具有较强的绿色金融的属性。该模式的成熟性和可操作性强、可复制性大,已得到中央部委、各级政府、人民银行、保险监管部门领导和社会各界的高度肯定,得到了养殖企业和养殖户的好评,取得了良好的社会效应和生态效应。央视二套、新华社、浙江卫视、《中国农民报》《中国保险报》《浙江日报》等国家级和省级媒体平台多次报道,并已在衢州市各区县全面复制推广。2014 年 3 月,农业农村部的专家组对上海、武汉、龙游三地进行考察调研,一致认为龙游生猪保险与病死猪无害化处理联动模式是全国最好的。目前,已有来自全国各地的 150 多个考察团前来人保财险龙游县支公司学习该模式,并在全国各大生猪重点养殖区复制实施。

助农型·案例六

绿色创新产品
——生猪饲料成本价格保险

[摘要]

长期以来,我国生猪养殖产业深受"猪周期"困扰,加之受到中美贸易战的影响,猪饲料的主要原材料玉米和豆粕价格波动频繁,加剧了企业的经营成本风险。针对此问题,中国太平洋财产保险股份有限公司衢州中心支公司创新推出生猪饲料成本价格保险,成功解决了问题,提升了企业生产经营的积极性,推动衢州传统农业绿色稳定发展。本案例的亮点在于生猪饲料成本价格保险的推出,有效化解了生产企业因猪饲料原材料上涨造成的成本提高风险,风险控制效果显著。

一、案例背景

长期以来,我国生猪养殖产业深受"猪周期"困扰,猪瘟疫情也会严重影响养殖户生产信心,加之中美贸易争端的影响,猪饲料的主要原材料玉米和豆粕价格波动频繁。饲料成本一般占生猪养殖成本的60%左右,饲料成本的控制能力和水平决定了规模化生猪养殖企业的盈利空间。

二、案例简述

2018年11月15日,中国太平洋财产保险股份有限公司衢州中心支公司与浙江某农牧科技有限公司的全国首单生猪饲料成本价格保险单正式签约。首张保单承保3.6万头生猪,保额3 600万元,首批次起保生效,每批次保障期限15周,基本覆盖生猪饲养周期。

该公司与浙江某农牧科技有限公司经过半年的猪饲料价格指数保险的合作,共计赔付企业因猪饲料原材料上涨造成的成本提高金额20余万元,有效化解了生产企业因猪饲料原材料上涨造成的成本提高风险。

在上述因素影响下,2019年7月30日,该公司再与浙江某农牧科技有限公司签订猪饲料成本指数保险,为企业提供了2 540万元的猪饲料成本风险保障。该项目成功入选大连商品交易所2019年"农民收入保障计划"方案,并作为一个重要的养殖类试点项目受到了众多保险公司和期货公司的关注。

中国太平洋财产保险推出的生猪饲料成本价格保险,创新运用"保险+期货"模式,根据饲料市场通行的育肥猪复合预混合饲料推荐配方,按照玉米68%、豆粕20%期货价格比例为基数,编制了猪料期货价格指数。根据投保时约定猪料期货指数目标值和承保期间内猪料期货指数平均值,计算猪料期货指数上涨比例,确定赔偿金额。当生猪饲料实际价格上涨幅度高于猪料期货指数上涨幅度,启动赔付程序。

三、实践效果

(一) 经济效益

生猪饲料成本价格保险的推出,化解了生猪饲料原料过快上涨带来的经营成本风险,有助于衢州市绿色生猪养殖产业的稳定发展。

(二) 社会效益

基于生猪饲料成本价格保险的保障,企业生产经营积极性大大提高。

四、小结

生猪饲料成本价格保险的推出,化解了经营成本风险,也是衍生金融工具推动衢州传统农业绿色发展的有力手段。

助农型·案例七

应收账款供应链融资,助力食用菌产业绿色发展

[摘要]

衢州市衢江区扶贫办与衢江区某食用菌专业合作社进行项目合作。但在项目推进过程中,缺少资金支持。衢江农商银行积极行动,针对食用菌专业合作社项目,创新推广应收账款质押融资及供应链融资模式。当此应收账款关系长期稳定后,衢江农商行继续推广应收账款供应链融资模式至其余合作社。有效解决了低收入农户信用贷款额度低、担保难的问题,推动食用菌产业高速度、高品质、绿色可持续发展。本案例的亮点在于应收账款供应链融资为食用菌产业弥补资金缺口,推动企业引进食用菌新技术,实现科创助力,推动产业发展,实现了经济效益的提升。

一、案例背景

衢州市衢江区是重点欠发达县,2016年度第三批特别扶持项目以"促进低收入农户增收"为重要目标。低收入农户依托扶贫项目,通过与企业、专业合作社、产业大户等入股合作、提供就业等方式实现增收。

衢江区廿里镇后溪村是个典型的低收入农户集中村,衢江区政府推动资金互助、财政扶持、金融支持、农合联指导等多方融合的支持模式,利用农业龙头企业带动低收入农户增收。衢州市衢江区某食用菌专业合作社成立于2015年11月,年产食用菌约150万千克,主要经营范围包括食用菌生产、销售,开展与食用菌生产经营有关的技术培训、技术交流和信息咨询服务等。衢江区扶贫办与食用菌专业合作社合作,共同出资新建种植菌棚,并以每年5 000元的低廉租金出租给低收入农户种植,菌包、种植技术、产品销售都由食用菌专业合作社统一负责。在项目推进过程中,合作社新建大棚、农户承租大棚、购买菌包等都需要资金支持。

二、案例简述

衢江农村商业银行出台《"精准扶贫500行动"活动方案》(衢农信联发〔2017〕4号),对参与带动低收入农户,特别是低收入农户增收的涉农企业、专业合作社、产业大户、村级集体经济合作社等优先安排项目及资金扶持。

针对食用菌专业合作社项目,衢江农商行创新推广应收账款质押融资及供应链融资模式,满足食用菌合作社及种植户的资金需求。衢江农商行以衢江区扶贫办扶持项目补助资金为质押,附带追加合作社成员担保,向衢州市衢江区某食用菌专业合作社发放贷款300万元。

基于食用菌种植户与某食用菌专业合作社存在长期稳定的应收账款关系,衢江农商行推广应收账款供应链融资模式。专业合作社筛选合作稳定、信用状况良好的合作社成员在应收账款质押融资服务平台注册用户,合作社成员上传可用的应收账款金额,经专业合作社确认后推送至衢江农商行。衢江农商行依托应收账款质押融资服务平台,通过线上供应链融资方式开展授信,为合作社成员提供融资服务。截至目前,衢江农商行共为5位合作社成员发放10笔应收账款供应链融资,金额345万元。

三、实践效果

(一)解决了低收入农户信用贷款额度低、担保难的问题,促进农户和村级集体经济收入"双增加"

应收账款供应链融资模式,有效解决了低收入农户信用贷款额度低、担保难的问题,提升了低收入农户的融资能力,有效满足低收入农户种植食用菌的资金需求,从而带动低收入农户增收致富。据测算,剔除原料成本、人工成本,每个菌包能产生的收益在2元左右,每个菌棚每年可产6万个菌包,每个菌棚每年可产生12万元左右的收益。通过衢江区扶贫办扶持项目,衢州市衢江区某食用菌专业合作社新建60个大棚,出租给食用菌种植户投入生产,已帮助47户农户增收致富,帮助17户养猪户转型食用菌种植,计划受益农户达到150户,促进农户和村级集体经济收入"双增加"。

(二)推动食用菌产业高速度、高品质、绿色可持续发展

通过应收账款质押融资和供应链融资模式创新,食用菌专业合作社的资金实力得到提升,从而推动食用菌产业高速度、高品质发展。食用菌产业实现了由专业合作社统一组织采购菌种、原材料,统一引进食用菌新技术、新品种,统一组织生产,统一产品销售,并且聘请技术指导,从消毒、接种、培育管理等开展全程技术指导和培训,大大提高食用菌产品质量,降低种植成本和风险。同时,持续推进包装车间、制包车间、净化车间、发菌房、出菇房规范化、标准化建设,配置灭菌器等设备,推动食用菌产业绿色可持续发展。

四、小结

衢江农村商业银行针对食用菌专业合作社项目,创新推广应收账款质押融资及供应链融资模式,并推广至其余合作社,有效解决了低收入农户信用贷款额度低、担保难的问题,推动食用菌产业高速度、高品质发展,助力食用菌产业绿色发展。

助农型·案例八

全国首笔农业碳中和账户应用贷款——"碳融通"贷款落地衢州

[摘要]

2021年7月13日,浙江衢州成功发放全国首笔"农业碳中和账户"场景应用项目贷款500万元,用于建设新一代节能减排绿色猪舍。这也是继7月9日在工业领域首创"碳账户"应用贷款后,在农业领域的又一新的突破。

一、案例背景

在中国人民银行衢州市中心支行的指导下,江山农商银行创新推出农业碳中和账户场景应用贷款产品——农业"碳融通",旨在为农业碳中和账户内经营主体提供差异化的金融服务。7月13日,江山农商银行运用农业"碳融通"专项产品为辖内某生猪养殖企业贷款授信2 000万元,当天成功发放贷款500万元,贷款执行5.0%利率,较原有执行贷款利率低1%,2 000万元贷款将为企业节省利息20万元。

二、案例简述

2021年,衢州市在全国率先建立农业碳中和账户体系,首批覆盖全市约10.7%的生猪养殖场、20%的粮食种植大户和所有有机肥生产企业。以传统种植养殖生产、畜牧业循环利用、肥料使用等环节作为减排关键点,确定农作物秸秆综合利用、土壤固碳机制、畜禽粪污资源化利用三条碳中和路径,折算碳中和值形成农业碳中和账户。对标行业基准值为农业主体贴标定级,采取名单制管理,建立动态调整和信息共享机制,统筹推动农业减排增汇,挖掘农业减排潜力。其主要做法如下:

(1) 中国人民银行衢州市中心支行根据每家企业碳账户信息创建形成企业碳征信报告,江山农商银行将其嵌入客户准入、授信、用信、贷后管理等信贷全流程中,根据碳账户的等级贴标制定差异化融资服务策略。

(2) 贷款额度方面,在正常测算水平的基础上可以分别给予"深绿""浅绿""黄色"等级工业企业1.25、1.15、1.05的信用贷款额度提额系数。

(3) 利率定价方面,在正常测算水平的基础上可以分别给予"深绿""浅绿""黄色"等级工业企业1%、0.5%、0.3%的利率优惠。

(4) 信贷审查方面,"深绿""浅绿"等级工业企业可享受绿色通道,优先审查、限时办结。

(5) 用信管理方面,"红色""黄色"等级工业企业的贷款合同中将包含碳减排方面的限制性条件和管理要求,等级评价下降至"黄色"等级以下或下降两个等级及以上的企业,将视情况提前收回部分或全部贷款本金。

三、实践效果

某生猪养殖企业是一家集饲料生产、生猪养殖、有机肥加工、农场经营于一体的企业。为响应国家"碳达峰、碳中和"的目标,做好企业绿色转型,该企业加快推进现代化"零碳牧场"建设。"零碳牧场"引入"楼房猪舍"概念,采用双夹层保温、全漏粪系统,运用智能化养殖模式、自动环境控制系统(控温、通风换气、集热)、自动喂养、自动清粪等先进工艺,将尿液、粪便、废气、病死猪热能等产出废物通过一系列无害化处理,转化成有机肥、电能等可再利用的绿色原料,最终实现牧场"零碳"排放。"零碳牧场"建成投产后,预计年均可减少碳排放量4 166吨二氧化碳当量。

四、小结

2021年7月13日,浙江衢州成功发放全国首笔"农业碳中和账户"场景应用项目贷款用于建设新一代节能减排绿色猪舍,在农业领域首创"碳账户"应用贷款。下一步,衢州市中心支行将进一步深化"农业碳中和账户"的应用,加大对新型农业经营主体、绿色农业产业等的支持力度,为浙江省推进山区26县高质量发展、建设共同富裕先行示范区提供金融力量。

推出"农粮保",粮农育秧有了"保护伞"

 [摘要]

衢州市为优化粮食产销政策,在2021年衢州市粮油产销政策中提出"扎实推进'农粮保'早稻育秧期成本损失保险工作,防范规模化育秧风险、推进良种与机插种植"的要求。为积极响应这一号召,更好保障粮农育秧,衢州市农业农村局支持指导中国人民财产保险股份有限公司衢州市分公司在全市推出了衢州地区专用的"农粮保"早稻育秧期成本损失保险,填补了全市水稻种植保险育秧期的空白。

一、案例背景

目前早稻育秧以集中育秧为主,但育秧期间(直播出苗期间)秧苗及直播种易受低温、阴雨、高温、干旱等气象风险及病虫害影响,导致秧苗生长停滞甚至烂种,需要农户补种补苗甚至翻田改直播,往往会给农户造成较重损失。2020年3月下旬,受持续阴雨、低温及立枯病等影响,衢州市逾3万亩早稻种植受到影响,仅江山市就达1.37万亩,经济损失370余万元。

二、案例简述

2021年3月,陈某与中国人民财产保险股份有限公司衢州江山支公司签订了"农粮保"早稻育秧期成本损失保险,为自己农场的3100亩早稻育秧田投了保,保险金额63万元。衢州市"农粮保"早稻育秧期成本损失保险条款一经推出,陈某成了衢州市享受早稻育秧期保险的第一人。

根据保险条款规定,由于连续阴雨、干旱、高低温等自然灾害和病虫害等原因直接造成保险秧苗的损失,且损失率达到20%以上的,保险公司按照合同约定负责赔偿。该保险保障金额为每亩秧田150元~300元不等,保费费率为10%,政府承担80%的保费,这意味着种粮户每亩只需缴纳3元~6元不等的保费,每亩最高可赔300元。

三、实践效果

1. 经济效益

截至目前,衢州全市已有67户种粮主体的4.5万亩水稻投保了"农粮保"早稻育秧期成本损失保险,保障金额达到1037万元。2021年度有55户主体的水稻育秧期间遭遇自然灾害与病虫害,"农粮保"已为受灾的8000亩水稻支付赔款127万元。

2. 社会效益

"农粮保"是在2020年水稻育秧冻害背景下衢州市率先开发的市级地方特色险种,填补了水稻种植保险育秧期空口,为水稻提供全生命周期保险,调动了水稻种植大户的种粮积极性,稳住了农户的"粮袋子"。

四、小结

衢州市为优化粮食产销政策,更好保障粮农育秧,在全市推出了衢州地区专用的"农粮保"早稻育秧期成本损失保险,育秧保险在压降农户育秧风险的同时,有力推进了规模化科学育秧,推动育秧质量提升,从而带动粮食产量提高,确保粮食丰收。

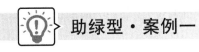

绿色金融支持衢州"金屋顶"光伏富民工程

[摘要]

在《国务院关于促进光伏产业健康发展的若干意见》《浙江省人民政府关于进一步加快光伏应用促进产业健康发展的实施意见》等文件引领下,衢州市实施了"金屋顶光伏富民工程"。2016年以来,各行社与当地农办、发改对接了解太阳能光伏发电项目推进计划及相关措施,积极与太阳能光伏设备销售、安装公司合作,试点开发金屋顶光伏富民工程贷款。本案例的亮点在于政府助力协同合作、项目收益好、银行风险可控的推广可行性,创新助农扶贫新模式。

一、案例背景

为贯彻落实《国务院关于促进光伏产业健康发展的若干意见》(国发〔2013〕24号)要求,进一步加快光伏应用,促进产业健康发展;大力推动分布式太阳能光伏发电,倡导绿色生活、绿色消费理念。根据《浙江省人民政府关于进一步加快光伏应用促进产业健康发展的实施意见》(浙政发〔2013〕49号)、《浙江省人民政府办公厅关于印发浙江省创建国家清洁能源示范省行动计划(2016—2017年)的通知》(浙政办发〔2015〕136号)等文件精神,衢州市实施了金屋顶光伏富民工程,在加快可再生能源发展的同时,探索光伏扶贫、光伏养老、光伏扶残新模式,实现绿色效益和民生发展共赢。

2016年以来,各行社(农村商业银行、农村信用社,以下相同)与当地农办、发改对接了解太阳能光伏发电项目推进计划及相关措施,积极与太阳能光伏设备销售、安装公司合作,秉承诚信合作、互惠互利、风险可控、可持续发展的原则,试点开发金屋顶光伏富民工程贷款。全辖6家行社分别制定光伏贷款管理办法,同时创新产品模式,如柯城、衢江的"金屋顶光伏贷",龙游的"幸福金顶",江山的"光伏养老贷款",常山的"好邻居光伏贷",开化的"阳光相伴"专项光伏信贷产品,对辖内安装分布式屋顶光伏电站的自然人和企业法人给予信贷支持。

二、案例简述

(一)简化流程,信用放款

贷款以信用方式发放,无须担保,突破了一般农户贷款担保抵押难的困境,同时向低收入农户倾斜,提高农户申贷获得率。可全额贷款,包括发电设备和安装费用。客户在提交所需的基本资料以后,即可通过快速审批通道进行审批通过,仅需一天时间即可获得贷款资金,银行可集中上门服务。

(二) 设置贷款期限长,还款方式灵活

还款时间最长可达 20 年;还款方式可按普通贷款按月结息到期还款,也可分期还款,适应性强。贷款的额度不得超过借款人所购分布式屋顶光伏电站价格,且个人客户单户借款最高不超过 15 万元(含),法人客户单户借款最高不超过 500 万元(含),具体依据借款人收入来源配比。

(三) 给予利率优惠

10 年以内的按固定利率 6% 执行,10 年以上的按固定利率 6.5% 执行,让利农户,助农增收。

(四) 分散风险

贷款以发电效益作为第一还款来源,光伏发电设备销售、安装公司为农户贷款提供担保,或缴纳 5%～10% 的风险保证金,同时对光伏发电设备进行财产保险,第一受益人为贷款银行。

三、实践效果

(一) 经济效益

助力国家供给侧结构性改革以及加快光伏产业健康发展。至 2017 年 4 月末,辖内行社与 22 家太阳能光伏发电设备销售、安装企业签订了合作协议,通过企业担保和企业提供风险保证金两种方式开展合作,有力地支持了太阳能光伏发电产业的推进。共计安装户数 7 263 户,实现 50% 以上并网。

(二) 社会效益

1. 推动区域内环境提升以及美丽家园建设

金屋顶光伏建设有统一、规范的建设标准。结合衢州美丽乡村建设、"四边三化"工作,按照不涉及大面积基本农田、不涉及饮用水源、不涉及生态公益林和 4A 级以上景区要求,进行标准化设计、规范化施工,统一电网接入,采用先进技术和高性能材料建设示范工程。确保工程质量,提升城乡景观风貌。如江山市借助光伏贷产品打造的光伏特色小镇(光谷小镇),重点发展环保产业,主要建设一个以光伏工业为基础,以光伏发电、应用设备制造、产品研发为主导功能,以环保文化为内涵,联动生态农业、绿色经济和现代服务业的全产业链融合型小镇,实现"处处有光伏、家家用光伏、人人享光伏"。

2. 助推农户增收致富,帮助低收入人群奔小康

农村金屋顶光伏项目主要是分布式光伏式光伏发电项目。光伏公司普遍以租赁与分期两种商业模式双轨并行,主推分期付款模式。将发电模式确认为"自发自用,余电上网"和"全额上网"两种。"全额上网"模式的全部发电量由电网企业按照当地光伏电站标杆上网电价收购。"自发自用,余电上网"模式的上网电量由电网企业按照当地光伏电站标杆上网电价收购。浙江省在国家规定的补贴标准基础上,再补贴 0.1 元/千瓦时。"十三五"期间,衢州金屋顶光伏富民工程总投资超 60 亿元,受益农户年均将增加毛收入 4 000 元,村集体每年将增加毛收入 6 万元。

四、小结

(一) 推广可行性分析

1. 政府推动有力

金屋顶光伏富民工程得到省、市、县三级政府的高度重视,由衢州市政府分管领导任推进工作领导小组组长,市发改委根据发展规划和年度建设计划制定考核办法,并会同市督考办进行督查考核。整个"十三五"期间,衢州市金屋顶光伏富民工程的投融资需求较大,建成6个新能源综合小镇,培育引进一批具有自主品牌的装备制造、系统集成应用和服务业企业,完成全市农村屋顶光伏建设16万户,其他建筑屋顶光伏建设260万平方米,总装机74万千瓦(每户3千瓦),总投资超过60亿元,迫切需要银行信贷政策支持。其中,2016年完成农村屋顶光伏建设2万户以上,其他屋顶30万平方米,装机90兆瓦,实现投资7.2亿元。截至2017年4月末,辖内6家行社与22家太阳能光伏发电设备销售、安装企业签订了合作协议,通过企业担保和企业提供风险保证金两种方式开展合作,有力地支持了太阳能光伏发电产业的推进,累计安装户数7 263户,实现50%以上户数并网。

2. 项目收益性较好

目前所采用最多的光伏发电安装方式即所谓"家庭光伏电站",是将太阳能光伏发电系统安装在自家房子屋顶上,将太阳能直接转换为电能低电压等级的光伏发电系统。这种模式目前是最常见的一种太阳能光伏应用方式,城市的别墅屋顶、乡村的自建房屋顶,甚至是小区的公共屋顶,都可以安装。一般装机容量在3 kW～10 kW,投资成本在2万元～8万元,按照目前的补贴力度和发电水平,5～8年可回收全部成本,使用期限25年,意味着年收益在10%以上,只要银行贷款期限设计合理,完全可以覆盖6%左右的贷款本息。

3. 银行风险可控

为防止贷款风险的产生,各行社要求合作的光伏公司或第三方担保公司必须签订保证函,缴纳足额的保证金并提供连带责任保证(具体保证金金额按贷款余额的5%～10%缴纳)。同时对光伏发电设备进行财产保险,第一受益人为贷款银行。如衢江农商行要求合作的杭开光伏在该行开立基本账户及保证金账户,保证金交存比例为贷款发生额5%。当保证金余额大于贷款余额时,多余部分可以退回;若有农户贷款出现不良情况,将由杭开光伏从保证金中提取款项并全额贷偿。

(二) 创新亮点:创新助农扶贫新模式

在金屋顶光伏富民工程工作中,各地优先选择低收入农户、经济薄弱村和残疾人户试点。具体到单个金屋顶项目,采用财政补助折股、农户自筹购股、企业入股等方式,农户可自主选择。银行发放贷款时,向低收入农户倾斜,允许全额贷款(包括发电设备和安装费用),提高低收入农户申贷获得率。低收入农户可根据自身实力参与金屋顶光伏计划,以少量投入甚至零投入、无门槛得到银行信贷资金支持,获得长期、稳定的收益来源,实现小康梦想。

绿色金融债支持餐厨垃圾资源化再利用

[摘要]

衢州市改善城乡环境卫生,评选全国文明城市,然而餐厨垃圾多,餐厨垃圾处置是节能环保产业的重要组成部分。某集团公司与某环保事业部下属的生物科技有限公司项目存在资金缺口。浦发银行总行、分行、支行三级联动,开辟绿色审批,引入环保公司保证,解决初期抵押资产不足问题;利用绿色金融债券募集资金对该项目发放大规模、长期限、低利率贷款。基本实现衢州市主城区餐厨垃圾处置全覆盖;餐厨垃圾转化的肥料对实现生态有机农业意义重大,而且分离出的废油、废水走出了生态循环之路;餐厨废弃物无害化处理有利于改善环境。浦发银行衢州支行支持餐厨废弃物资源化利用和无害化处理项目,标志着衢州市首笔绿色金融债券募集资金支持绿色项目的成功落地,促进了传统工业产业的"生态化""绿色化"。本案例的亮点在于浦发银行总行、分行、支行三级联动,帮助企业进行无害化处理,采用先进的复合微生物智能控氧快速发酵技术。

一、案例背景

近年来,衢州市坚定不移打好"五水共治""四边三化""三改一拆"等转型升级组合拳,深入推进城乡环境卫生整洁行动,大力实施环境综合整治和基础设施建设,极大地改善了城乡环境卫生。2017年5月,衢州市通过国家卫生城市第二轮复审,被评选为国家级卫生城市。同时,衢州市正全力争创全国文明城市。但是,餐厨垃圾已成为城市更加卫生整洁、更加文明的"绊脚石",餐厨垃圾处置已成为节能环保产业的重要组成部分。

衢州市餐厨废弃物主要产生单位达2 460家左右,每天产生餐厨垃圾175吨左右;年产生餐厨垃圾6.4万吨,占生活垃圾的比重达15.2%。其中,市区餐饮单位的餐厨垃圾日产生量约108吨,食品加工企业和农贸市场的餐厨垃圾日产生量约45吨,家庭的餐饮垃圾日产生量约22吨。面对迫切的民生需求与市场需求,某集团公司与某环保事业部下属的生物科技有限公司拟投资衢州市餐厨废弃物资源化利用和无害化处理项目,实现餐厨垃圾无害化、减量化和资源化。该项目总投资9 382.99万元,存在资金缺口,需要金融机构的信贷支持。

二、案例简述

浦发银行作为国内绿色信贷的先驱者,于2016年成功发行境内首单绿色金融债券。

该债券发行总规模 500 亿元,首期 200 亿元,期限 3 年,年利率为固定利率 2.95%;第二、第三期规模各 150 亿元,期限 5 年,年利率分别为 3.2%、3.4%。绿色金融债券募集的资金全部投放于绿色产业项目贷款。

浦发银行衢州支行自 2010 年成立以来,致力于"扎根浙西、服务衢州"的办行宗旨,建立了一支既懂金融,又懂节能技术的绿色金融专业团队,全面实施专业化、高效化的金融服务。获悉该生物科技有限公司餐厨废弃物资源化利用和无害化处理项目的融资需求后,总行、分行、支行三级联动,开辟绿色审批通道,并引入某环保公司,解决项目初期抵押资产不足的问题。同时,浦发银行衢州支行积极对接总行已发行的绿色金融债券,满足该项目的融资规模与利率需求。在总行、分行的支持下,2017 年年初,浦发银行衢州支行利用绿色金融债券募集资金对该项目发放首期项目贷款 3 000 万元,贷款期限 7 年,执行基准利率下浮 10% 的利率水平。该项目贷款规模大、期限长、利率低,有力地支持衢州市餐厨废弃物资源化利用和无害化处理项目建设投产,也标志衢州市首笔绿色金融债券资金支持绿色项目成功落地。

三、实践效果

通过浦发银行衢州支行绿色金融债券募集资金的信贷支持,2017 年 4 月,该生物科技有限公司的餐厨废弃物资源化利用和无害化处理项目正式投产运营,该项目每日餐厨垃圾处理能力达到 120 吨,基本实现衢州市主城区餐厨垃圾处置的全覆盖。该项目能将餐厨垃圾转化为一种高活性的生物腐殖酸肥料。生物腐殖酸肥料有机质含量大约是普通有机肥的 2.5 倍,非常适用蔬菜、瓜果等经济作物,解决了施用化肥带来的土壤退化、农业污染等问题,有助于实现生态有机农业,对改良土壤、保障食品安全、减少农业排放的意义重大。同时,餐厨垃圾分离出来的废油将作为生物柴油的原料;垃圾处理产生的废水将送往污水处理池处理;垃圾处理产生的预热将进行高效利用,走出了一条生态循环之路。

四、小结

浦发银行衢州支行支持餐厨废弃物资源化利用和无害化处理项目,标志着衢州市首笔绿色金融债券募集资金支持绿色项目的成功落地。该项目促进了传统工业产业的生态化、绿色化,实现了经济效益、社会效益和环境效益的有机统一,既是"绿水青山就是金山银山"的金融实践,也为衢州绿色金融改革创新积累了宝贵的经验,有助于衢州加快建成浙江生态屏障、现代田园城市、美丽幸福家园。

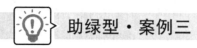

助绿型·案例三

积极发挥绿色基金作用,助力地方经济绿色发展和项目攻坚

[摘要]

在国家同意中国农业发展银行(以下简称农发行)设立重点建设基金,定向发行专项债券的背景下,农发行衢州市分行紧抓政策机遇,促进服务项目发展,基金项目广泛支持多领域建设,采用灵活的运作模式。本案例的亮点在于配合衢州市发改委、各级政府赴省行争取支持等方式,推动重点建设基金工作,专项建设基金带动投资效果十分显著。

一、案例背景

2015年,国家为"稳增长、促投资",着力解决重点建设项目资本金不足的问题,同意农发行依法设立重点建设基金,由农发行在银行间市场定向发行专项债券募集资金,重点支持投资大、周期长、回收慢、回报率不高的准公益性和基础性项目。专项债券执行1.2%、2.8%两档次固定利率,中央财政给予贴息。自重点建设基金业务开办以来,农发行衢州市分行认真贯彻落实总行政策,主动对接衢州市绿色重点建设项目,以金融的力量助力衢州市争创全国绿色金融改革创新试验区。

二、案例简述

(一)紧抓政策机遇,服务项目促发展

一直以来,资金问题都是制约基础建设项目启动的重要因素。尽管向银行融资是解决资金问题的有效途径,但国家规定要有一定比例的项目资本金,因此很多项目往往因资本金不足而"难产"。特别是公益性基础设施建设项目,项目本身不产生直接收益,筹集资金更是难上加难。农发行重点建设基金破解了项目启动资金的资金瓶颈。面对这一政策红利,衢州市委和市政府高度重视,指定市发改委牵头,集聚住建、水利、交通等十多个部门联合办公,共同推进项目申报。市农发行通过加强与市发改委等部门的项目对接,指派专人参与市发改牵头的联合办公,邀请省行专家对全市项目申报做专题辅导,多次配合市发改委、各级政府赴省行争取支持等方式,推动重点建设基金工作,让这一惠及民生的国家政策在衢州释放出更多的红利。

(二)支持领域广泛,绿色发展惠民生

一是支持江河治理和重点水资源配置工程。共投资了4个项目,基金投资额4.71亿元。支持江山市江山港、开化县常山港华埠段、钱塘江上游衢江龙游段等流域综合治理工程,共新建、修复堤防(护岸)125.2千米,建设绿道132.7千米,整治河道128千米,维护了衢州的"青山绿水"。二是支持城镇污水垃圾处理设施及污水管网工程。共投资了2个项目,基金投资额3 000万元。新建了8 241米污水管道,建造了5万吨/日流量的污水处理厂。三是支持高标准农田建设。投入项目1个,金额4 000万元,项目总面积10.39万亩,可新增耕地4 430亩。四是支持农村产业融合发展。投入项目1个,金额6 000万元,实施柯城区两溪片区柑橘产业提升工程,建设1万亩柑橘避雨棚,以及园区慢道绿道、柑橘出口加工园、来料加工中心等,垦造水田2 450亩。

(三) 运作模式灵活,拉动投资显成效

专项建设基金主要采取股权投资形式,年利率1.2%~2.8%。农发基金以投资入股项目法人的方式注入项目资本金,按照投资合同约定期限向股权受让方转让所持股份,从而收回基金投资。这一方式不需要项目法人提供担保、操作简单灵活,且资金成本低,得到了投资主体的一致认可。以衢州市某物流中心项目为例,该项目总投资10.3亿元,主要建造装饰材料、机电设备、金属材料、通用材料仓库、7万平方米光伏系统、地下仓库等,拟打造集仓储、物流配送、信息服务、金融服务、电子商务为一体的智能仓储物流基地。项目由柯城区政府负责实施,2015年10月获得了首批7 000万元专项建设基金。2016年6月,中国物流股份有限公司介入该项目,与柯城区政府共同组建了公司负责项目的实施。国有资本介入该项目,除了项目良好的前景外,农发行专项建设基金的撬动也起了很大作用。目前项目一期物流仓库主体工程已经基本完工,二期物流仓储、物流配送中心、配套服务用房已经完成工程招标。

三、实践效果

专项建设基金的投入为衢州绿色重点建设项目注入了项目资本金,带动投资效果十分显著。截至2017年8月末,农发行衢州市分行已支持基金项目14个,金额8.41亿元,带动投资120.1亿元,按5年以上贷款基准利率测算,经营期内可帮助项目实施主体节约资金成本约1.5亿元。

四、小结

专项建设基金的支持模式已经成为农发行支持绿色金融的重要载体,在深化落实绿色金融政策的过程中,农发行衢州市分行将进一步加大与各级政府、发改委的沟通,为衢州争取更多的基金项目,助力衢州绿色发展。

助绿型·案例四

银团贷款新模式支持"渔光一体"绿色项目成功落地

[摘要]

江山上余"渔光一体"并网光伏电站项目位于江山市上余镇,其项目主体与母公司都不满足向福建建行申请贷款的条件。江山建行主动发出邀请会同福州建行系统联动,多方协同;创新模式,确定方案;政策倾斜,满足需求。江山建行推出的"分公司跨一级分行内部银团贷款"方案,打破了分公司异地融资壁垒。本案例的亮点在于多方协同合作,为今后更好地满足绿色经济主体融资需求做出了有益尝试,有利于推广。

一、案例背景

渔光互补系统,即将太阳能光伏发电与渔业相结合,利用鱼塘等水面立体空间,下层水系养殖鱼类,上部布置太阳能光伏组件发电,有利于增加可再生能源比例,且绿色环保无污染,是目前渔业发展推广的重要方向。江山上余"渔光一体"并网光伏电站项目位于江山市上余镇,总用地约450亩,设计安装容量约21.32 MWp,年均发电量2 050.50万kWh,设计寿命25年。该项目由某电力投资公司在江山设立的分公司(以下简称江山新能源)承建,总投资15 910.90万元,项目资本金3 310.90万元,外部融资需求12 600万元。

但在与建设银行江山市支行洽谈银行融资过程中发现,项目主体江山新能源非独立法人,不具备贷款权限和授信资格,其母公司设在福建省,非项目所在地,也不满足向福建建行申请贷款的条件。如何跨越相关政策障碍及时给予该绿色项目有效信贷支持,成为当务之急。

二、案例简述

(一)系统联动,多方协同

江山建行主动发出邀请会同福州建行负责人、客户经理以及项目主体负责人来江山现场考察"渔光一体"项目,详细了解项目情况,共商融资解决方案。在形成初步方案后,逐级上报建设银行浙江省分行、总行争取重视支持。

(二)创新模式,确定方案

经上级行研究论证,最终确定"分公司跨一级分行内部银团贷款"方案,即由福州建行为福建电投授信,江山建行为江山新能源申报项目贷款,江山建行和福州建行共同发放贷款给江山新能源,圆满解决跨省企业非法人授信问题。

(三) 政策倾斜,满足需求

通过跨区域内部银团贷款,江山新能源获得 12 600 万元授信额度,期限 163 个月。由于该项目符合国家绿色信贷政策,江山建行同时给予基准利率下浮 10% 的优惠倾斜。目前已累计发放贷款 10 800 万元支持项目建设。

三、实践效果

(一) 社会效益

随着国内企业跨区域投资力度的不断加大,遇到类似江山新能源的具体问题还将增多。江山建行推出的"分公司跨一级分行内部银团贷款"方案,打破了分公司异地融资壁垒,丰富了银行融资获取方式,提供了多层次的金融服务体验,为今后更好满足绿色经济主体融资需求做出了有益尝试。

(二) 环保效益

江山上余"渔光一体"并网光伏电站项目建成后,按照火电煤耗(标准煤)每度电耗煤 325 克,与相同火电发电量相比,相当于每年可节约标准煤约 6 664.1 吨,减少排放温室效应性气体二氧化碳(CO_2)1.99 万吨,减少烟尘排放量约 2.06 吨,SO_2 排放量约 13.71 吨,NO_x 排放量约 13.71 吨,绿色环保成效显著。

四、小结

江山建行推出的"分公司跨一级分行内部银团贷款"方案丰富了银行融资获取方式,江山上余"渔光一体"并网光伏电站项目建成后绿色环保成效显著。

助绿型・案例五

绿色信贷助推"美丽乡村"建设

[摘要]

龙游县委和县政府把"美丽乡村创建"作为统筹县域发展的"四大攻坚行动"之一。一些村在美丽乡村建设前期存在启动资金短缺的问题,极大地限制了偏远、落后行政村的美丽乡村建设。龙游义商村镇银行主动对接,大胆创新,量身定做了美丽乡村建设贷款。本案例的亮点在于银行与政府协同合作,美丽乡村建设贷款可复制、易推广,实现了乡村、银行、地方政府多赢的结果。

一、案例背景

龙游县作为国务院农村综合改革小组确定的全国美丽乡村试点县之一,县委和县政府把"美丽乡村创建"作为统筹县域发展的四大攻坚行动之一,以"五水共治""三改一拆""四边三化"等为抓手,不断加大财政投入,全面推进美丽乡村建设。另外,为提高行政村建设积极性,更好地推动美丽乡村建设,县政府采取"先建后奖"的资金拨付方式,鼓励行政村积极参与美丽乡村建设。由于每个行政村村集体经济实力不同,一些村集体经济相对较弱、基础较差的行政村在美丽乡村建设前期存在启动资金短缺的问题,极大地限制了偏远、落后行政村的美丽乡村建设。

二、案例简述

(一)量身定制,使村集体经济合作社具备融资功能

鉴于美丽乡村建设的项目申报主体、建设责任主体、财政贴补主体均为各行政村,龙游义商村镇银行在设计美丽乡村建设贷款产品时,将贷款主体确定为行政村经济合作社,使村级经济合作社具有了融资功能。在此过程中,该行积极与工商、税务、人行等部门进行对接沟通,实现多个突破,如为村集体经济合作社办理营业执照、组织机构代码证、税务登记证等。

(二)信用贷款,破解村集体经济合作社抵押或担保缺乏困局

为有效满足行政村美丽乡村建设资金需求,龙游义商村镇银行美丽乡村贷款以建设项目立项时所获得的财政贴补承诺核定贷款额度,根据融资需求不同,最高可全额核定,并全部以信用贷款方式发放,有效解决村级经济合作社融资缺乏有效抵押或担保的问题。

(三)简化流程,提高村集体经济合作社资金可获得性

为实现辖内村集体经济合作社融资便利可得,龙游义商村镇银行指定专门部门,调集专门力量与基层网点共同进行前期调查和资料收集,在内部机制上充分发挥了独立法人机构决策流程短的优势,只要资料收集齐全,行政村、银行、财政三方签署合作协议,贷款一般都能在一天内审批发放到位。

(四)降低成本,实打实让利美丽乡村建设

目前,龙游义商村镇银行美丽乡村建设贷款全部以基准利率发放,低于该行的其他贷款利率4个百分点左右。据测算,美丽乡村建设贷款累计让利在40万元以上。

三、实践效果

龙游义商村镇银行于2014年9月开办美丽乡村建设贷款,在龙游既是最早开办,也是独家承办。到目前为止,已先后为龙洲街道半爿月村、沐尘乡双戴村等8个美丽乡村建设项目发放贷款845万元。建设内容涵盖村容村貌整治、文化广场、农村休闲旅游、农户增收、农村集聚区建设等。从该行实践效果看,美丽乡村建设贷款可复制、易推广,得到很多村镇的好评,开创了银政合作新模式,实现了乡村、银行、地方政府多赢的结果。

(一)社会效益

1. 推动了美丽乡村建设

美丽乡村建设贷款的推出,不仅使村一级免除了建设资金缺口的后顾之忧,还有效激

发了行政村创建美丽乡村的积极性,为民办实事的劲头更高了。2017年,龙游县又有横山镇天池村等5个行政村被浙江省财政厅列入美丽乡村建设试点,该行已经与这5个村签署了全面合作协议。

2. 促进了"两山"的理念深入人心

通过美丽乡村建设,村容村貌大为改观,河道得到整治,结合河长制、五水共治等措施,村民们更加珍视自己的家园,自觉地加以保护。大批文化广场、休闲设施的修建,丰富了农民的精神文化生活,民风民俗更加文明健康。乡村休闲旅游资源的开发、农业招商、农家乐的发展,使广大农民真切地看到了依靠绿水青山增收致富的希望,创业创富的积极性大大提高。乡村面貌的改变,使广大村民自觉自愿地向中心村镇集聚靠拢,促进了下山脱贫、易地搬迁工作的开展。

(二)经济效益

确保了财政支持收到实效。由于美丽乡村建设必须先申报立项,竣工验收后才能真正获得财政补贴资金,财政补贴资金不再是分配制,村级集体由以前的财政给多少资金就干多少事,变成了现在的干多少事才能争取到多少财政补贴资金。信贷支持美丽乡村建设使财政扶持政策真正发挥了供给侧结构性改革的杠杆作用。

四、小结

龙游义商村镇银行主动对接,大胆创新,量身定做了美丽乡村建设贷款,量身定制,使村集体经济合作社具备融资功能;信用贷款破解了村集体经济合作社抵押或担保缺乏的困局;简化流程,提高村集体经济合作社资金可获得性;降低成本,实打实让利美丽乡村建设。开创了银政合作新模式,实现了乡村、银行、地方政府多赢的结果。

金融支持山区农户下山脱贫与退宅还林

[摘要]

在龙游县实施"下山脱贫"集聚点项目建设背景下,龙游农商行推出下山脱贫专属产品"安居创业贷",主动支持并帮助下山农户脱贫致富;中国农业发展银行龙游县支行突破原先固有的业务范围,主动服务,支持安置小区建设项目资金需求;龙游义商村镇银行集中为村集体经济合作社办理贷款卡。加速中心村镇建设、减少对山区自然生态的破坏、助推农户增收致富。

一、案例背景

2008年以来,龙游县紧紧抓住省委、省政府实施低收入农户奔小康工程的机遇,大力推进高山远山、重点库区、地质灾害区和生态保护区的低收入集中村中的农户下山脱贫搬迁,实施"下乡脱贫"集聚点(县东华街道十里铺村脱贫小区)项目建设。由县财政注资1 000万元,县农办(扶贫办)牵头成立龙游县奔康投资有限公司,以市场化融资、公司化运作的建设模式,实施低收入农户集中村、扶贫重点村及地质灾害隐患区农户易地搬迁、下山脱贫的民生工程,着力做好低收入农户对接帮扶工作,促进低收入农户增收。

二、案例简述

(一)主动创新,"安居创业贷"解决了低收入农户购房资金紧缺问题

根据龙游县《关于实施低收入农户奔小康工程的意见》文件精神,龙游农商行主动与县农办(扶贫办)对接沟通,达成合作意向,推出下山脱贫专属产品"安居创业贷",为低收入农户下山脱贫金融需求开启全程绿色通道。"安居创业贷"具有金额大、期限长、利率低、还款灵活等特点,农户最高可获得购房款60%的信贷支持,贷款期限最长为15年,贷款利率为基准利率下浮15%,1年以上贷款实行按季分期还款,且由龙游县奔康投资公司提供担保,极大地满足了农户下山脱贫购房需求。自2010年以来,龙游农商行已先后支持了城东小区、阳湖小区、翠竹小区(翠竹小区正在支持中)低收入农户共1 189户,发放贷款2.06亿元,推进了美丽家园和新农村建设,对环境保护起了保驾护航作用。

(二)主动服务,支持安置小区建设项目资金需求

为推进辖内下山脱贫与退宅还林工作,满足"下山脱贫"安置小区项目建设资金需求,农发行龙游县支行积极与上级行对接,突破原先固有的业务范围,分别向龙游县奔康投资公司、龙游楚盛房地产开发公司、龙游城市发展投资公司发放农村基础设施建设中长期项目贷款,其中支持阳湖小区项目建设1.77亿元,翠竹小区1亿元,城东小区1.2亿元,子鸣社区5亿元,合计8.97亿元,贷款期限最长可至20年。

(三)主动支持,助下山农户脱贫致富

要真正让山区农户下得来、稳得住,必须要让他们富得起,安居只是前奏,创业才是序幕开启,龙游农商银行放眼全局,打造幸福系列,携手下山农户共创幸福未来。以"幸福易贷"个人综合消费贷款为农户装扮家园提供资金支持,让下山农户住得安心、舒心;以"幸福善贷"帮助低收入农户拓宽增收渠道,挖掘资源和产业优势,通过联动扶贫办,大力扶持低收入农户发展特色种养业、来料加工业、家庭工业、农家乐休闲旅游业等短、平、快项目,加强对接,实现精准扶贫;以"幸福养老贷"为失地农户缴纳社会养老保险费资金不足提供信贷支持,并放宽条件,将农户贷款到期时的年龄延长至70周岁;以"幸福金顶"等专项产品,向有安装光伏发电设备需求的农户给予信贷支持,发放低利率贷款4 172万元,惠及农户1 013户。

(四)主动对接,"美丽乡村"贷出农村新天地

在工商、税务、质监以及人行的支持下,龙游义商村镇银行通过上下联动、多方协调,与地方政府、行政村开展深度合作,集中为村集体经济合作社办理贷款卡,办理营业执照、

组织机构代码证、税务登记证等证件,并以建设项目立项时所获得的财政贴补承诺核定"美丽乡村"贷款额度,有效解决村级经济合作社融资缺乏有效抵押或担保的问题。自2014年9月龙游义商村镇银行开办"美丽乡村"贷款业务以来,已先后为龙洲街道半爿月村、沐尘乡双戴村等8个美丽乡村建设项目发放贷款845万元。

三、实践效果

(一) 社会效益

下山脱贫、易地搬迁加速了中心村镇建设。下山农户是在山区群众自愿的基础上,在政府组织引导下开展的人口迁移,通过有组织、有步骤、定向有序地向中心村镇集中统一迁移,使人口、资金等各种资源要素迅速集聚,加快了迁入地建设,促进了城镇化建设进程。

(二) 经济效益

1. 减少人为对山区自然生态的破坏

由于自然环境的制约,贫困山区农民往往有着靠山吃山的观念,把砍伐林木、毛竹作为日常生活开支的主要来源,久而久之,容易导致水土流失,容易发生森林火灾,且生活垃圾污染了饮用水源。同时,也减少了政府实施村村通公路、村村通有线电视等政策要求对山区自然生态的破坏。农户搬迁下山后,山区人口大幅度减少,有效缓解了山区农户对资源环境造成的巨大压力,从源头杜绝了乱砍滥伐、修建公路等破坏生态环境行为的发生。

2. 助推农户增收致富

使村民满意,让农户得益,是政府推行金屋顶光伏富民工程的初衷。龙游县以农户屋顶租赁为主推模式,以每年600元至1 100元的屋顶租赁价格,以及高标准的售后服务等条件来实施项目。以某农户为例,把屋顶租给光伏发电公司,每块太阳能板每年收租金50元,一年就是700元,相当于一亩上好的田地一年的租金。另外,从投资、安装、并网到后期的维护费用均由光伏发电公司承担,20年租赁期满后,发电设备赠送,为农户带来一笔可观的收入。

3. 让"两山"理念深入人心

通过美丽乡村建设,村容村貌大为改观,河道得到整治,结合河长制、五水共治等措施,村民们更加珍视自己的家园,自觉地加以保护。大批文化广场、休闲设施的修建,丰富了农民的精神文化生活,民风民俗更加文明健康。乡村休闲旅游资源的开发、农业招商、农家乐、民宿的发展,使广大农民真切地看到了依靠绿水青山增收致富的希望,创业致富的积极性大大提高。

四、小结

龙游农商行主动与县农办(扶贫办)对接沟通,达成合作意向,推出下山脱贫专属产品"安居创业贷"。农发行龙游县支行积极与上级行对接,突破原先固有的业务范围主动服务,支持安置小区建设项目资金需求。龙游义商村镇银行通过上下联动、多方协调,与地方政府、行政村开展深度合作,主动对接,"美丽乡村"贷出农村新天地。下山脱贫、易地搬迁加速了中心村镇建设;减少人为对山区自然生态的破坏;助推农户增收致富;让"两山"理念深入人心。

助绿型·案例七

"普惠+绿色",为乡村振兴注入"金融活水"

[摘要]

柯城农商银行是衢州市本级市场份额最大、网点人员最多的金融机构,积极践行"两山"和"大花园"发展理念。本案例的亮点在于组织架构上率先成立绿色金融事业部;率先出台地方法人银行绿色金融体系建设三大标准、七大模式,为全国绿色金融标准化、市场化建设提供"衢州经验·农信模式",为全市绿色银行服务平台推广应用提供了"柯城经验";全力打造"全智慧"绿色金融服务。

一、案例背景

柯城农商银行是衢州市本级市场份额最大、网点人员最多的金融机构,也是衢州农村金融主力军、普惠金融主要践行者,开展绿色金融改革责无旁贷。柯城农商银行积极践行"两山"和"大花园"发展理念,坚持把绿色发展理念渗透到金融产品更新、服务提升、机制创新和理念转变中去,以绿色促转型,以绿色调结构,以绿色补短板,充分发挥自身体制机制优势,在发展绿色金融,助推供给侧结构性改革方面,取得了一定的成绩。

二、案例简述

（一）明确目标导向,搭建绿色组织架构

柯城农商银行始终贯彻五大发展理念,发挥决策短、机制活的小法人体制优势,制定绿色金融五年发展规划。对组织架构、流程管理、产品与服务创新、考核机制、人才建设、企业文化等方面实行全流程、各环节导入及融合绿色设计。成立绿色金融工作领导小组,推动和协调全行绿色金融相关工作;在组织架构上率先成立普惠（绿色）金融事业部,全面推进绿色金融业务发展。衢州农信主动担当、迎难而上,率先出台地方法人银行绿色金融体系建设三大标准、七大模式,为全国绿色金融标准化、市场化建设提供"衢州经验·农信模式"。柯城农商银行在绿色银行服务平台推广上先行先试,为全市绿色银行服务平台推广应用提供了"柯城经验"。该平台已于2019年5月在全市农信系统全面上线应用。目前,已全面完成绿色银行服务平台存量客户环境与社区风险评估工作。

（二）资源差别对待,发挥绿色引导作用

一是对绿色信贷指标单独考核。一方面严格控制高耗能、高污染、产能过剩行业的信贷投放,另一方面对于积极开办知识产权、商标权、排污权、林权等绿色权益质押贷款业务的给予激励措施,加强对低碳、环保企业的支持力度。二是实行差别化发展策略,坚持"区别对待、有进有退"原则。在信贷调控上严格做好加减法,"加"法即对环保工程项目贷款和节能减排企业授信政策、信贷资金、贷款利率等方面给予优惠。"减"法即对拟关停淘汰的落后、过剩产能做好贷款压缩、退出。倒逼辖内企业转型升级,做精做优,促进地方经济健康发展。

(三)着力产品创新,构筑绿色信贷体系

加大绿色信贷产品与服务的创新力度。一是与柯城区财政局、农业局、农办、电商办等部门达成合作,按照"政府引导+市场运作+信贷扶持"的原则,联合打造了"3+N"系列产业转型升级贷款产品,贷款服务行业拓展至柑橘、蔬菜、来料加工、粮食种植、民宿、现代农业、农资、农民互助会8个行业,累计发放贷款19亿余元,惠及农户2.3万余户。二是因地制宜,创新开办了森林资源抵押贷款、目前发放11户、金额2 060万元;开办"金屋顶"光伏贷款,累计发放527户,金额5 203万元。三是全力推进绿色扶贫,通过强化对象精准、产品精准、服务精准、责任精准目标,推进一对一式的"丰收爱心卡"低收入农户小额贴息贷款,有效解决低收入农户寻求担保难的问题。截至目前,已累计发放低收入农户小额贴息贷款26 628户、金额73 174万元,累计财政贴息金额2 417.4万元。四是积极开展知识产权、商标权、林权等绿色权益质押贷款业务,截至目前累计办理该类贷款26笔、金额20 099万元。五是助力科技型小微企业发展,对接衢州市科技局,向衢州市本级范围内的省级科技型中小企业发放科技金融合作贷款共35笔,金额10 190万元。

(四)优化服务方式,推进绿色支付渠道

1. 深入推进"无现金"绿色支付渠道

积极布局多元化支付场景,加快推进银行卡、网络支付、手机支付等无现金绿色支付方式。一是积极开展"丰收一码通""丰收智能付"等电子支付新途径推广,并且免收商户手续费;二是与公路局积极开展合作,着力ETC推广,在柯城农商银行签约办理ETC的新用户及存量ETC用户均享受通行费8.5折的优惠,培养客户绿色支付使用习惯。

2. 全力打造"全智慧"绿色金融服务

牢牢把握当前互联网金融发展趋势,全力推进数字化转型。在智慧校园、智慧驾校、智慧食堂基础上,加快拓展智慧菜场布设,积极对接绿色旅游、休闲农业,构筑"智慧旅游+智慧农场"支付网络。目前与七里乡村旅游区、柯城区五十都农业生态园等31家农家乐及休闲农牧场完成支付对接,对辖内16家菜场实现扫码产品全覆盖。

(五)银政合作,绿色引领,让"一村万树"插上金融翅膀

柯城农商银行联合国家林草局、省林业局联合创新推出"一村万树"绿色期权,有效打通了"一村万树"资源、资产、资金通道,形成了绿色资本金的共享模式。柯城农商银行作为"一村万树"绿色期权项目参与单位,坚持把绿色发展理念融入普惠金融、农村供给侧结构性改革的实践中,助力绿色期权,为乡村振兴注入金融活水。

1. 整合客户资源,打造"绿色产品"

为解决在"一村万树"行动中的融资问题,柯城农商银作为唯一合作金融机构独家发行"一村万树"先锋卡,给予柯城辖区内党员信用额度,持卡人可在信用额度内先使用后还款,具有消费、存取现金、转账结算、分期付款、特惠商户等功能。通过先锋卡持卡人消费获取积分,积分以一定的比例兑换公益基金,注入"一村万树"活动中。

2. 创新期权模式,产出"绿色效益"

一是制定认购标准。按企业、社会团体认购,个人、家庭认购这两种序列划分资产包及周期。二是做好期权交割。5年后,绿色期权认购方将获得每份资产包中的50%珍贵树种的所有权。三是做好绿色赋能。认购"一村万树"绿色期权的企业、机关事业单位、社会团体、家庭和个人可以以"一村万树"绿色期权资产包申请柯城农商银行抵押贷款,并享受贷款利率优惠。

3. 拓宽金融外延,实现"绿色共享"

一是让村集体增加了收益。绿色期权被市场认购后,资金将直接打入村集体账户,除支付土地、人工等种养成本外,其余资金还能用于村庄建设。二是使帮扶者得到了回报。通过期权认购,社会力量不仅享有结对林的冠名权,拥有社会美誉度,还能获得远期收益,改变了传统帮扶方式,变"输血"为"造血"。三是为乡村振兴注入了新活力。种树热情高涨,农村边角地、废弃地、荒山地、拆违地、庭院地"五块地"得到充分利用。

(六)凝心聚力,锐意谋新,继续深化绿色金融改革创新

1. 强化绿色专营支行建设

以石梁绿色专营支行成立为契机,强化人、财、物等资源配备的倾斜,加强差异化绩效考核等配套政策的落地实施。加强提炼、总结、升华,形成可复制、可推广、可传承的绿色专营支行建设经验,以点带面,激活全行绿色金融发展活动力,打造衢州市"绿色+普惠"的金融标杆。

2. 完善绿色金融产品和服务体系

加快绿色金融和产品服务的创新,积极寻找符合"普惠+绿色"市场需求的切入点,对于绿色产业的融资特点、集中度分布、市场前景等方面做好调研,尤其要结合柯城农商银行所在区域的特点,主动探索、正确处理传统产业信贷进退关系,找准传统产业动能修复的切入点和着力点,努力打造符合当地产业发展实际、助力绿色金融改革的相应产品和服务。

3. 打好绿色金融基础,树立绿色发展理念

充分利用好绿色银行服务平台,积极组织培训,强化队伍业务素质,做好绿色信贷数据统计和绿色平台各项功能运用工作,确保绿色金融统计数据及时、完整、准确,力求绿色平台各项功能充分运用,助力全行业务发展、风险防范及经营管理。将"绿色"理念贯彻全行,提高大众及民营小微企业对绿色金融的认同度与参与度,助推绿色金融改革纵深推进。

三、小结

柯城农商银行明确目标导向,搭建绿色组织架构;资源差别对待,发挥绿色引导作用;着力产品创新,构筑绿色信贷体系;优化服务方式,推进绿色支付渠道;银政合作,绿色引领,让"一村万树"插上金融翅膀;强化绿色专营支行建设;完善绿色金融产品和服务体系;打好绿色金融基础,树立绿色发展理念,助推绿色金融改革纵深推进。

助绿型·案例八

排污权质押贷款支持企业绿色生产

[摘要]

在《衢州市排污权有权使用和交易暂行办法的通知》《衢州市排污权有偿使用和交易实施细则》的指示下,针对企业互保潜在风险大的问题,中国银行衢州市分行、招商银行衢州分行积极深入企业调研,探索排污权质押的新模式,缓解了抵押物不足带给银行的授信风险,解决了企业的生产困境,并提高企业对于排污权及绿色生产的重视程度。大力推进了对排污权市场化运作,让原本属于企业非流动性资产的排污权"活"了起来。本案例的亮点在于银行积极与当地环保局协同合作,解决了风险控制的问题,在经济效益与社会效益上取得了明显的提升。

一、案例背景

(一) 排污权抵押的条件日趋成熟

2012年5月8日,衢州市人民政府办公室印发了《衢州市排污权有权使用和交易暂行办法的通知》,指出企业主要污染物排污权的取得一律实行有偿方式,企业排污要付出财务成本。同时,企业节约下来的排污量,可由政府回购或转让给其他企业。即若申请排污权质押贷款的企业到期未还款,银行可通过衢州市排污权交易中心将其排污权"卖"给其他企业或申请政府回购。2013年12月,市环保局、市物价局和市财政局联合印发了《衢州市排污权有偿使用和交易实施细则》,制定了衢州市初始排污权有偿使用费征收标准,该收费标准从2014年2月1日开征。随后,市人民银行与同市环保局联合印发了《衢州市排污权抵押贷款管理暂行办法》,规定排污权抵押贷款额度不高于排污权价值的80%,其利率上浮幅度最高不超过中国人民银行基准利率的30%。衢州市中国银行、招商银行相继开办了排污权质押贷款。

(二) 企业互保潜在风险大

江山市是衢州地区民营经济发展较为活跃的县级市,素有"小温州"之称。在2009年之后江山市民营企业快速发展,以机电行业、木门、消防、蜂产品为主的四大产业更是形成的明显的竞争优势。但是在快速发展期,企业的资金需求也在不断加大,尤其为资金密集型的机电行业。企业为了获取更多的资金投入到生产经营中,纷纷寻求担保、互保单位,形式互保圈。

随着近几年经济增速放缓,部分民营企业风险暴露。因担保原因带来对互保企业的影响较为严重。为了避免或有风险发生,各企业纷纷退出互保。因此企业更加迫切需要寻找新的担保方式来替换原担保方式。

二、案例简述

根据《衢州市排污权抵押贷款管理暂行办法》,中国银行衢州市分行、招商银行衢州分行积极深入企业调研,探索通过排污权质押化解银行企业融资困难,支持企业绿色生产。

招商银行衢州分行在为江山市某电器集团公司提供金融服务过程中,针对该企业2017年以前招商银行衢州分行贷款余额3 000万元,由两家第三方企业提供保证,存在互保现象,且企业自身经营处于关键阶段,资金链极为紧张,经营存在风险隐患,可能影响银行资产安全的问题,通过对企业的全面分析研究,发现集团内部有一家电镀公司拥有排污许可证,在当前形势下具有一定稀缺性。政府对一些排污企业的排污许可证执行严格控制,尤其为电镀企业的排污许可证,现已属稀缺资源,争取电镀排污许可证非常困难。

经过了解,目前衢州市(柯城、衢江)有电镀企业6家,2家自用(为关联企业配套电镀),4家对外经营;常山地区2家,1家自用,1家对外经营,开化地区没有电镀企业,龙游3~4家,江山市仅有1家。江山市的主导产业之一机电行业对电镀的需求较大,另有多家汽配、机械等企业也有一定电镀需求。江山市的电镀市场仍存在着较大的空间,而该电镀公司的母公司集团主要重心在机电行业(输配电制造)。未能充分发挥其电镀证独一无二的优势,招商银行衢州分行认为电镀企业的排污许可证有一定的市场价值,且存在着较强的转让、变现的可行性。

基于上述考虑,衢州市招商银行迅速落实授信方案担保措施调整,并与审批条线多次汇报沟通方案可行性;同时主动与当地环保局联系,落实排污权质押的登记办理细节。经过多方认证,对于衢州、常山等地的电镀市场调查分析,并根据江山的市场需求,推算出如新建一个电镀城可以每年给企业带来800万元~1 000万元的收益。除去固定资产投资成本等,给予1 000万元的价值评估。发放排污权质押贷款1 000万元,化解了该企业1 500万元的互保贷款风险问题。

三、实践效果

(一)经济效益

中国银行衢州市分行针对衢江区作为浙江省造纸业基地,造纸企业多排污权应用范围广阔的客观实际,通过排污权质押的新模式,将排污权作为企业抵押物予以补充,缓解抵押物不足带给银行的授信风险,与环保部门的通力合作,以××公司为试点,通过企业排污权质押,于2016年6月8日办理了衢州市首笔50万元排污权质押贷款,解决了企业的生产困境。

(二)社会效益

通过排污权质押的新模式,提高了企业对于排污权及绿色生产的重视程度。

四、小结

衢州市对排污权市场化运作的大力推进,让原本属于企业非流动性资产的排污权"活"了起来。

助绿型·案例九

全国首推安全生产和环境污染综合责任险，助推衢州绿色发展

[摘要]

作为浙江省著名的化工产业制造基地，衢州市近年来面对着安全生产和环境保护等层面的现状与压力。2015年年末，衢州市启动"全国绿色金融改革创新试验区"创建工作。人保财险衢州市分公司接手市政府交予的任务，推出安全生产和环境污染综合责任险。通过创新保险模式，优化险种，争取政府补贴，采用第三方安全和环境技术，并形成标准，使得保障更全面，减少企业费用负担与风险，进一步提升了企业自身安全与环境管理水平，强化自我防范意识，并缓解了检查压力。此举可为分担社会风险，补齐公共服务短板提供新的解决方案，达到了政府、企业、保险、社会共赢的效果。本案例的亮点在于保险公司进行内部组织建设，与政府协同合作，采用第三方安全和环境技术进行科创助力，实现了良好的风险控制。在经济效益与社会效益上取得了显著提升，具有良好的推广普及价值。

一、案例背景

衢州是国家级的氟硅新材料高新技术特色产业基地。近年以来，衢州市化工行业逆势而上，增幅和利润均取得快速发展，2016年就实现产值307.56亿元，利润9.74亿元，化工行业规上总产值占工业总产值的18.9%。由于化工产业安全环保管理的要求高，也让衢州成为全省四大环境风险源集中区域和安全与环境事故重点防控区。同时，由于衢州市独特的地理环境，承载着全省生态屏障的功能，确保"一江清水送杭城"已然是衢州市的政治任务和社会责任。面对安全生产和环境保护等层面的现状与压力，衢州市委、市政府高度重视危险化学品生产、储运的企业管理，在推进智慧安监、智慧环保等工程建设的同时，积极探索保险参与社会管理的有效途径。

二、案例简述

安环保险具有补短项、补空白、补过程三个主要特点。安环保险项目设计的初衷是事前风险防控的意义远大于事后赔偿，这决定了保险公司需要在政府支持下，建立一个完善的安环风险防控和服务体系，通过第三方安环管理专业力量的引进，成为衢州市安环防控的"第三只眼"。既为大型企业的安环管理查找漏洞、提出建议，又为中小企业培养安环专业人才和建立合适的应急体系，从根本上解决重点行业生产中涉及大量危化品的企业的

安全与环境风险问题。

在市政府相关职能部门的大力支持下,人保财险衢州市分公司邀请了清华大学环境学院参与设计架构。2016年10月,《衢州市安全生产和环境污染综合责任保险试点工作实施方案》通过审议。该方案在保险产品的设计过程中,将风险的过程管理前置于保险本身,使保险的职能从单一的"赔偿"向"保险+服务"模式转变,并大胆引入第三方专业机构,借助社会力量补足服务企业的最后一公里。

(一)创新保险模式

在安全生产和环境污染综合责任险(以下简称安环保险)的设计过程中,人保财险衢州市分公司始终将风险的过程管理前置于保险本身,使保险的职能从单一的"赔偿"向"保险+服务"模式转变。公司引入专业技术人员和第三方机构为投保企业开展风险评级、安全巡查、安全培训等服务,提高服务客户的质量。将政府、企业和保险三个层面进行深度融合,建立政府主导、财政补贴、市场化运作和第三方风险管理服务为一体的安环保险风控体系。

(二)灵活优化险种

公司整合了以往分散实施的安全生产责任保险、环境污染责任保险和危险品运输保险,保费仅为原有产品收费的三折左右,减轻了企业的负担。针对企业生产、运输、仓储等全流程的风险情况提供套餐式选项,企业可根据自身实际经营过程的不同风险情况进行差异化的产品选择。此外,公司实行费率浮动机制,根据企业实际风险状况等级进行差异化的定价,运用费率杠杆促使企业降低自身经营生产风险。

(三)大幅提高保障

对未参保或无法参保工伤保险的员工也提供保障;对事故造成的第三者人身伤亡和直接财产损失也进行赔偿。针对以往道路危险货物承运人责任保险保障额度偏低的情况,新增危化品运输车辆超额保障,累计保障额度从500万元提高到1100万元,每次事故保障额度从100万元提高到350万元,提升了企业应对重大事故时的抗风险能力,满足企业的实际需求。

(四)争取政府补贴

为了提高企业的参保积极性,保证试点稳步推进,市政府计划拿出2000万元左右资金,按照年度考核结果,对头三年参加保险的企业每年最高提供50%保费金额补贴,对保险公司第三方服务费用提供最高30%的金额补贴且每年不少于100万元。通过政保合作,建立起政府、保险公司与企业安全环保良性互动的工作机制。

(五)第三方安全和环境技术强服务

一是由安全和环境医院等第三方服务机构定期开展每月至少一次的风险巡查,帮助企业在预见性地消除安全隐患。二是由当地安全服务公司开展每季一次的安环培训,做好对企业现有管理人员安环业务知识培训和指导转培训。三是开展企业特殊作业、应急演练等特殊应急救援预案和从业人员培训等工作。公司专门设立了"绿色保险事业部",负责与有关部门、参保企业以及第三方服务机构的沟通衔接。运用人保财险与清华大学联合开发的"安环云"平台,及时录入参保企业风险状况等信息,适时做好与"智慧衢州"平台的对接,形成安环风险管理闭环。深入探索与实践"保险参与社会管理"职能。

（六）形成标准

2019年2月11日，衢州市发布了全国首个"绿色保险"地方标准《安全生产和环境污染综合责任保险服务规范》，固化安环保险的过程服务，确保服务质量。

三、实践效果

企业防范意识不断增强，风险防控能力不断提升。通过第三方机构对企业日常监督管理形成的高质量风险评估和整改报告以及风险管理培训，使企业及时完善风险防控管理制度，切实提升企业风险防控能力。截至2021年7月，第三方服务机构累计提高风险巡查1.83万次，发现风险隐患4.06万条，企业平均整改率达90%。在2017年中央环保督察中，市级安环保险参保的71家企业没有一家因环保问题被问责。

（一）经济效益

1. 险种更综合，保障更全面

安环保险是为企业在生产经营过程中量身定制的一款综合产品，责任范围涵盖涉危化企业的生产、储运和废弃物处置等环节，全面分散了企业的生产风险，为其提供了全流程、多方位和全生命周期（从生产到储运到废弃处置）的综合保障，对于企业来说这样一款综合产品更具有吸引力。

安环保险对于企业来说还起到了补短项、补空白和补过程的作用。补短项是指针对工伤保险赔偿金额与发生事故造成人员伤亡实际赔偿金额存在不足的短板，大幅度提升参保企业的保障标准，每人保额提升至100万元。并新增危化品运输车辆超额保障，累计保障额度从500万元提高到1 100万元，每次事故保障额度从100万元提高到350万元。补空白是指安环保险的实施将帮助企业弥补员工未参与或无法参保工伤保险的空白、对安全生产事故造成第三者遭受人身伤亡和直接财产损失的保障空白。补过程是指安环保险将实行社会化服务与保险相结合，通过引入第三方安环服务机构，为投保企业开展风险评级、安全巡查、安全培训等服务，加强企业过程管控和事故预防，以期减少事故、减少赔偿、减轻政府负担。

2. 保险费率更优惠，减轻企业费用负担

安环保险对以往分散实施的险种进行综合，责任更广泛，保费更优惠，保费仅为通常收费标准的三折左右，大大减轻了企业的费用负担。

3. 政府补贴减轻风险压力

政府对于参保企业提供最高50%的保费金额的补贴，使那些之前缺乏支付能力的企业也可以有能力享受保险公司提供的保障服务，减少了其生产过程中的风险压力。对保险公司提供最高30%保费金额补贴（最少不低于100万元），专项用于第三方服务机构开展专业化风险管理工作经费，并由保险公司实施对第三方机构的管理和考核。通过这种"政保合作"模式，逐步建立起了保险与企业安全环保良性互动的工作机制。

4. 绿色保险保障与服务功效显现

自2016年11月，由衢州市安监局牵头，人保财险衢州市分公司派出了7个小组，与71家企业进行现场对接，一企一策制定承保方案。试点期间，所有企业与人保财险衢州市分公司签订了安环保险投保合同,收入保费920万元,累计为企业提供100亿元的风险保障。安环保险通过引进第三方服务机构,为企业提供安全生产工作、环境风险管理工作相关的技术服务,实现了以往的保险赔偿职能,完善了"保险+服务"的功能。

(二) 社会效益

1. 参保企业满意度高,提升了企业自身安全与环境管理水平

一是提升企业安全管理效能。由第三方专业提供的"量身定做"的安全环境管理方案、安全技术服务和环境技术服务,定期开展安全与环境管理的检测,动态"把脉",进一步增强了企业安全环境方面的管理水平,又减少了原先较多的安全管理人力资源投入。二是提升企业自身安全与环境管理水平。第三方服务为企业安全环境管理人员定期开展安环管理知识培训,指导并参与具体管理实践,有效地提升企业安环工作管理技能。

2. 可复制可推广

安环保险对今后矿山、危险化学品、烟花爆竹等高危行业领域风险管控与保障具有借鉴与示范作用,且已相对成熟。全国已有60余家省市县政府来衢进行专题学习考察,多家国家级和省级媒体都做了相关报道。目前已复制推广到全市。

3. 有效缓解检查压力,解决监管人手不足的难题

第三方专业人员的介入,政府可通过查看第三方机构出具的风险报告更真实地了解企业的生产风险情况,采取有效的管理措施,将风险消灭在萌芽状态。通过"安环云"平台,政府可实时查看企业风险状况、整改情况、第三方服务质效等,充分缓解政府监管压力。

4. 差异化管理,有效提升自主防范意识

该市政府和保险公司根据企业实际风险状况等级和事故发生率,分别进行差异化补贴和定价;保险公司根据第三方机构服务质量、数量和参保企业事故发生率等数据,对第三方机构进行管理和考核,运用费率杠杆有效提升企业和第三方机构自主防范意识。

四、小结

安环保险有效提升了危化企业的安全与环境管理水平、降低了企业经营风险和超标排放,保障和服务地方绿色经济发展,同时,是绿色保险深度参与社会治理,协助政府解决当前迫切的管理难题的探索、创新与具体实践,促进了衢州绿色金融发展综合改革试点,为分担社会风险、补齐公共服务短板提供了新的解决方案,达到了政府、企业、保险、社会共赢的效果,是衢州市政保合作又一成功典范。

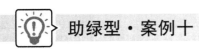

"绿色金融＋绿色PPP模式"加快民生环保项目建设

[摘要]

《关于构建绿色金融体系的指导意见》明确提出支持在绿色产业中引入PPP模式,结合江山市实际情况,人民银行江山市支行大力引导辖内金融机构探索通过参与PPP模式融入地方绿色项目建设发展,先后成功参与支持绿色PPP项目3个。本案例的亮点在于减轻了地方财政负担,节约项目建成时间半年左右,银行资金和社会资本参与引入多方监督机制,有效改善了江山港水体污染问题。

一、案例背景

2016年8月31日,中国人民银行、环保部等七部委联合发布《关于构建绿色金融体系的指导意见》,明确提出支持在绿色产业中引入PPP模式,鼓励支持以PPP模式操作节能减排低碳、环保和其他绿色项目,向社会各界发出了政策层面支持绿色投资的积极重大的政策信号。在此背景下,围绕创新发展绿色金融的总体要求,结合江山市的实际情况,人民银行江山市支行大力引导辖内金融机构探索通过参与PPP模式融入地方绿色项目建设发展,为破解县域生态治理领域存在的治理主体单一、资金不足、见效不快等问题进行有益尝试。

二、案例简述

截至目前,江山金融机构先后成功参与支持绿色PPP项目3个,包括第二污水处理厂项目、峡口水库饮水工程项目、某公司热电厂项目,项目总投资4.4亿元,其中银行投放资金2.95亿元,带动引入社会资金1.5亿元(详见表一至表三)。

表一 第二污水处理厂项目

合作银行	工商银行
项目入库情况	中央财政第一批城镇污水处理设施项目专项资金重点支持项目;入选浙江省首批PPP示范项目库
项目背景	近年因莲华山工业园区逐渐成形以及高新技术园区江山化工启动建设,上述区域范围内的污水排放量迅速增加。但目前该区域尚无污水集中处理设施,迫切需要同步配套污水集中处理设施

(续表)

项目资金运作情况	项目总投资5 679万元,工行发放贷款3 600万元,社会资本参与2 079万元。目前贷款已经全部投放
金融参与模式	工行以特许经营权质押形式发放贷款参与该项目,对项目承接方江山某水务有限公司项目贷款敞口3 600万元,由母公司提供担保,期限10年,贷款利率执行基准。偿债资金来源于财政补贴收入和项目使用费收入
项目预期效果	该项目已完工并进入运用阶段,设计污水处理能力2万吨/日,目前每日实际处理量在8 000吨左右,基本覆盖地区污水处理需要

表二　峡口水库饮水工程项目

合作银行	交通银行
项目入库情况	入选浙江省第二批PPP示范项目库
项目背景	江山市城区主要供水水源碗窑水库和第二自来水厂供水系统构成复杂,管理成本高,能耗消耗大,且将碗窑水库作为唯一水源,供水安全性难以保证。同时,莲华山工业园区引进大型企业建成投产,按照第二自来水厂现有处理量,仅能满足企业近期用水需求
项目资金运作情况	项目总投资21 095万元,交行发放贷款14 000万元,社会资本参与7 095万元。目前银行贷款已发放11 500万元
金融参与模式	交行以特许经营权质押形式发放贷款参与该项目,对项目承接方江山市某建设有限公司给予固定资产贷款融资服务,偿债资金来源于上级财政专项补贴及10年特许经营权期间的财政补贴收入和项目使用费收入
项目预期效果	该自来水厂的规模为10万吨/日左右,成为江山市城区的主要供水部门

表三　某公司热电厂项目

合作银行	浦发银行
项目背景	江山市江东工业园作为以化工、机电为主的产业园区,现有工业企业近360家,用热用户及热负荷不断增加。目前入园企业基本使用自备小型锅炉满足生产需要,效率低下,污染严重,已经不能适应绿色发展需要
项目资金运作情况	项目总投资17 236万元,浦发银行发放贷款11 900万元,社会资本参与5 336万元。目前贷款已经全部投放
金融参与模式	浦发行以蒸汽和热电收费权质押形式发放贷款参与该项目,对项目方给予项目贷款,偿债资金来源于财政可行性缺口补贴和项目使用费收入
项目预期效果	该项目于2017年7月开始供热、10月并网发电。该工程推荐方案总热效率为84.2%,热电比为633%,大大高于国家相关标准

三、实践效果

实践证明,PPP作为一种新型融资模式和管理模式,能够充分发挥公共部门和私营部门各自优势,推动各方合力提供更加优质的绿色公共产品服务,在县域生态治理领域具有较强适用性。在"绿色金融+绿色PPP"模式中,得益于金融机构的积极参与,进一步提升了其他社会资本方共同参与的信心,为地方绿色民生环保项目加快建设落地提供了更加有力的保障,同时也体现了发展绿色金融助力地方绿色发展的责任担当,能够取得较好社会效益和经济效益的"双生双赢"。2017年2月,央视财经频道对第二污水处理厂项目建设中"绿色金融创新支持绿色PPP项目建设"的相关经验做法进行了专题报道。

(一)经济效益

1. 社会资本参与缓解地方财政压力

通过"绿色金融+绿色PPP"模式,一改以往地方生态环境治理主要依赖财政拨款的状况,特别是明显降低了地方财政负担。以峡口水库引水工程项目为例,按照10年期财政运行补贴测算,可节约成本近5 000万元。

2. 缩短项目工期,加快项目建设效率

以热电联产项目为例,按传统模式需经政府报批立项、财政拨款、代建企业招投标等多个环节,预计项目工期在2年左右,而通过"绿色金融+绿色PPP"模式,可节约项目建成时间半年左右。同时,银行资金和社会资本参与引入的多方监督机制,有利于项目按计划有序推进,使项目建设过程更加严谨规范。

(二)环境效益

绿色项目带动节能减排效果加快显现。例如,某公司项目自投产后,该公司能源综合利用率明显提高,预计实现年节约标煤量13 500吨;同时,江山工业园区借机一举淘汰原30多家企业供热小锅炉。又如,江山第二污水处理厂项目建成后,每年集中处理所在片区生活和工业污水360万吨以上(目前已累计处理污水595万吨),可有效改善江山港水体污染问题,确保江山港段三类水质达标。

四、小结

人民银行江山市支行大力引导辖内金融机构探索通过参与PPP模式融入地方绿色项目建设发展,通过"绿色金融+绿色PPP"模式降低地方财政负担,节约项目建成时间,降低成本,通过银行资金和社会资本参与引入多方监督机制,不仅提高了经济效益,而且有效改善了江山港水体污染问题。

助绿型·案例十一

绿债为"活力新衢州，美丽大花园"建设添砖加瓦

 [摘要]

在浙江省委"狠下一条心，再干五年"和"决不把污泥浊水带入全面小康"的要求下，在衢州市委和市政府"一年治黑臭、两年可游泳、三年成风景"的治水目标及国家绿色金融改革创新试验区相关的工作部署和要求下，稠州银行衢州分行以支持绿色发展为重点，丰富绿色信贷产品品种，建立组织保障体系，创新推出绿债，支持衢州绿色产业项目建设，改善居民生活环境与质量，加大打造"绿色旅游"品牌进度。本案例的亮点在于成立绿色金融改革工作小组、绿色金融事业部，实现效益提升。

一、案例背景

衢州作为浙江省母亲河——钱塘江的源头，是美丽浙江的生态屏障，肩负着"一江清水送杭城"的重任，衢州市委和市政府围绕省委提出的"狠下一条心，再干五年"和"决不把污泥浊水带入全面小康"的要求，提出"一年治黑臭、两年可游泳、三年成风景"的治水目标，推行源头地区"五水共治"标准化、规范化、体系化、常态化建设，形成"标准高、发力准、机制好、转型快"的治水态势，切实践行"一江源头筑屏障、一江清水送下游"的政治承诺。同时，衢州市被列为"国家绿色金融改革创新试验区"，为认真落实市政府和人民银行等相关部门的工作部署和要求，稠州银行衢州分行在中国人民银行衢州市中心支行等金融监管部门的引导下，将绿色金融与"美丽大花园"建设紧密结合，采取积极措施，充分发挥金融杠杆作用，助推衢州绿色发展。

二、案例简述

加强推进绿色金融改革创新实验区建设，深化绿色金融，支持绿色发展是稠州银行衢州分行近几年的重点工作。截至2018年12月末，该分行各项贷款余额14.29亿元（最高20.2亿元，因区政府隐性债务原因，绿债贷款提前还款5亿元），其中绿色信贷余额5.23亿元，占比36.6%。主要绿色信贷产品有：产品创新类的有绿色金融债、税E融、益农卡、村民贷、安心贷、抵全贷、亲情贷和二押贷等；还款方式创新类的无缝对接贷款、提放保等；担保方式创新类的税E融、亲情贷、二押贷等。

（一）建立完善的组织保障体系，从目标导向抓谋划

一是成立绿色金融改革工作小组。稠州银行衢州分行为更好地推进绿色金融改革试

验工作,切实有效地提升绿色金融服务,成立了以行长为组长、分管行长为副组长、各支行及分行各部室负责人为成员的工作小组,负责各项业务指导和推进工作。

二是成立绿色金融事业部。为更好地推动绿色金融服务水平,提升绿色金融服务能力,稠州银行衢州分行成立了绿色金融事业部,具体负责绿色信贷投放和绿色债券等绿色金融产品的推广。

(二) 制定绿色金融改革方案,明确中长期工作目标

为更好地推动绿色金融改革工作,稠州银行衢州分行制定了《2017—2021年绿色金融改革中长期战略实施规划》,该规划明确了中长期战略目标和实施计划。

创新绿色金融产品,支持衢州绿色产业项目建设。近几年该行紧贴制造业转型升级和农业供给侧结构性改革,深化培育有特色、可推广、风险可控的绿色金融拳头产品。2018年稠州银行衢州分行在风险防范的前提下创新推出了绿色债券等绿色金融产品和服务模式,积极引进外部资金,成功发行第一期绿色金融债券,本期债券3年期,发行规模15亿元。此次发行绿色金融债券所募集的资金专项用于支持绿色产业项目,其中7.5亿元用于支持衢州市"国家绿色金融改革创新试验区"建设,服务覆盖衢州地区的园林绿化、道路污水管网改造等项目,地域涉及开化县、集聚区和龙游县。

三、实践效果

以该行对某根雕工艺品公司投放的25 000万元绿债资金用于其根雕美术博览园三期园林绿化项目建设为例。

(一) 经济效益

自2017年起该行先后对其投放了30 000万元信贷资金,其中5 000万元为流动资金贷款、25 000万元为三年期的绿债项目贷款。该行信贷资金的投放有效地支持了该公司的项目开发,解决了项目开发的资金困难,为企业的快速发展提供了良好的机遇。

(二) 社会效益

第一,有效地促进了"国家重点生态功能区、国家公园体制试点县、全域旅游示范区创建县"建设,明显地改善了开化县居民的生活环境和生活质量,对开化县旅游业的发展和加快国家公园建设具有明显的促进作用,同时也提升了开化县的旅游品位和形象。

第二,加大打造"绿色旅游"品牌进度,促进当地经济发展方式转变。该项目的快速建设,践行绿色理念,建造绿色建筑,打造绿色景区,促进了开化县经济发展方式转变,打造了开化县的旅游新品牌和新亮点,有效地推动了当地旅游产业的提升和发展。

第三,提升浙西旅游品位,增强区域旅游经济氛围。该项目的建设在浙西乃至在全国都有其独特性和艺术价值,将充分展示开化生态资源品牌价值,体现我国根雕艺术和民间文化,丰富浙西旅游的内容。同时其文化旅游区项目的建设对完善区域旅游服务环境和多元化立体旅游,提升浙西旅游业态品味,提高开化县的知名度和影响力有着重要的积极作用。另外,对推动建设"活力新衢州,美丽大花园"有着重大意义。

(三) 环境效益

该项目在建筑设计、建造和建筑材料的选择中,均考虑资源的合理使用和处置,尽量采用天然材料,不使用对人体有害的建筑材料和装修材料,力求使资源可再生利用,确保

做到保护自然生态环境。

该项目全部采用园林绿化建设,项目建设完毕后,每年可吸收二氧化碳 50 000 吨、释放氧气 7 761 吨、减少污水排放 18 000 吨、吸滞粉尘 36 584 吨,同时还能吸附 SO_2(二氧化硫)、HF(氟化氢)、Cl_2(氯气)、HC(氯化氢)、CO(一氧化碳)、O_3(臭氧)、氮氧化合物以及汞、铅等有毒气体,极大地保护了人们的身体健康。

该项目建成后,对调节小气候、吸收放射性物质、净化水源、涵养水源、抗旱防涝、净化土壤、改良土壤、减弱城市噪声等也起着较大的作用。

四、小结

稠州银行衢州分行建立完善的组织保障体系,制定绿色金融改革方案,明确中长期工作目标,在现有的绿色信贷产品基础上,继续创新绿色金融产品,以绿色债券为突破口,积极引进外资,加大了对衢州区域绿色产业项目给予的信贷支持。

政策篇

衢州绿色金融的探索与实践

专家点评

绿色金融发展离不开政策的引导与支持。中国人民银行行长易纲提出,要用好政策空间,推动绿色金融发展。衢州市自2017年成为全国首批国家级绿色金融改革创新试验区以来,经过多年的探索实践,研究完善绿色金融相关政策措施,鼓励和引导银行保险机构积极发展绿色金融,规范创新绿色金融产品和服务,加强环境和社会风险管理,提升绿色金融专业能力和金融服务质效,将更多金融资源投向绿色产业,积极支持了地方绿色项目、企业建设的绿色金融需求,助力地方绿色经济发展,实现了社会、环境、经济多重效益。

——**刘瀚斌**　上海市发展和改革委员会

助企型·案例一

"绿色资金风险池"助力环境友好型,小微企业转型腾飞

[摘要]

在十八大生态文明建设战略、开化县"生态立县、特色兴县、产业强县"发展战略的引领下,考虑到县域小微企业发展空间受限,科技含量低,绿色发展能力弱,中国人民银行开化县支行创新推出"绿色资金风险池"模式,较好地解决了小微企业面临的融资难、融资贵两大矛盾,有力助推了小微企业转型升级发展。本案例的亮点在于银政联合,多方共同出资,协同合作,对风险进行了良好的控制,取得了显著的经济效益提升。

一、案例背景

近年来,小微企业发展迅速,在县域经济和社会发展中的地位和作用日益增强。受当前极其复杂的经济金融形势影响,县域小微企业发展空间受限,部分企业生存和发展举步维艰。同时,小微企业科技含量低,绿色发展能力弱,在十八大将生态文明建设上升到战略层面背景下,推进小微企业转型升级走绿色发展之路迫在眉睫。然而,无论是产业转型还是产品升级,其融资都存在着一些特殊的需求,表现为资金需求期限长,额度大。抵押物短缺是小微企业先天缺陷,同时因转型升级面临较大不确定性,寻求外部担保又十分困难,导致小微企业转型发展面临着融资难、融资贵两大矛盾。针对这一现象,人行开化县支行结合开化"生态立县、特色兴县、产业强县"发展战略,借鉴人行衢州中心支行"资金风险池"经验,积极争取地方党委、政府支持,加强货币政策和财政资金的配合,创新推出"绿色资金风险池"模式,以发挥财政资金和再贷款、再贴现的杠杆与激励作用,加大对环境友好型小微企业的金融支持,推动开化实现绿色崛起。

二、案例简述

"绿色资金风险池"遵循政银联合、多方协作、共同出资、共担风险、互利共赢原则,按政府70%、银行30%(不实际出资)比例出资,用于对经办机构办理绿色金融试点产品风险补偿。首期风险池总额1 500万元,全县已有8家银行业金融机构签约参与合作,理论上最高可覆盖小微企业贷款3.38亿元。试点产品有小微企业信用贷、林权抵押贷、小额保证保险贷、融资性担保公司担保贷、助保贷五大业务。

(一) 夯实推进平台

成立由分管副县长任组长,县府办、金融办、县人行、银监办及贷款银行等相关单位和

部门为成员的"绿色资金风险池试点工作领导小组",统筹推进业务开展。由领导小组从全县11家商业性银行业金融机构中筛选出8家有意愿且历年来对小微企业帮扶力度大、风控能力强的机构参与试点。组建政策性融资担保公司,注册资本5 000万元,与合作银行担保放大比例由5倍放大到10倍,以更好地帮助小微企业融资。将业务开展情况纳入地方政府对金融机构考核及财政性资金招投标指标体系。

(二) 推动融资成本下降

限定银行发放的纳入风险池管理的试点产品综合费率不得超过同期国家基准贷款利率的130%,同时,不得要求企业存贷挂钩或强制购买理财产品;保险公司保证保险费最高不超过贷款本息的2%;融资性担保公司担保费率最高不超过贷款本息总额的2%,不得收取客户保证金,不得加收其他费用。

(三) 建立风险补偿和防控机制

为鼓励银行适度提升不良贷款容忍度,放大贷款规模,同时做好风险控制,当期末不良率在2%~5%时,风险池按7∶3比例进行补偿;当期末不良率超过5%时,风险池不进行补偿。

(四) 给予财政和货币政策激励

对期末不良率小于2%、完成当期贷款目标、全额放款且未向企业收取其他费用、贷款综合费率上浮不超过30%的贷款银行及合作担保公司,对贷款增量给予0.5%的财政奖励,奖励费用列入财政预算。对试点银行给予再贴现、再贷款倾斜支持,目前全县扶贫再贷款余额7 000万元。

三、实践效果

(一) 融资成本明显下降

为支持环境友好型小微企业发展,试点机构主动让利,最大限度地不上浮或少上浮利率。如开化联社以免抵押担保方式为42户家庭农场提供的一年期小微企业信用贷,有11户执行的是4.35%的基准利率。据统计,小微企业通过"绿色资金风险池"获得支持的资金加权平均综合费率为5.61%,较企业同期其他贷款费率低1.67个百分点,以当前7 086.6万元贷款额测算,可为企业节约成本118.357万元。如能全额实现3.8亿元贷款目标,则可为企业节约财务支出634.6万元。

(二) 贷款可获得性提升

传统的小微企业融资模式主要为抵押担保,而抵押物短缺往往又是小微企业发展进程中一个难以跨越阶段。"绿色资金风险池"的推出,可以较好缓解小微企业融资抵押担保难问题。综观204户小微企业7 086.6万元贷款中,只有2户是抵押贷款,其余全部是信用、保证保险和融资性担保公司贷。且这2户抵押贷款的抵押物也不是传统的土地、房产,而是该县丰富的林业资源。

(三) 实际可用资金增加

"绿色资金风险池"创新推出的融资性担保公司贷模式,企业不用缴纳贷款总额15%的保证金,社会性融资担保贷模式实现了"零"保证金和"低"担保费,融资利率相比下降31.69%。以浙江某林业开发有限公司为例,在"绿色资金风险池"帮助下通过融资性担保贷模式获得贷款400万元,如果按照原来的融资性担保贷模式,企业要按贷款总额的

15%缴纳60万元保证金,企业实际可用资金只有340万元。而通过"绿色风险池"模式下的融资性担保贷,企业到手的可用资金是实实在在的400万元。

(四)破解担保链风险

近年来,因单家企业出险而导致互保联保企业整体陷入困境的事件频频发生,甚至有愈演愈烈的趋势,且往往是"一损俱损"。如该县的"桐村圈"(因参与互保、联保的企业主大多为桐村镇人)担保链风险,爆发已有两年多时间,可至今未有效化解,陆续还有企业因担保链问题而陷入困境。"绿色资金风险池"不需要融资企业提供担保人,万一企业出险也只会影响单个企业,而不会发生如"多米诺骨牌"式的担保链风险,有利于区域金融稳定。

在"绿色资金风险池"支持下,一批环境友好型企业成功实现转型升级发展,在国内外市场开辟了新天地。浙江某林业开发有限公司是浙江省著名的山茶油种植、研发及加工企业。2016年企业准备在新三板上市期间,资金周转紧张,且由于缺少抵押物无法融资,山茶油将面临断货的危险,三板上市也难以完成。紧急关头"绿色资金风险池"给予了企业400万元融资担保贷,解决了公司的燃眉之急,企业生产经营迅速恢复正常。而且贷款利率和担保费率也较低,大大降低了公司的融资成本。企业能够成功在新三板挂牌上市,"绿色资金风险池"功不可没。

四、小结

自2016年8月正式启动以来至2019年3月末,"绿色资金风险池"共支持环境友好型小微企业204户,金额7 086.6万元。其中,融资性担保公司贷11户,金额2 335万元,小微企业信用贷140户,金额2 800.6万元,小额保证保险贷45户,金额826万元,林权抵押贷8户,金额1 125万元。"绿色资金风险池"的推出,较好地解决了县域环境友好型小微企业在发展中一直面临的融资难、融资贵两大矛盾,有力助推了小微企业转型升级发展,为县委、县政府"生态立县、特色兴县、产业县"发展战略的实施,实现"富民强县"目标提供了有力支持。

助企型·案例二

银信携手助力光伏新能源产业升级发展

[摘要]

光伏行业是开化县的主导产业,2011年以来欧债危机及美国、欧盟等对中国光伏企业启动"反倾销、反补贴"调查,给以"低、散、小"格局为主的该县光伏产业带来剧烈冲击以及新增融资难、存量融资被抽、压贷矛盾的问题。光伏产业是绿色无污染、可再生能源产业,可有效解决能源和环境问题。为扶持光伏产业发展,2013年扶持光伏行业发展的利好政策陆续出台,开化县响应号召,该县金融业也积极介入,合力盘活沉淀资产,创新支持模式,有效满足了企业生产经营资金需求,助推企业转型升级发展。在各项金融措施的扶持下,企业经营发展步入了健康快速通道,发展前景进一步明朗。本案例的亮点在于银信携手、银企协同合作,解决了企业所面临的危机。

一、案例背景

光伏行业是开化县的主导产业,起步于20世纪70年代,2006—2010年进入了投资高峰期,有70余家光伏企业落户该县,其中国家级、省级高新技术企业9家,仅县工业园就有相关企业40余家,光伏行业的产值一度占全县工业总产值的四成。然而,2011年以来,伴随着欧债危机及美国、欧盟等相继对中国光伏企业启动"反倾销、反补贴"调查,光伏行业的盛宴戛然而止。这给以"低、散、小"格局为主的该县光伏产业带来的冲击尤为剧烈,该县40多家光伏企业中,有30多家处于停产或半停产状态。产业龙头、国家级高新技术企业浙江某电子有限公司同样面临着生产、销售出现两位数的大幅下降,效益由盈转亏,生产经营全面陷入困境。同时,还面临着新增融资难、存量融资被抽、压贷矛盾。

能源和环境问题是当前世界各国发展中都面临的极为严峻的问题,我国的经济发展也急需在可再生能源上寻找解决办法。光伏产业是绿色无污染可再生能源产业,随着我国经济高速发展和生态文明建设的稳步推进,我国太阳电池工业也进入了一个快速发展阶段,晶体硅太阳电池也已成为我国重点发展对象,单、多晶硅片(产品)市场容量不断扩大,发展前景十分广阔。为扶持光伏产业发展,2013年以来各级政府相继出台扶持光伏行业发展的利好政策,包括提高光伏发电装机容量,提高补贴等,进一步支持该行业的发展,如《国务院关于促进光伏行业发展的若干意见》(国发〔2013〕24号)、《中共开化县委办公室开化县人民政府办公室关于进一步扶持光伏产业发展的若干意见》(县委办〔2014〕1号)。肩负资源配置职能的该县金融业也积极介入,综合产业发展前景以及该电子有限公司在开化县内光伏行业的地位和作用,金华银行开化支行携手县农信联社,切实满足企业生产经营资金需求,同时引导企业加大科研投入、拉长产业链,全面提升市场竞争力。

二、案例简述

(一)合力盘活沉淀资产,有效满足企业生产经营资金需求

以该县光伏行业的领军企业浙江某电子有限公司为例,2012年以来,受光伏产业整体低迷影响,一方面企业生产经营陷入低谷,另一方面县外银行快速抽贷,县内部分商业银行受上级行信贷政策限制进行大幅压贷,流动资金异常紧张,企业经营困难重重。金华银行通过对该公司的市场、生产能力、盈利水平、负债水平等综合调查,认为该公司具有较好的发展前景。同时,企业抵押在县内某银行的一宗评估价值为3 850万元的土地信用未充分用足,只有贷款1 400万元,可以盘活。然而受审批权限、行业等因素的制约,靠该

行一行之力难以彻底解决企业生产经营资金短缺困难。为此,该行主动与开化县信用联社对接,组成银团,共同与县内某银行进行洽谈,于2014年8月12日成功将该宗土地盘活,银团放贷2430万元,其中,金华银行开化支行作为主发起行放贷1500万元。

(二) 创新支持模式,助推企业转型升级发展

在加大传统抵押担保模式和流贷支持同时,该行结合公司的订单、市场、财务成本等,从单一的流动资金贷款,到流动资金贷款、固定资产贷款、出口商业发票融资、进口押汇、银行承兑汇票等多种信贷产品的组合,最大限度地支持企业的发展。该行对该企业的放资额度也从开始的500万元增加到现在的2350万元。在该行及县农信联社的支持下,企业成功完成了多晶铸锭G8炉改造、线切割由砂浆向金刚线升级、60兆瓦光伏电站建设。

三、实践效果

该企业经营发展步入了健康快速通道。通过银企共同努力,企业生产逐步得以恢复,产品科技含量快速提升,多晶、单晶片光能转换效率分别达到18.9%和19.8%以上,接近世界领先水平。生产工艺的进步和光伏电站的启用使企业生产成本大幅下降,多晶铸锭在电耗几近相同情况下装料量提升70%多,片切割成本同比下降0.3元/片~0.5元/片,生产总值、经营效益同步大幅提高。2020年,公司销售收入为59521万元,实现利润1720万元,实现出口额70万美元,分别较上年同期增长13%、3.4%和300%。截至2021年7月,该公司销售收入已达66180万元,获得利润4202万元,分别较上年同期增长121.4%和80%。预计2021年全年销售收入可达10亿元,较上年增长66%。在金融政策的扶持下,企业经营发展步入了健康快速通道,在2016年度全县工业经济发展评奖中荣获财政贡献奖、工业企业上台阶奖、外贸出口突出贡献奖、省创新型示范中小企业奖等奖项。

四、小结

银信携手努力,有效解决了困难企业正常生产经营的资金需求,提升了产品科技含量和市场竞争力,拉长了产业链,为企业在行业洗牌中成活下来夯实了基础。目前,该企业已成功摆脱困境,发展前景明朗,产值、效益逐年向好。

助企型·案例三

绿色信贷助力传统钙产业转型升级

[摘要]

上方镇是衢北工业重镇和钙业、建材基地,经过近30年的发展,碳酸钙成为其传统主

导产业。但由于当地的碳酸钙企业多数为灰钙加工企业，普遍规模小散、工艺落后、耗能较高，且没有任何污染治理设施，导致生态环境持续恶化，由此带来的社会矛盾也日渐突出。衢江区委和区政府重拳出击，出台了《上方镇钙产业整治总体规划方案》。衢江农商银行响应号召，主动对接政府，推进政策支持，推出一系列贷款，并进一步规范收费行为，助力企业产品升级，实现绿色生产，还带动农村休闲旅游兴起，助推衢江区绿色金融发展。本案例的亮点在于取得了经济效益、社会效益、环境效益上的显著提升。

一、案例背景

上方镇是衢北工业重镇和钙业、建材基地，拥有丰富的矿藏资源，作为富民产业，碳酸钙产业对上方镇GDP的贡献率达80%，当地60%以上的劳动力从事与碳酸钙产业相关的工作，依托丰富的石灰石和方解石资源优势，经过近30年的发展，碳酸钙产业成为上方镇的传统主导产业。

但由于当地的碳酸钙企业多数为灰钙加工企业，普遍规模小、工艺落后、耗能较高，且没有任何污染治理设施，不仅烟尘污染严重，还导致越来越多的山体和林业遭到毁坏。大量违法建筑不断滋生，生态环境持续恶化，当地群众的正常生产生活受到严重影响，由此带来的社会矛盾也日渐突出。

衢江区委和区政府出台了《上方镇钙产业整治总体规划方案》，整治力度空前。截至目前，上方镇已关停93家石灰窑；71家灰钙类企业中除4家整治提升外，有67家分三批关停；2019年6月15日，最后一批40家重钙企业，按计划也进入整治提升阶段。

二、案例简述

为认真贯彻省委和省政府、市委和市政府对"五水共治""三改一拆"的工作部署和要求，在人民银行衢州市中心支行等金融监管部门的引导下，衢江农商银行采取积极措施，充分发挥金融杠杆作用，助推衢江区绿色金融发展。

（一）主动对接政府

衢江农商银行及时了解政府对钙产业政策和政府对钙产业下一步的思路和动态，关注了解钙企业的最新情况，一户一政策，排查摸底钙产业企业所面临的困难。同时，积极支持符合政府转型升级的企业，企业必须各种证件齐全，项目通过政府决策审批，环境整治达标通过验收，厂房标准规范。对整改无望且不符合政府转型升级的企业，引导其发展现代农业、服务业等行业，鼓励企业主树立信心，渡过转型难关，从头再来，二次创业。

（二）推行政策支持

衢江农商银行认真贯彻人民银行衢州市中心支行出台的信贷指导意见，明确将"五水共治""三改一拆"作为信贷支持重点，并纳入年度信贷规划，对符合经济转型升级方向的节能、环保型产业给予信贷倾斜。如衢州市衢江区某钙业有限公司是一家小微企业，主要从事氢氧化钙的生产、销售，应用领域十分广泛。近年来，该企业面临产品利润不高、产品同质化竞争激烈、环境破坏等不利因素影响，转型升级迫在眉睫。2015年1月，衢江农商银行主动出击，实行"三优先"：优先受理、优先调查评估、优先安排资金规模，专设1亿元专项信贷资金,对石灰立窑、石灰钙加工企业实施"有保有压"区别政策对待,及时给予信贷资金支持300万元,该企业经过一年多的转型升级,提高了产品档次和利润,降低了企业成本,努力拓展企业生存和发展的空间,成功打造碳酸钙行业转型升级的标杆。2016年实现销售收入3 000万元,实现利润502万元。

(三)推出无缝续贷,减轻企业负担

对于流动资金贷款,客户均需在逐笔归还前笔贷款后才能再续借新的贷款。为了取得后续贷款,借款企业往往需要通过各种途径筹措资金先偿还到期贷款,增加了企业的财务负担和资金统筹难度。衢江农商银行在充分调研基础上,在全市农信系统第一家创新续贷方式,制定《续贷无缝对接工作实施办法》。通过创新信贷方式和还款方式,实现了客户贷款到期无须筹措资金还款和直接办理后续贷款的同步操作,减轻小微企业融资成本,进一步支持实体经济,更好地满足实体经济融资需要,全年共受理续贷无缝对接贷款31笔,金额3.23亿元。

(四)创新推出青年创业贷款

该产品以区域内诚实守信、有创业意向和创业能力的农村青年为对象。通过贷款人申请、乡镇团委审核、总行审批等程序,确定发放农村青年创业信用证,根据信用证的信用等级,对年龄在40周岁以下(含),常住地在衢江区内的创业青年确定最高50万元的贷款授信,并对贷款给予30%的利率优惠。贷款方式有信用、保证、联保、抵押、质押等。一是充分利用团委这个平台,在信息掌握方面把握先天的优势,利用团委遍布城乡的组织网络,及时了解人员的就业和创业等信息。同时每年由衢江区团委和衢江农商银行共同举办衢江农商银行杯青年创业大赛。二是授信额度实行"一次核定,周转使用"的方式。衢江农商银行杯青年创业大赛已举办了8届,得到了衢江区政府和衢江区创业青年的充分认可。该业务开办以来,累计发放贷款9 860万元,贷款户数680户。

(五)进一步规范收费行为

通过开展减免各项费用、贷款利率定价试点、推广小微企业信用贷款、无缝续贷等创新举措,对小微企业贷款利率减负,通过利息优惠共向企业及经营户让利4 000多万元,切实减轻了小微企业融资成本,增强了企业经营活力,积极促进了实体经济升级转型,减费让利普惠式金融有力地推动了区域实体经济的良好发展。

三、实践效果

(一)经济效益

企业产品升级,效益大幅提高。该企业共花费300多万元,通过产品升级提升碳酸钙产品的品质,进行技术改造升级,例如,某企业原先生产的氢氧化钙在市场中销售价格是400元/吨,通过此次技术改造,目前生产出的湿法超微细氢氧化钙的产品品质大幅度提高,在市场中也得到好的反响,湿法氢氧化钙目前销售价格为600元/吨,而且供不应求,通过技改,每年为企业多创利润300万元。同时,通过转型,企业也大大降低了成本。该企业每年需要来购原材料煤炭近800多万元,2018年以来通过与供应商的多次沟通协调,通过企业煤炭生产工艺升级优化,共节省煤炭采购成本102万元,降低了企业的成本。

（二）社会效益

企业周边环境大幅改善，农村休闲旅游兴起。通过转型升级，当地政府将大批关停企业后的资源进行规划，改造和转化为旅游资源。在风景宜人的"钙养小镇"，百姓安居乐业、生活富足，游客徜徉山水，惬意地养生……满眼的绿水青山，这幅幸福画卷在人们眼前呈现，让人无法想象昔日烟尘漫天的景象。

（三）环境效益

企业实现绿色生产，注重企业节能减排降低能耗。该企业通过转型升级，深挖节能降耗潜力，2018年以来通过对窑进行技术改造，二氧化碳排放量比以前下降2/3以上，大大降低了成本，大幅减少污染排放，实现了绿色循环可持续发展，全年实现增效80万元。

四、小结

衢江农商银行贯彻"五水共治""三改一拆"的工作部署和要求，采取积极措施，充分发挥金融杠杆作用，减轻了小微企业的融资成本，增强了企业经营活力，积极促进了实体经济升级转型，助推衢江区绿色金融发展。

助创型·案例一

智能制造"江山模式"初长成

[摘要]

浙商银行衢州分行以江山市政府与浙江省智能制造专家委员会签订合作协议为契机，积极介入江山市智能制造工作。本案例的亮点在于通过智能制造金融服务，与政府、智能制造专家委员会、企业合力打造智能制造"江山模式"，助力当地传统产业迈向智能化。

一、案例背景

近年来，江山市依托地缘优势和清晰的发展思路，门业、高端装备、健康、消防装备等制造产业发展势头良好，企业集群化、产业化进程迅速。在产业高速发展的过程中，江山市制造企业存在以下三个问题：一是规模普遍较小，主要以中小企业为主；二是产业自动化、信息化程度低，对劳动力依赖程度高；三是生产环节粉尘、油漆、废气污染较为严重。为弥补产业发展短板，突破产业发展瓶颈，江山市对引入智能制造优质服务商，提升生产效率、降低劳动力依赖、改善环保等，以及推进传统产业智能化改造升级有着迫切的需求。

浙商银行衢州分行为积极配合地方政府做好绿色金融改革创新试点工作,确定了以"为传统制造业转型升级提供一系列智能制造金融服务模式"为使命,以浙商银行"融资、融物、融服务"智能制造金融服务产品为核心,通过总、分、支行三级联动,打造智能制造服务银行,促进制造业转型升级。2017年12月26日,江山市成为浙江省智能制造专家委员会派驻专家指导组的15个试点县市之一。2018年1月10日,江山市政府与浙江省智能制造专家委员会签订合作协议,开始大力推进传统产业智能化改造。浙商银行衢州分行以此为契机,积极介入江山市智能制造工作,并与江山市经信局签订《推进江山市"智能制造"战略合作协议》,以全分行之力,通过智能制造金融服务,发挥金融杠杆的撬动作用,与政府、智能制造专家委员会、企业合力打造智能制造"江山模式",助力当地传统产业迈向智能化。

二、案例简述

(一)融入

2017年年底,浙江省智能制造委员会工作组进驻江山后,依托浙商银行与浙江省智能制造委员会在省内其他地区的良好合作基础,浙商银行衢州分行第一时间与工作组开展对接,并建立了联系,定期开展信息交流和工作对接,获取江山市智能制造工作推进的第一手信息。

2017年12月,浙商银行衢州分行邀请总行和杭州分行智能制造团队,向江山市市领导详细介绍浙商银行"融资、融物、融服务"智能制造金融服务方案及智能制造"新昌模式",得到充分肯定,江山市经信局按指示与银行进行对接。

2018年4月,浙商银行衢州分行组织江山市经信局、当地16家工业龙头企业前往新昌实地考察智能化改造成果,并由浙商银行衢州分行做智能制造金融服务方案专题介绍,与会各方深受启发,江山市经信局领导充分肯定了该行成果,并明确了将尽快出台相关政策与该行开展深入合作,共同推江山市智能制造工作。

2018年6月,经征询浙商银行衢州分行意见和建议,江山市经信局的《江山市智能制造试点示范实施方案》正式颁布。该方案中金融支持的主要措施如下:一是对获得省级以上示范企业、项目和列入市级智能制造试点示范的企业,可享受签约金融机构的基准利率贷款;二是金融机构为上述企业发放基准利率贷款(含各类融资工具),市财政按年日均发放贷款金额的1.5%对金融机构给予补助,补助期限不超过2年(智能工厂项目补助期限不超过3年)。浙商银行前期总、分、支行多级联动积极对接江山智能制造的工作得到浙江省智能制造专家委员会的高度评价,明确今后需确保合作进一步深入,与政府、委员会、企业共同打造金融服务智能制造的"江山模式"。

2018年7月12日,《江山市人民政府办公室关于公布江山市智能制造试点入围项目名单的通知》正式颁布,首批共有22家企业入围,合计投资金额42 600万元。

基于此,2018年7月,浙商银行衢州分行成功与江山市经信局签订了智能制造战略合作协议,正式介入打造智能制造"江山模式"工作。主要内容包括:浙商银行衢州分行将江山市经信局作为重要战略合作伙伴,将江山市作为浙商银行衢州分行金融重点支持区域,在符合国家金融政策、有关监管规定和乙方审批条件的前提下,加大对江山市智能制造的政策和资源倾斜,计划未来3年累计提供不少于10亿元的表内外意向性智能制造专项融资支持额度。浙商银行江山支行将为智能制造试点企业提供全方位的智能制造相关的金融服务,加大金融支持,提供优质金融服务和创新性金融产品,包括但不限于短期流动资金贷款、银行承兑汇票、国内信用证、应收款链平台、池化产品、产业基金以及项目贷款、银团贷款、债券承销、结构化融资、金融租赁、ABS等多元化融资服务。

(二)实施

1. 建立联动协调机制

该机制涵盖江山市经信局、浙江省智能制造委员会江山工作组、浙商银行。三方将不定期举行联席会议,及时通报和协调重大事项或相关业务,为智能制造试点企业提供全方位、专业化服务,推动具体业务及项目落地。

2. 联合开展试点企业调研

由浙商银行与江山市经信局局长、分管副局长组成两支智能制造推进小组,分别对列入智能制造试点名单的22家企业实行全覆盖走访,对接企业金融需求,了解企业智能制造实施过程中存在的难点、痛点。

3. 定期回访,开展经验总结

江山市经信局、浙江省智能制造委员会江山工作组、浙商银行三方对智能制造试点单位定期开展回访,调研企业智能制造实施进度和存在困难。江山市经信局定期召开智能制造项目进度协调会,浙江省智能制造委员会、浙商银行一同参加。

4. 开辟绿色信贷通道

围绕试点企业智能制造项目需求,浙商银行利用前期成功案例以及相关成功试点经验,为企业量身制定智能制造金融服务方案,并对智能制造项目开辟绿色通道。根据试点企业的资金需求、资源状况、担保能力等情况,在业务经营范围内,遵循独立审贷的原则,为试点企业提供智能制造专项信贷支持,且融资成本为基准利率。

三、实践效果

截至2019年6月底,浙商银行已为22家试点企业中11家提供金融服务,为7家当地龙头企业提供近2.5亿元授信额度,累计投放已超1.5亿元。试点企业中已经有部分企业感受到了智能制造带来的益处。

一是浙江某消防装备有限公司。该公司3个智能工段已经投入生产。在工段智能化改造前,日产6 000个筒体的生产线需要7个工人,改造后仅需要2个工人,单人产能提高了近4倍。

二是江山市某木业有限公司。该公司的门扇数字化生产线已投产,成效显著。区别以往的机器换人和单机作战,该生产线把互联网技术引入到生产中,可以实现现场的数据采集、过程监控、设备运维与产品质量跟踪追溯、优化控制和集约化生产,智能化水平达到80%以上。通过该生产线的投入,企业可在同等产能下节省50%以上的人工和20%以上的原材料,同时产品成品率几乎达到100%。

三是浙江某木业有限公司。该公司智能化制造数字化车间设备已经全部到位,并开始试生产。原来的一条木门木工生产线,包含了开料、压合、规方、转码等10多个工艺流程,原先 18 个人 8 个小时做 150 樘门,现在 3 个人 8 小时做 400 樘门。

四、小结

浙商银行与江山市经信局签订了智能制造战略合作协议,正式介入打造智能制造"江山模式"工作,建立联动协调机制,联合开展试点企业调研,定期回访,开展经验总结,开辟绿色信贷通道,累计投放已超 1.5 亿元。后续将继续与江山市政府做好智能制造对接工作,待新的智能制造项目名单颁布后,第一时间走访相关企业,对接其智能制造金融服务需求,通过提升智能制造服务的深度和广度,为江山市智能制造工作的不断深入保驾护航。

助创型·案例二

绿色信贷支持休闲农业发展

[摘要]

2017 年中央一号文件提出重点支持乡村休闲旅游、养老等产业和农村三产融合发展。衢州市正加快乡村休闲旅游产品的转型升级。民泰银行衢州分行响应号召,围绕农民的实际需要创新产品,明确制度支持,强化政策执行,依托信用村创建,扩大产品辐射范围,全力扶持了一批具有地方特色的休闲农业经营户和企业。积极支持了休闲农业的发展,为传统农业实现向休闲农业的跨越式发展注入持续的资金支持。本案例的亮点在于银行首先进行组织建设,成立了绿色信贷工作协调领导小组,并深入客户群体宣传绿色信贷理念,达到了良好的宣传推介效果,取得了经济效益上的显著提升。

一、案例背景

2017 年中央一号文件提出重点支持乡村休闲旅游、养老等产业和农村三产融合发展。休闲农业作为一种新型农业生产经营形态,能充分开发利用农村资源,调整和优化农业结构,延长农业产业链,是新常态下农村经济增长的潜力所在。目前,衢州市正加快乡村休闲旅游产品的转型升级,着力打造乡村休闲旅游"升级版"。如何加大对农户和经营企业的信贷支持力度,探索推行经营权、门票收入权质押等业务,具有现实意义。

民泰银行衢州分行自成立以来,一直情系"三农"、深耕区域,坚持"支农支小"不动摇,围绕农民的实际需要创新产品。先后推出的涉农产品主要有"农惠通""农惠通·农家乐""宜居贷"等,倾情助力衢州休闲农业发展,谱写了绿色金融新篇章。

二、案例简述

(一) 明确制度支持，从制度上牢抓绿色信贷

为推动绿色信贷支持休闲农业发展，民泰银行衢州分行首先成立了由分行"一把手"挂帅的绿色信贷工作协调领导小组，明确了工作目标、工作措施及工作要求，落实了相关责任部门，建立健全了组织领导体系。

其次，2017年该分行将绿色信贷纳入发展新目标，致力于为衢州绿色农业、绿色林业的发展贡献力量。在2017年信贷指导意见中明确将民生行业、涉农行业、节能环保产业纳入支持行业，如菜篮子工程、农业生产、农村特色资源开发、生态农业建设、小型农田水利建设、技能产品、环保产品、环保服务、绿色产业等。在信贷业务中落实绿色信贷要求，建立环境和社会风险"一票否决制"，在授信准入、授信评审、贷后管理等信贷全流程中全面评估客户的环境和社会表现。对于新型农业主体，该行通过前期的走访调研，实现批量营销，批量发放信用贷款，解决在自由资金投入后，经营户的后续资金支持跟不上的难题。

(二) 落实政策倾斜，强化政策执行

1. 对于绿色信贷给予各种政策上的支持

在贷款风险可控的情况下，对绿色信贷给予延长贷款期限，降低相关利率，贷款额度适当的上浮等行内信贷政策的支持，与一般的信贷予以区别，从而引导贷款户在经营上逐步趋向绿色发展。如客户朱某，经营柯城区一家庭农场，占地300多亩，农场经营范围为瓜果（主要为有机火龙果和黄桃）、蔬菜种植及内陆水产养殖。该农场经过10多年的投建，现已形成稳定的农业循环系统。该行在了解客户经营情况后，根据绿色信贷政策，贷款期限由半年延长至一年，并于申请当日向客户发放了个人经营性自助贷款40万元整，用于购买种苗等。

2. 全面给予绿色信贷客户续贷无缝对接

续贷时允许客户无须归还本金，只需支付利息即予批准，实现贷款业务的无缝对接，减轻客户的财务成本，切实让客户体会到方便快捷的金融服务，与中小企业共成长，从而使客户将更多的精力投入企业的生产经营和销售。

3. 积极推行"1（专业合作组织）＋N（农户）"模式

借助核心龙头企业与种植（养殖）散户的购销关系，以合同协议等方式作为支撑，通过现金流在企业、农户、银行之间的"体内循环"、封闭运作，为农户提供信贷支持。如客户毛某，2003年种植金针菇起家，经过10余年发展，积累了一定资金。2014年注册成立家庭农场，专业从事菇类种植、加工、销售。2017年该客户在衢江区后溪镇新建食用菌生产基地，建好后返租给农户。通过该核心客户，由其提供名单和担保，逐步向周边种植散户和租赁其大棚的农户提供信贷支持。

(三) 依托信用村创建，扩大辐射范围

该分行经过四年业务发展，在农村市场积累了一批信用较好的休闲农业经营户和企业，尤其是2016年开始开展的信用村创建工作，进一步强化了该行"支农支小"市场定位。截至2017年6月末，该分行正式开拓34个村，建档980户，累计授信747户，授信金额4 880万元，贷款余额2 634万元，用信比例53.98%。

1. 对每个进驻信用村安排1~2名管户经理

对所辖区内的贷款经营户做到一户一档,登记专门台账。利用移动营销平台,管户经理提供上门服务、上门调查、上门收集客户资料、上门签字,真正做到足不出户即可办理贷款。

2. 深入客户群体宣传绿色信贷理念

一方面,利用贷后监控、实地查访、补签绿色信贷补充协议等机会深入休闲农业经营户,开展一对一、面对面的宣讲活动;另一方面,利用金融知识进村入居活动,面向农户宣讲绿色信贷工作,提高公众认知度。

三、实践效果

2017年上半年,该分行依托绿色信贷系列金融产品,结合深化信用村建设的工作,全力扶持一批具有地方特色的休闲农业经营户和企业,涉农各项贷款余额和户数较2016年年初有较快增长。截至2017年6月末,该分行绿色信贷类贷款余额1.23亿元,较年初增长0.5亿元,增幅41%,贷款客户数1 189户,贷款户均10.35万元。

四、小结

近年来,该分行践行"绿水青山就是金山银山"的发展理念,积极加强生态建设,打造"一区一镇"特色农业及休闲农业。通过创新金融服务,积极支持休闲农业的发展,为传统农业实现向休闲农业的跨越式发展注入持续的资金支持。

 助创型·案例三

"招朝相伴",绿动衢州

 [摘要]

招商银行衢州分行积极响应市委和市政府号召,认真践行绿色金融试点行、示范行创建的各项标准,成立专项领导小组,自上而下推进绿色金融改革,结合本地特色制订绿色金融发展战略,对困难企业、龙头企业、出清企业进行精准服务,创新线上服务方式、智慧支付场景、打造智慧城市,创新绿色金融产品,实现经济效益与社会效益统一。本案例的亮点在于成立专项领导小组,利用科技创新服务,积极参与竞赛宣传绿色金融。

一、案例背景

2019年,适逢衢州市绿色金融改革试点喜迎两周年及招商银行衢州分行成立十周年，招商银行衢州分行秉承金融支持实体经济的经营宗旨，积极响应市委和市政府号召创建全国绿色金融改革试验区，认真践行绿色金融试点行、示范行创建的各项标准，以创新为引领，有效推动绿色金融发展。

二、案例简述

（一）健全绿色金融体制，推行地方特色绿色扶持政策

1. 成立专项领导小组，自上而下推进绿色金融改革

招行衢州分行在绿色金融工作推进之初，成立了由分行行长任组长、副行长任副组长、各部门一把手为成员的专项领导小组，并下设绿色金融事业部，与公司金融事业部合署办公。该领导小组自成立以来，积极推进各项绿色金融政策改革与产品创新，并通过柯城小微专营支行增设、龙游支行绿色专营机构转型（目前已通过总行审批）等系列举措切实有效地支持衢州市绿色金融发展。

2018年招行衢州分行在市级增设柯城小微企业专营支行，同时成立信贷普惠金融服务中心，网点辐射同城、江山及龙游，为服务"三农"经济、服务小微企业提供强有力后盾。截至2019年上半年，该行小微企业贷款余额6.49亿元，其中符合普惠标准的小微贷款余额0.37亿元，占比达5.7%。

另一方面，在绿色金融事业部的基础上，该行积极探索绿色专营机构的设置。在银保监及上级行指导与支持下，已成功迈出第一步：总行同意衢州龙游支行更名为"招商银行股份有限公司衢州龙游绿色专营支行"，争取成为衢州当地首家设立绿色专营机构的股份制银行，并打造"一行一品"，创建招行特色绿色普惠经营模式，为绿色金融发展有效助力。

2. 结合本地特色制定绿色金融发展战略，并严格予以执行

为有效推进绿色金融发展，招行衢州分行制定《绿色金融示范行创建实施方案》，方案中明确了短期目标及中长期战略实施规划，对绿色金融建立上下联动、部门协同的协调推进机制，并与考核挂钩，重点按名单制、项目小组制、班子成员联系制等机制推动绿色金融发展。

绿色信贷支持方面，该行制定了与衢州实际环境相契合的《绿色信贷管理办法（试行）》，明确绿色金融支持方向、重点领域，设立绿色信贷审批通道，加快审批速度，同时单列绿色信贷规模，优先支持绿色信贷投放。通过多渠道合理定价，降低企业贷款利率。2019年上半年，企业贷款利率较上年已经下调37%，贷款加权平均利率为4.69%。同时借助贴现、国内证福费廷等产品支持绿色普惠金融发展。

专项考核激励方面，招行衢州分行结合上级行机构考核方案，建立绿色金融专设激励考核措施，制定《招行衢州分行绿色金融考核方案》，除将绿色信贷相关指标与条线考核挂钩外，为提高绿色信贷组织经营能力，还根据业务进展情况，有针对性地不定期开展优质资产投放专项竞赛活动、重点产品竞赛活动，有效落实绿色信贷差异化监管政策。

3. 精准服务三大工程

（1）帮扶困难企业。对存量困难企业实行减免、降息、解担保圈、自动转贷等措施进行帮扶或有序退出，并通过核销转让等措施化解处置不良贷款。

（2）扶持龙头企业。对衢州市龙头企业，通过产品组合、利率优惠、多平台结合等方

式,全方位助力龙头企业发展。以浙江省重点发展培育的衢州元立金属制品有限公司为例,2019年招行衢州分行依托票据优势,对其通过票据融资5.67亿元。

(3)出清工程。招行衢州分行严格控制对"两高一剩"行业的信贷投放,对存量风险贷款及产能过剩行业贷款,执行"摘尖"和"压退"分类管理策略,下大力度清退行业内处于竞争劣势的客户。在2019年上半年处置对公不良资产10 576.45万元,相较2018年增幅41%。

(二)创新绿色金融产品与服务,助力传统企业绿色转型

招行衢州分行将产品创新、服务创新作为银行推动绿色金融的重要载体。借助系统综合金融优势,结合衢州产业经济特点,积极创新金融产品和服务,打造服务本地企业的拳头产品。

1. 创新金融服务模式,深化"最多跑一次"改革创举

(1)优化传统银行流程从线下向线上转型。通过网上银行、手机银行客户服务软件的开发,招行衢州分行目前已支持绝大部分银行业务的线上办理。除转账汇款、理财、信用卡等一般业务外,结算项下创新推出移动支票业务,是业内首发的公司金融O2O闭环支付产品,费用全免,在提高客户支付体验同时节约了财务成本;融资项下创新在线贴现产品,通过为客户开通票据管家,电票在线贴现实现5分钟完成从询价到资金到账,无须跑银行,高效便捷。自产品上线起,已为企业在线贴现9.02亿元,极大降低了企业融资的时间成本。

另一方面,招行衢州分行通过运用大数据、云计算新兴信息技术,积极打造互联网金融服务平台,如拥有独立的只针对信用卡的APP(掌上生活),还款、分期、查询、积分兑换、购物、旅游集于一体;"摩羯智投",利用大数据形成了一系列的基金投资组合,客户可根据自己的风险承受能力和收益预期选择适合自己的组合产品,为客户提供信息、产品等全方位的金融服务;手机银行内嵌入房产估值功能,通过扫"估估你的房"二维码,输入不动产地址,手机银行用户可查看房产预估值等。

(2)创新智慧支付应用场景,提升绿色金融城市形象。2018年以来,招行衢州分行以FINTECH智慧项目服务创新作为重点突破口,助力衢州智慧城市建设。先后落地"智慧校园""智慧公交""智慧停车"三大项目。其中"智慧校园"帮助学生家长解决传统柜面缴款不方便、帮助学校财务解决对账难等问题,实现"零跑腿";"智慧公交"将实现分段计费、实体卡钱包与乘车码钱包统一、APP乘车码乘车、免密充值等一条龙服务,让老百姓也享受智慧支付带来的便捷以及优惠;而"智慧停车"项目引入线上支付通道,实现移动端支付以及无感支付,极大地提高了支付便捷性。以上智慧项目优化了原有支付流程,通过统一管理、远程监控等手段还极大减少了运营方的人力成本和物力成本。

2. 创新绿色金融产品,多方位助力衢州企业发展

(1)创新担保方式、还款模式,大力发展供应链融资。招行衢州分行借助应收账款融资平台,打造出创新产品——"付款代理"业务,打破传统的抵押担保融资模式,以应收账款为依据依托,在不改变结算方式的前提下有效解决企业发展中的融资难问题。2017年更是升级付款代理线上操作功能,大大节省了异地客户办理业务的时间,简化审批时效,为企业融资情况改善提供强有力支持。

(2)探寻直接融资新模式。与依靠抵质押申请银行贷款的间接融资方式不同,招行

衢州分行近年来结合衢州企业特色积极探索直接融资新模式：一方面通过引入行外资金为拟上市和初创型企业注入资本力量；另一方面通过银行间交易商协会、交易所等公开市场谋求企业发债直融机构。

(3) 创新信贷产品——贴现通。这是受理贴现申请人委托，在中国票据交易系统进行信息登记、询价发布、交易撮合后，帮助贴现申请人完成票据贴现的服务功能。贴现通极大解决了企业贴现难、贴现贵的情况，针对"两小一短"（小银行、小面额、短期限）的票据，该行也可通过票交所系统进行询价发布、交易撮合，为企业匹配可以贴现的金融机构，以较低的贴现成本，实现有票即可贴。

(4) 小企业抵押贷。该行为助推民营企业自身转型发展，依托招行创新理念推出服务于小微企业的金融产品——小企业抵押贷。小企业抵押贷分为小企业短期抵押贷、中长期小企业抵押贷、小企业年审贷、小企业法人房产按揭贷。

(5) 科技金融合作贷款。为加大对科技型中小企业的金融支持，该行通过标准化作业流程、高效率的信贷服务，推出专门服务科技型中小企业的信贷产品。

三、实践效果

两年时间里，该行各项贷款余额从 2016 年末的 32.36 亿元翻番至 67.31 亿元，其中绿色信贷余额 22.08 亿元，占其全部贷款余额的 32.8%，为绿色新型能源、绿色交通、传统行业转型升级发展助力。

截至 2019 年上半年，该行已通过贴现通产品累计为 7 家客户投放信贷 5.02 亿元，有效解决企业融资问题，助力企业技术改造。

截至 2019 年上半年，该行已为某机械公司引入战投资金 3 600 万元，龙游国资企业债直投资金 2.5 亿元，并于 7 月中标衢州市城投水业 ABN 业务，这是省内首单绿色水费资产支持票据。

目前该行自上线起共发放两笔中长期小企业抵押贷，发放金额共 1 230 万元，惠及企业数 2 户。

自小企业抵押贷上线起该行共发放三笔科技金融合作贷款，发放金额共 1 500 万元，惠及企业数 3 户。

招行衢州分行以 FINTECH 智慧项目服务创新作为重点突破口，助力衢州智慧城市建设，先后落地"智慧校园""智慧公交""智慧停车"三大项目。

四、小结

招行衢州分行成立专项领导小组，自上而下推进绿色金融改革，结合本地特色制定绿色金融发展战略，对困难企业、龙头企业、出清企业进行精准服务，创新线上服务方式，智慧支付场景，创新绿色金融产品。招商银行衢州分行将继续发展特色，积极打造"一行一品"，发挥自身优势，加大绿色金融各项资源投放，大力支持衢州产业发展，为"美丽大花园、活力新衢州"建设添砖加瓦。

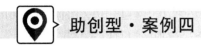

执绿色金融之笔,共绘绿水青山之图

衢江农商银行在衢州市委和市政府的领导和各部门的大力支持下,深入践行"绿水青山就是金山银山"重要理念,精准识绿,建设"专而优"的绿色金融体系;借力世行,打造"惠而优"的绿色产品体系;"最多跑一次",构建"美而优"绿色全流程服务;推广为实,塑造"特而优"的绿色金融典型案例。本案例的亮点在于成立衢江农商银行绿色金融工作领导小组,依托衢州农信绿色银行服务平台,实现在38个网点机构全面上线,推广绿色金融典型案例。

一、案例背景

衢州,作为"两山"理论的重要实践地、绿色金融创新示范区,一直是绿色金融发展的探路者和模范生。2019年,是衢江农商银行绿色金融改革试点两周年。两年来,在衢州市委和市政府的坚强领导以及各部门的大力支持下,衢江农商银行深入践行"双山"理念,立足于"体系化推进、标准化建设、特色化发展"的三大原则,实现经营效益明显好转,向高质量发展靠拢。

二、案例简述

(一)精准识绿,建设"专而优"的绿色金融体系

1. 组织体系

一是加强组织领导。成立衢江农商银行绿色金融工作领导小组,根据衢州银行业绿色金融试点行的评审标准、绿色金融试点行实施方案,明确指导思想、目标任务、实施步骤及具体实施内容,从理念、机制、服务、产品等多维度、分阶段有序推进。

二是优化服务架构。设立绿色金融事业部,以优化绿色金融工作组织架构为基础,加强对绿色政策制度体系建设,引导资金积极投向绿色农业、清洁能源、绿色交通、区域污染防治等领域。

三是设立专营支行。成立首家绿色专营支行——高家绿色专营支行。重点实施绿色专营"六单"模式,即单列信贷规模、单列资金价格、单列风险管理指标、单列信贷审批、单列绩效考核、单列绿色金融产品等,为绿色专营支行业务运营提供全方位制度保障。

2. 绿色银行服务平台

依托衢州农信绿色银行服务平台,目前衢江农商银行已实现在38个网点机构全面上

线,实现绿色银行服务平台的功能完备率、使用覆盖率达到100%,其中营业部1个,直销部1个,公司部1个,支行12个,分理处24个。确保客户经理"全行懂、全行做、全面行"。

(1) 环境风险评估标准——量化客户绿色风险等级。制定《客户环境风险计量评估办法》,根据客户主营业务的性质,从产业、环境、社会等三个表现纬度上,设置了一票触发类的直接判定指标体系和54个非触发类的综合判定指标体系,从低到高量化客户Ⅰ、Ⅱ、Ⅲ和Ⅳ等四个类别的客户绿色风险等级,作为金融支持或退出的评估标准。将原本模糊的客户绿色风险属性划分出具体等级,精准把握好风险识别,实现将有限的信贷资源向绿色企业、产业和项目集聚,助推其向绿色可持续发展。两年多来,衢江农商银行通过配套建立《授信业务风险管理办法》《绿色信贷分类管理办法》两项管理制度,加速信贷客户结构调整。

(2) 绿色自动映射标准——显化绿色金融资产管理。制定《绿色金融关联映射标准》,按照产业特征对接名单制、信贷产品对接产品制、行业投向对接单列制的原则,设置与央行、银保监会、绿金委等权威部门出台的绿色信贷统计制度、绿色贷款专项统计、绿色债券支持项目目录等规定关联的标准映射模块,并依托绿色银行服务平台实现绿色金融资产的自动导入、逐笔识别、一键导出、数据可视。有效避免了因信贷资产用途和笔数"多乱杂"等现状下的归类统计难问题,实现精准归类、精准统计。通过配套建立《绿色信贷管理办法》《绿色信贷流程操作办法》和《绿色信贷专项考核办法》三项信贷管理制度,确保政策有保障、方向不走样,加速绿色信贷投放,绿色信贷占比从2019年年初的22.79%上升至24.75%。

(3) 环境效益计量标准——实化绿色生态效益计量。制定《环境效益计量标准》,以国家认可的环境效益测算方法为基准,分别设计了绿色信贷资产和绿色支付节能减排的通用计量公式16套和定制公式18套。推动绿色金融外部效益的内生化,转化实化为可计量的社会效益和经济效益,为绿色金融市场化奠定基础。如根据2019年6月末衢江农商银行25.1亿元的绿色信贷余额来换算,可量化产生的环境效益为节能标准煤6.75万吨,减排二氧化碳183.23万吨,减排二氧化硫0.06吨,减排氮氧化物4.21吨,其中减排的二氧化碳相当于种植了9.05万亩乔木林。

(二) 打造"惠而优"的绿色产品体系

立足区域内家庭农场、小微企业发展主基地,衢江农商银行主动呼应当地政府绿色发展战略,紧贴需求创新贷款方式、探索合作模式,有效解决家庭农场、小微企业等面临的融资难、融资贵问题。

1. 灵活贷款方式破解融资难

一是拓宽融资担保渠道。与衢江区信用融资担保有限公司、浙江省农业信贷担保公司合作,借助风险共担机制破解不敢贷、不愿贷现象,为工业企业、新型农业经营主体拓宽融资担保渠道、解决融资难题。

二是积极创新产品服务。合理提高信用贷款比重,加快推进普惠签约和"浙里贷"业务,有序推进循环信用贷款发放。积极尝试惠民贷、票据池业务、科技金融贷款,有效探索服务企业新模式。

2. 加强减费让利,缓解融资贵

一是全面推广"无缝续贷"。在全辖区推广"无缝续贷"。在风险可控的前提下,为符合条件的小微企业办理"无缝续贷",重点支持经营正常或暂时有困难的小微企业资金周转,减轻企业转贷成本。

二是实行贷款利率差别定价。借助 T+0 贷款利率定价系统,坚持保本微利原则,实行小企业贷款利率差别化定价机制。对存量小微企业在原利率基础上下降 10%,对新增贷款,按新利率定价执行,同比下降 5%~10%。另积极对接人行及相关政府部门,充分利用科技贷款、扶贫贷款的利率优惠政策,多渠道降低涉农、小微企业的融资成本。

3. 推动制度革新,催生"活资本"

一是助力农村产权制度改革,探索农村土地所有权、承包权、经营权的"三权分置",试点推进农村土地流转经营权抵押贷款,使农民的"睡眠资产"变成"活资本",有力地促进了家庭农场、农民专业合作社、农业龙头企业等新型经营主体的发展,提高流转土地的经营效益。

二是推出"畜禽活体仓储抵押贷款",其运作模式为:需要融资的企业以奶牛作为抵押物,向该行出质,同时将奶牛转交第三方仓储管理企业进行监管。借方、贷方和仓储监管企业三方共同参与,这是基于物联网技术的创新型活体抵押融资业务模式,解决养殖户融资难问题。

三是创新推出"订单贷",截至 2019 年 6 月末,衢江农商银行发放了"订单贷"贷款 350 万元,系创新民营小微服务、破解企业融资难题的又一创新尝试。

(三)"最多跑一次",构建"美而优"绿色全流程服务

1. 优化服务流程

一是推广上门服务。深入推进网格化管理,坚持"您不跑、我来跑"的理念,运用 CRM 客户管理系统,实现客户信息查询、普惠建档、电子化采集、业务审批等操作的移动化办理,延伸信贷服务的时间与空间。并依托 4G 移动终端、自助开卡机等,实现"金融服务送上门",变"数次跑"为"一次跑"。

二是实施快贷服务。推行贷款答复承诺制,客户通过各种渠道预约办理贷款,要求客户经理在 2 个工作日内给出明确答复,做到"贷前不拖"。探索建立贷款全流程限时制度,对新增贷款、还后续贷,分类确定办理时限,减少客户资金周转成本。按月根据后台数据,对客户经理的贷款办结时限实行监督考核。

2. 推进绿色支付

相继与供电部门、区人民医院及辖内 10 家医院、7 家驾校、区社保局达成合作,智慧医疗、智慧缴费、智慧公交、智慧商圈、智慧校园项目落地应用,覆盖医疗卫生、水电费代扣、社保、出行、农家乐、菜场、学校、驾校等民生领域。推出社保业务"新十条"惠民举措,网点开通社保业务,建立一窗受理制。

3. 做好一站式服务

设立村级丰收驿站 256 家,实现全区行政村助农业务全覆盖,"基础金融不出村"。以丰收驿站为平台,实行资源整合、机制联动,相继与网格警务站、益农信息社、农合联服务中心、乡村淘、社保对接,持续打造综合服务平台,实现"公共服务不出村"。

4. 实现"就近办"

一是入驻区行政服务中心。全面对接 6 个收费单位、17 项收费项目,促进行政事项办理一站式解决。二是试行不动产抵押登记一站式办理。与不动产抵押中心、市政务大数据平台系统资源整合,打破信息壁垒,如上方镇距离城区 50 多千米,客户办理抵押贷款,贷款流程比原来减少4个环节,办理时间较原来缩短3天以上。

(四)推广为实,塑造"特而优"的绿色金融典型案例

1. 畜禽活体仓储抵押贷款,敲开绿色禽畜业融资大门

近日,衢江农商银行向衢州某牧业有限公司成功发放衢州市首笔金额最大的畜禽活体仓储抵押贷款。该笔贷款以奶牛为抵押物,授信金额达400万元,其运作模式为:需要融资的企业将奶牛作为抵押物,向该行出质,同时将奶牛转交第三方仓储管理企业进行监管。借方、贷方和仓储监管企业三方共同参与,这是基于物联网技术做保障的创新型活体抵押融资业务模式。创新推出的《浙江衢州衢江农村商业银行股份有限公司畜禽活体抵押贷款管理办法》,大胆探索"奶牛活体抵押登记+奶牛保险+仓储监管"贷款模式,并运用"互联网+"技术,对牧业小区全部安装远程监控系统,采取网络监管和现场监管相结合的方式对奶牛抵押物进行有效监管,强化了对关键环节的控制。该奶牛活体仓储抵押贷款业务在衢江农商银行的顺利开展,创新性地解决养殖主体的融资难题,唤醒了养殖户手中"沉睡资本",具有扬资源之长、补机制之短的样本意义,为衢州市创新支持畜牧业快速发展"打样",获得了当地政府的充分肯定。

2. 订单+科技多管齐下,助力科技公司腾飞

以衢州某新材料科技有限公司为例,该行积极探索科技金融贷款新模式,破解科技创新型企业担保难、融资难、融资贵的困境,2019年伊始,辖内东港支行率先为衢州佰强新材料科技有限公司提供了500万元基准利率科技金融贷款,有效缓解了公司成长过程中的资金压力。同时,为进一步盘活企业运营过程中的现金流,有效拓宽民营小微企业的融资渠道,近日,衢江农商银行向该公司发放了"订单贷"贷款350万元,系该行创新民营小微服务、破解企业融资难题的又一创新尝试。

订单贷主要支持符合国家产业政策要求,尤其是列入国家或地方政府重点扶持的产业项下的中小型企业。企业只需提供国内法人、政府企事业单位的中标合同、有效订单或贸易合同、协议等,凭借未来可靠的现金流入,就可获得该行提供的用于订单项下原材料采购、商品生产及储运等生产经营周转的贷款。企业回笼的订单销售款项用以偿还贷款。此举有效拓宽了民营小微企业的融资渠道,解决了资金的流动性问题。

在贷款办理过程中,该行客户经理实行贷款答复承诺制,客户经理在2个工作日内给出贷款明确答复,做到贷前不拖,有力地支持了相关公司的经营发展。

三、实践效果

截至2019年6月末,共向乡村振兴等绿色产业、企业和项目投放绿色贷款25.1亿元,比上年度增加3.25亿元,增幅为14.87%,占全行信贷总量的24.75%。同时,信贷资产质量也稳步提升,不良率控制在1.18%,绿色金融服务创新不止,久久为功,与衢州底色相映共绘。

四、小结

衢江农商银行深入践行"两山"理念,加强组织领导,建立绿色银行服务平台,构建评估标准,打造灵活贷款方式,加强减费让利,推动制度革新,优化服务流程,进行案例推广,实现了经济效益,助力衢州绿色金融发展。

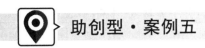

贷款公司助力民宿经济规模发展

  [摘要]

开化县正试图实现休闲旅游观光农业的可持续发展,民宿经济的发展是其中的关键节点。由于村集体经济底子薄弱,开化县齐溪镇龙门村的民宿经济发展惨淡,因无技术少资金,难以开展转型升级,也难以实现规模化发展。通济贷款公司紧跟县域发展规划方向,选取开化县齐溪镇龙门村等开展试点,通过组建工作小组,建立民宿管理制度,优化金融服务,帮助农户解决了发展所需资金,使乡村休闲旅游发展经历了速度上和质量上的双重飞跃,并营造了文化氛围,进行文化传承。本案例的亮点在于通济贷款公司内部进行了组织建设,成立了专门的工作小组,并与政府协同合作,增强了民宿经营者对风险的防控,最终达到了经济效益与社会效益的双重提升。

一、案例背景

自1997年浙江省开化县提出"生态立县"伊始,历届县委、县政府逐步重视生态城镇化建设的实践与发展,最终于2013年确定了打造国家东部公园的发展思路。自国家东部公园建设战略确定以来,开化县围绕国家东部公园建设,以特色产业、基础设施、生态建设、公共服务为重点,安排"四大工程"重点项目共130个,总投资317亿元,其中投资超亿元项目44个,超5亿元项目15个,休闲文化旅游等三产项目占比超过85%。

根据现有产业基础和资源优势,到目前为止,开化县已在培育文旅、创意、水、能源、休闲地产五大项目上取得了长足的突破。然而,要实现休闲旅游观光农业的可持续发展,还必须在餐饮、住宿、购物等环节上多下功夫,由此,民宿经济的发展成为其中的关键节点。

开化县齐溪镇龙门村由于地处偏僻,交通不便,2013年以前农户经济收入主要以外出务工为主,其他在家劳动力以种植茶叶、毛竹等传统农业为经济来源,总体经济效益较差。

从2013年下半年开始,龙门村的民宿经济逐步兴起。开始时,由村民自发兴建,达到10户左右成规模时,开化县拨出了专项补助,每10户补助40万元。至2014年5月,龙门村民宿建设工作被正式立为"开化县农家乐十百千万工程"项目之一。至2016年年末,龙门村农家乐经营户共有35户,总计400个床位,加上豆腐户、蔬菜户、养鸡户等配套户,直接从事旅游相关产业的有191户。

然而,由于村集体经济底子薄,各民宿经济户的经济状况参差不齐,文化素养相差悬殊,以至于部分民宿经营户的营业环境、服务水平严重滞后于旅游经济发展的需求,不仅个人生意经营惨淡,还影响了该村整体民宿经济的发展。针对这一现象,该村村委和民宿经营户也有意愿开展转型升级以实现规模化发展,然而苦于无技术、少资金。

二、案例简述

某贷款公司得知龙门村民宿经济的情况后,一方面,联合开化县县农办,聘安吉、德清等地民宿经济较发达地区的经营户来传教授课,另一方面,深入推进"整村授信"工程,全力满足民宿经营户转型升级的资金需求。

(一)组建工作小组

为确保龙门客栈农家乐项目信贷支持项目的顺利进行,公司成立了相关工作小组,由总经理任组长,风险总监任副组长,带动公司各职能部门各负其责、各司其职,相互配合支持,切实加强对金融支持民宿经济发展工作的组织领导,围绕特色工作目标,推动支农工作全面开展和落实。

(二)对龙门村民宿经营户逐户进行问卷调查

2014年,该公司正式启动了龙门村民宿经济发展对接项目。2014年7—9月,针对龙门村民宿经济建设与发展情况,公司逐门逐户地进行了问卷调查,范围涉及全村当时已建成或正在建设中的21户民宿,调查内容主要为单户民宿基本经营情况、户主概况、收入状况、投入资金、融资需求等,从场地、配套设施、服务、产品等各方面对经营户进行了详细、全面的了解和掌握。

(三)建立民宿经营户信用评定和授信管理制度

积极探索建立符合龙门村实际的民宿经营户信用评价体系,将信用评定工作与创建信用户、信用村有效结合起来。对符合条件的民宿经营户,根据其经营规模、经营人数以及整体偿债能力等,对其进行综合授信,实现"集中授信、随用随贷、及时办理、余额控制"的机制;对信用等级较高的民宿经营户,实行"贷款优先、利率优惠、额度放宽、手续简化"的激励机制。该公司对其进行了全面授信和信贷支持。并以信用贷款的方式,对有资金需要的经营户进行放贷,贷款利率不超过基准利率的150%。目前,已授信民宿经营户57户,金额855万元,用信16户,金额261万元。

(四)改进金融服务方式,提高金融服务水平

对规模较大、竞争力和带动力较强的民宿经营户,要在确保风险可控的前提下,积极提供上门服务。充分利用信息、网络优势向民宿经营户提供市场信息、金融咨询及信贷支持等服务。针对旅游产业综合性、依赖性、服务性、风险性、季节性较强的特点,加强走访力度,做好工作重点分布,适当前移贷前调查环节,简化贷款审批流程,加快审贷速度,提高服务便利度。

(五)合理确定民宿经营户贷款期限

在充分考虑民宿经营户在整体规划、基础设施、汇聚客源、经营成果及旅游服务上的差异和客观发展需求的基础上,灵活机动地确定民宿经营户的贷款期限,对于信用评价优良、经营情况正常的个别贷款,期限可视情况进行合理延长,并允许特色民宿经营户的贷款跨年度使用。

(六)科学合理地确定民宿经营户贷款利率

在法规和政策允许范围内,在保证公司可持续发展的同时,在贷款基准利率的基础上,

综合考虑借款人的信用等级、贷款金额、贷款期限、资金及管理成本、风险水平、资本回报及具体经营状况,以及当地市场利率水平等因素,在合理的浮动区间内进行利率核定,以信用贷款的方式,对有资金需要的民宿经营户进行放贷,贷款利率不超过同期基准利率的150%。

三、实践效果

(一) 经济效益

1. 乡村休闲旅游发展经历了速度上和质量上的双重飞跃

在该贷款公司的支持下,2013—2015年,龙门村的发展经历了速度上和质量上的双重飞跃。龙门村依托生态优势,大力发展农家乐乡村休闲旅游,积极向改革要活力、向市场要动力、向制度要效力,走出了一条"干群合力、村旅合力、培训合力"的转型致富路。短短3年里,乡村休闲旅游总收入从零起步,最终达到400万元,村民年人均收入从4 115元增加到10 388元,呈几何倍数式增长。

2. 形成规模经营,增强抵抗风险能力

在政府部门的政策支持和统一管理下,在金融机构的信贷扶持下,分散经营的农户被相互连接起来,千家万户的小生产小经营者与千变万化的大市场连接起来,达到一定程度的规模经营,改变了一家一户农民单独应对市场的状况。这不仅可以使农户经营行为更自律,达到更高的经营标准,增强竞争能力,还可以借助政府平台,及时获知市场需求变化情况,调整经营策略,大大提高了民宿经营者抵御市场风险的能力。

3. 形成品牌经济,提升市场竞争力

针对民宿经营行业散碎、小众、独特、量小,而且分布广泛,缺乏统一的服务标准,难以和标准化经营酒店相抗衡的问题,政府部门对龙门村进行了整体规划。所有的民宿均取名为"龙门客栈",按照区域分布,以天字某号和地字某号加以区别,建筑风格更是保持了原汁原味的古民居风貌,整齐划一。

4. 带动区域发展,加快经济发展步伐

民宿经营不仅使传统的村容村貌发生较大变化,对相关产业的带动作用也日益显现。在少而精的思想引导下,通过提供独具特色的乡村旅游产品,从产品的品质、人力资源的节约,再到当地农产品的销售等,多种渠道大大提升了旅游经济的附加值,更带动了土特产品销售产业链的发展,大大提高了农户的收入水平。

(二) 社会效益

1. 成为发展美丽经济的鲜活样本,有良好推广价值

龙门村不仅成功创建为"国家AAA级景区""浙江省省级农家乐特色村""浙江省充分就业村",还创造了从"盆景"到"风景"发展美丽经济的鲜活样本。

2. 营造文化氛围,进行文化传承

龙门村的民宿经营在建设和开发之初选址的时候,大多选择能反映当地民俗、历史、人文、自然风光的地域,并通过民宿的建设和发展,使这些资源得到良好的保护。除了美食和美景之外,龙门村的民宿经营还通过民俗活动的组织和策划,吸引了更多客源,开发出全新的旅游配套产品,做活了周边市场,并拓深了文化内涵,铸建了文化底蕴,形成了独特的民俗氛围和风格,加深了与其他农家乐的辨识度。以"亲子游、学生游、老年游"等多种形式，针对采摘、避暑、踏青、疗养等出行需求，合理利用自身优势，进行了资源整合，在加大影响力的同时，更进一步创收，带动龙门村旅游业走上了集"学、产、赏、游、购"于一体的发展道路，对特色文化的传承起着良好的作用。

四、小结

通济贷款公司紧随县域发展规划方向，根据自身业务实际，充分运用宁波余姚农村商业银行创建农村信用工程发放小额贷款的经验，在农村地区积极探索、开拓创新，以"支农支小"为服务宗旨，结合信贷对接村项目，选取开化县齐溪镇龙门村为开展试点，力争采取快捷方便、灵活多样的方式，以贷款温暖农户，优先帮助农户解决发展所需资金问题，把农户小额贷款做成风险小、社会效益和自身效益高的优良信贷产品，助力乡村休闲旅游实现可持续发展。

助创型·案例六

绿色金融全力支持龙游"龙天红木小镇"建设

[摘要]

传承和弘扬传统文化，促进文旅交融，是衢州市文化旅游的主要战略之一。龙游县也是浙江省的文旅融合试点县。在战略引领下，银行投融资支持小镇建设主体实业，银政合作加大基础设施建设力度，并且合理搭配贷款长短期限，给予利率优惠。使得银政企三方共赢可期。龙天红木小镇2016年获"浙江省优秀小镇"殊荣，具有示范性。特色小镇旅游观光人数也在逐年递增。龙天红木小镇项目以文化为魂，通过旅游空间拓展，旅游资源开发，传承发扬传统文化，实现旅游开发和文化传播的良性互动与统筹发展。本案例的亮点在于银行与政府协同合作，取得了经济效益与社会效益的显著提升。此案例具有良好的示范性与推广普及价值。

一、案例背景

党中央高度重视和弘扬中华优秀传统文化，并将其作为治国理政的重要思想文化资源。龙游龙天红木小镇项目是以某文化旅游发展有限公司为后盾，按5A级旅游景区标准开发建设，抢占国内传统家具行业的制高点，实现紫檀制造业和旅游服务业的联动发展,打造传统文化的传播地和国内高档家具购物旅游目的地,使之成为龙游石窟水上风情旅游线上的一颗璀璨明珠。该项目占地面积3.5万平方米(含水域面积),建筑面积260万平方米,计划投资80亿元,截至目前,已经完成的各类建筑面积70万平方米,持续投入资金近30亿元,一期工程于2017年年底正式投入运营。已形成一个生产、生活、生态相协调的特定区域,集家具制造、旅游休闲、文化创意、商业服务、生态居住五大产业于一体,实现山水相依、村镇相融、产业联动。

二、案例简述

(一)银行持续支持红木小镇建设主体实业,增强造血功能

浙江某家居有限公司是红木小镇的建设主体,其母公司为总部设在义乌的浙江某实业有限公司,是龙游县政府于2005年引进的重点招商引资企业。自企业引进以来,农业银行龙游县支行投入1亿元项目贷款及0.5亿元流动资金贷款、中国银行龙游县支行投入0.67亿元流动资金贷款,支持企业家居生产制造。2010年,企业调整发展思路,将其扩建为红木文化园,重点发展旅游文化产业。2013年,根据省政府提出的特色小镇发展战略,在政府支持下,企业启动龙天红木特色小镇建设,工商银行龙游县支行创新融资模式,以企业实际投入小镇建设的资金为授信依据,于2015年为其授信3.3亿元,目前贷款余额2.7亿元。

(二)银政合作加大基础设施建设力度,配套特色小镇建设

2016年,该集团与龙游县旅游发展公司及农业银行龙游县支行签订了三方协议,由某旅游发展公司以政府购买服务方式向农行贷款8亿元用于龙天红木小镇的基础设施建设,贷款期限20年,截至2019年6月底,农业银行龙游县支行已投放5.8亿元,利率按3年期基准执行。

(三)合理搭配长短期限,有效缓解建设主体资金压力

由于龙天小镇项目是该集团公司在原家具生产经营正常的情况下投资的集家具建造、旅游休闲、商业服务等多功能的商业综合体,其融资需求也呈现多样性,其中短期流动资金贷款约2亿元,占企业全部贷款的34.6%,8年期项目贷款约3.78亿元,占企业全部贷款的65.4%,符合目前企业处于投资建设期的实际情况。

(四)给予相应利率优惠,切实减轻建设主体融资压力

工商银行龙游县支行项目贷款为8年期,年利率按三年以上基准利率上浮5%执行;农业银行龙游县支行流动资金贷款利率按一年期基准利率上浮5%执行。某旅游发展有限公司以政府购买服务形式为龙天红木小镇配套基础设施建设贷款利率按基准利率执行;中国银行流动资金贷款利率按基准利率上浮11%执行。

三、实践效果

(一)经济效益

龙游龙天红木小镇建设资金投入大,建设周期长。一期工程使用了大量的名贵红木、名贵石材等原材料,这部分都由企业多年储备投入,价值难以估算。政府为龙天红木小镇建设的拆迁、征地及土地平整等投入近6亿元。经测算,企业及政府为龙天红木小镇的投

入目前已达20多亿元,除去银行融资及政府投入,其余均为企业自有资金投入,龙天红木小镇整体资产负债率低,企业自身资金实力雄厚。目前企业在金融机构的所有融资均为资产抵押,并追加母公司担保。从集团合并报表来看,2016年集团实现产值近11亿元,净利润为12%。另从近年来龙天红木小镇部分景区试营业看,待景区全部建成后,其门票收入、商业收入、生态居住及文化创意等产生的收入预期可观,后期建设保持科学的投资节奏,掌握好企业投资、银行融资及政府出资的合理配比,银政企三方共赢可期,龙天红木小镇必将成为衢州乃至浙江特色小镇建设的样板。

(二) 社会效益

1. 龙天红木小镇获浙江省"优秀小镇"殊荣

龙天红木小镇符合国家和地方的产业政策,符合浙江省和龙游县的发展规划,是浙江省首批37个特色小镇之一,2016年获"浙江省优秀小镇"殊荣,被列为浙江省服务业重大项目计划,入选浙江省文化厅首批文化产业示范基地名单,是龙游县"十三五"期内全力推进且力争完工的核心项目。

2. 特色小镇旅游观光人数逐年递增

龙天红木小镇目前仍在建设中。从前期部分开放的旅游景点统计数据来看,2014年,小镇旅游接待总人数为142.9万人次,2015年旅游接待人数为183万人次,2016年旅游接待人数超200万人次。未来将形成集文化、观光、休闲、食宿、娱乐、购物于一体的旅游精品线路,把石窟景区、民居苑和龙天小镇串成一条线,实现龙游旅游资源的整合,小镇的旅游接待人数还有质的飞跃,五大产业产生的社会效益及经济效益也将十分可观。

四、小结

龙天红木小镇是龙游县委和县政府及时抓住浙江省委和省政府提出创建培育特色小镇的战略机遇,推动企业转型而投资建设的大型红木文化产业园项目。该项目以文化为魂,通过旅游空间拓展,旅游资源开发,特别是国学等文化产品创意,传承发扬传统文化,实现旅游开发和文化传播的良性互动与统筹发展。

助创型 · 案例七

绿色金融支持废砖窑变身"摇钱树"

[摘要]

"红窑里"的前身是一座砖瓦厂。在开化县淘汰落后产能的过程中,老红砖厂面临着关闭搬迁,当地大批乡民失业并失去经济来源。在此危机下,结合"五位一体"发展的重大战略的引领,开化农商银行将红砖厂改建成特色民宿,准备专项信贷支持方案,并进行大力宣传。在多重努力下,"红窑里"的复古新特色吸引了众多游客,大力带动了周边农户增收,在当地产生了较好的经济收益、社会效应和影响力。如今的"红窑里"在开化农商银行的信贷支持下,彻底告别了落后的生产方式,变废为宝,终成村民致富的"摇钱树"。本案例的亮点在于银行进行组织建设,成立信贷小组,并通过新闻报道宣传、介绍客户、引导员工去体验等多种方式对"红窑里"进行大力宣传推介,成功支持"废砖窑"变身"摇钱树"。

一、案例背景

十八大以来,我国确立了经济、政治、文化、社会、生态文明"五位一体"发展的重大战略,国家高度重视生态文明建设,人们也越来越关注生态环境问题。因此,绿色环保成为社会、企业新的发展方向。开化县作为国家生态县,县域的85%为山地,素有"九山半水半分田"之称。同时,在经济发展领域,企业正经历经济结构调整、产能过剩化解、经济增长方式转变。

2014年8月,开化县被列入全国28个"多规合一"试点市县之一。开化县音坑乡姚家村位于农业空间,村民主要从事农业生产生活,不适宜发展红砖等高排放、高污染行业。但多年来,因为姚家村的黏土质地好,村里很早就有人从事砖瓦烧制的行当。"红窑里"的前身是一座运营了近30年的砖瓦厂,在开化县淘汰落后产能的过程中,一大批高污染、低产能的企业关停整转,音坑乡姚家村的砖窑厂就是其中之一。经营了近30年的老红砖厂面临着关闭搬迁,当地大批乡民失业并失去经济来源。

二、案例简述

在国家政策引导下,开化县将一大批高污染、低产能的企业关停整转,在淘汰落后产能的过程中,开化农商银行从实际操作层面,献计献策,根据绿色经济发展趋势,提出将怀旧与现代完美结合,将红砖厂改建成特色民宿,走特色乡村旅游之路,并迅速组建信贷小组,准备专项信贷支持方案,为红砖厂改建注入资金强心剂300万余元,同时,通过新闻报道宣传、介绍客户、引导员工去体验等多种方式进行宣传助力。

(一)献计献策,创新思维

作为开化县域规模最大、最有实力的百姓银行,开化农商银行针对红砖厂面临的重大危机,主动与红砖厂对接,从实际操作层面,献计献策,多次去到实地考察沟通。在当前开化旅游蓬勃发展背景之下,该行提议红砖厂可利用保留下来的窑洞和烟囱,将怀旧与现代完美结合,重新投资将红砖厂改建成特色民宿,走特色乡村旅游之路。

(二)信贷支持,不遗余力

开化农商银行在确定改建方案可行后,迅速组建信贷小组,准备专项信贷支持方案,为红砖厂改建注入资金强心剂,于2016年年初发放改建资金150万元,随即红砖厂开始动工重建。2016年1月底,由于改建工程较大,资金投入速度快,改建工作推进迅速的同时又遇到了新问题,在巨大工程项目需求下,改建资金即将耗尽,改建工作滞缓。开化农商银行听闻后,当即出动信贷小组了解实际改建进度和红砖厂面临的资金难题,在充分了解和讨论之后,再次不遗余力为红砖厂改建工作提供信贷支持,累计信贷资金支持300余万元。

(三) 大力宣传,促进增收

经过半年多的改造,砖窑厂于2016年国庆期间变身开业。"红窑里"民宿整体建筑全部采用厂里保留下来的红砖和瓦片,不加粉刷,搭配钢结构和玻璃幕墙,每个窑洞都是一个独立房间,共20间客房,可供40名游客住宿。同时还配备了主题餐厅、会议室、酒窖、户外花园等。被打造成一个风格独特的小型度假酒店,古朴中透着时代感。在此期间,开化农商银行通过新闻报道宣传、介绍客户、引导员工去体验等多种方式进行宣传,给新出生的"红窑里"助力。

三、实践效果

在多重努力下,"红窑里"的复古新特色吸引了不少远道而来的客人,开业后人气火爆,每周都有不少游客来游玩、住宿,且大力带动了周边农户增收,在当地产生了较好的经济收益、社会效应和影响力。

据某公司执行董事姚金水反馈,从2016年国庆节开业到现在,每月营业额达25万元,提高了姚家村乡村旅游的人气,更是吸引了周边杭州、上海等地客户。为通过更多活动吸引客户前来,"红窑里"餐馆近期购买了一批土猪,组织了一个杀猪节,当天就接待了20多桌游客。

四、小结

在开化县淘汰落后产能的过程中,结合"五位一体"发展的重大战略的引领,开化农商银行将红砖厂改建成特色民宿,通过专项信贷支持方案带动了周边农户增收,在当地取得了较好的收益和影响力。如今的"红窑里"在该行的信贷支持下,彻底告别了落后的生产方式,变废为宝,终成村民致富的"摇钱树"。

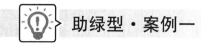

绿色金融托起常山"蓝天三衢"梦

[摘要]

常山县石灰石资源丰富,但资源环境难以支撑,发展不可持续。常山县全面打响"蓝天三衢"生态治理工程攻坚战,加强政策指引,指导金融机构分类扶持;明确信贷导向,引导钙产业转型升级;拓宽融资渠道,提升资源配置效率。

一、案例背景

常山县石灰石资源丰富,现已探明储量达49亿吨,占浙江省全省储量的44.14%,位居全省首位。同时,石灰石资源品质较高,氧化钙含量约为55%。得益于丰富的石灰石资源,钙产业一直是该县的传统特色产业,在国内具有一定影响力(1730年常山县已开始用传统工艺烧制石灰石)。截至2012年,仅全县18家轻钙企业就创造了工业总产值5.57亿元。

但是,由于石灰石资源利用水平不高,矿石资源供需结构性矛盾不断突出,钙产业仍然处在产业链的中低端,产品附加值不高,资源环境难以支撑,发展不可持续。具体表现在:一是产业"低小散"。钙类企业布局分散、石灰窑孔零星分散,降低了土地使用效率,也不利于矿区环境的综合治理。仅仅是三衢山范围内就有80多孔立窑、142条生产线被关停。二是钙产品附加值低、产业总体规模不大,在行业内缺乏足够影响力,同时存在互相压价的恶性竞争现象。如在产量同等情况下,2013年长兴县出让矿产资源的行政性规费、税收分别是常山县的16.67倍和4.5倍。三是能耗高、产值低。2013年,常山县水泥企业能耗占全县工业能耗总量的77.91%,钙类企业占12.53%,这两类企业能耗占全县工业总能耗90.44%,而产值仅占12.53%。四是缺少财政贡献。常山县有90余孔立窑属于无证经营或证照不全,几乎无入库税收。

二、案例简述

常山县顺势而为,出重拳、下猛药,全面打响"蓝天三衢"生态治理工程攻坚战,走出一条资源循环利用、节能减排、绿色低碳的可持续发展新道路。在托起"蓝天三衢"梦的过程中,全县金融机构加大信贷资金投放力度和提供多样化的金融服务,为"蓝天三衢"生态治理工程提供了有利的资金保障。截至2017年4月底,全县金融机构共为"蓝天三衢"生态治理工程提供信贷资金4.87亿元。

(一)加强政策指引,指导金融机构分类扶持

针对"蓝天三衢"生态治理工程,人民银行常山县支行组织实施了"三服务""四走访"等系列活动,着力引导全县金融机构加大对"蓝天三衢"生态治理工程支持力度。另外,为加强信贷政策指导,专门出台了《金融支持常山县经济转型升级的指导意见》,明确工作目标,提出扶持一批、退出一批、压缩一批。同时,灵活运用再贷款、定向降准等工具,强化货币政策工具引导。鼓励符合条件的金融机构发行绿色金融债来支持"蓝天三衢"生态治理工程。

(二)明确信贷导向,引导钙产业转型升级

一是支持常山县某矿业有限公司整合全县矿石供应,提供项目贷款2.5亿元。二是按照《加快推进钙产业转型升级的若干意见》,对没达到钙产业排放量、耗能准入标准,超标准排放、半年整治不达标按要求需关停的钙产业企业不予放贷。三是对符合环境要求

标准、产品科技含量高、技术改造资金需求大的钙产业企业实行正向扶持。如通过发放1 000余万元技改贷款支持某企业配备变频离心脱水机、钢制窑、余热回收等节能环保设备,使其吨煤耗降低35%。四是加大对钙谷小镇内石产业、休闲旅游业、文化产业等信贷支持力度,增强金融支持钙谷小镇发展后劲。截至2017年4月末,全县金融机构对钙谷小镇建设发放贷款1.39亿元。

(三) 拓宽融资渠道,提升资源配置效率

通过PPP项目、债券承销以及银行理财等多种方式拓宽融资渠道。在依法合规、风险隔离的前提下,加大创新力度,与PE、VC等创业投资机构开展债权股权等融资。加强与绿色产业基金合作,积极开发绿色产业基金合作配套金融产品,支持绿色产业发展。如常山县与某资本管理有限公司签约成立第一个产业子基金,基金规模3亿元,重点投向钙产业的上下游企业。

三、实践效果

(一) 社会效益

曾经的浙江省衢州市常山县辉埠镇常年灰尘满天,是名副其实的"灰埠"。对此,从2013年秋开始,常山县举全县之力启动"蓝天三衢"生态治理工程,剑指石灰产业沉疴积弊。金融在推进"蓝天三衢"生态治理工程中始终发挥助推器、加速器和导向器的重要作用,托起常山"蓝天三衢"的梦想。行动实施以来,全县共关停170个小矿山、246个石灰钙棚、83孔石灰立窑、201条钙加工生产线,完成废弃矿山复绿400余亩,新增耕地约300亩。实现资源科学利用,走绿色发展新路子,生态和经济效益相得益彰。

(二) 环境效益

通过一系列环境综合治理"组合拳",全县共腾出能耗空间37万吨标煤,消减二氧化硫1.5万余吨、氮氧化物4 500余吨,消减强碱性废水100万吨、粉尘1万吨,为钙产业走向高精尖腾出了空间。2016年以来,全县环境空气优良率为91.5%,PM2.5平均浓度为33微克/立方米,位居全市第二;出境水达标率100%,常年保持在Ⅰ、Ⅱ类水质。

昔日满目疮痍的矿山变成了满目流翠的青山,与三衢石林景区融为一体,成为一道独特的风景。环境好了,游客多了,村民也在家里开起了农家乐,比之前在矿山上做工一年能多赚一些。

(三) 经济效益

受企业关停影响,常山县每年工业产值减少10亿元以上。另外,仅用于环境整治的直接投入就达1亿多元,有3 000多名工人需要重新就业。但是,在"蓝天三衢"生态治理工程中,常山县趁势加快步伐,通过腾出的大量土地空间及能源指标,引来产业"金丝雀",凝聚起新的经济增长极。如总投资在16亿元以上的浙江某新材料有限公司常林特种纸项目,建成后年产值将达到26亿元以上,可提供就业岗位3 000个。

另外,辉埠镇所打造的"江南钙谷小镇"也被列入衢州第一批特色小镇创建名单,并与某矿物技术集团签署《关于在常山县辉埠镇进行战略投资合作和评估事宜的备忘录》。通过钙谷小镇建设,有效带动相关产业发展水平不断优化,产品层次、附加值进一步提高,产业链条快速延伸,与钙文化和钙景观充分融合联动,各类配套服务产业蓬勃发展,推动产

业升级,使小镇成为高端钙产业研发中心、钙绿色制造示范基地、钙景观特色门户和钙文化旅游展示窗口。

四、小结

中国人民银行常山县支行针对现有问题加强政策指引,指导金融机构分类扶持;明确信贷导向,引导钙产业转型升级;拓宽融资渠道,提升资源配置效率。环境的改善,促进了旅游行业发展,也凝聚起新的经济增长极,通过钙谷小镇建设,产业链条快速延伸。

助绿型·案例二

优化结构,创新金融,
助力区域绿金发展

[摘要]

中国银行衢州市分行通过调整绿色金融重点支持方向,结合地方特点建立绿色金融专项政策,推动创新绿色金融产品及融资担保方式,开辟绿色金融授信审批快速通道,为助力区域绿金发展打下了坚实基础。针对环保重点项目,将信贷资金引入绿色信贷领域,创新担保方式,助力生态环境,促进经济可持续发展。本案例的亮点在于银保协同合作,防范担保链产生的潜在风险,实现风险控制;进行组织建设,完善了绿色信贷考核体系。

一、案例简述

(一)与时俱进动态调整绿色金融重点支持方向

1. 根据中国人民银行的绿色金融指导意见明确支持方向

根据每年有关绿色金融的一系列政策调整,中国银行衢州市分行逐年更新、明确了绿色金融重点支持授信领域,2019年支持标准主要为:(1)节能;(2)污染防治;(3)资源节约与循环利用;(4)清洁交通;(5)清洁能源;(6)生态保护和适应气候变化。

2. 进一步结合上级行的相关文件筛选绿色金融重点投向

中国银行衢州市分行根据《中国银行浙江省分行2018年信贷投向指引》的最新要求并结合衢州当地经济特点,绿色金融信贷投向重点支持"生态+"行业;大力支持"五水共治"等环境治理项目;积极支持传统优势产业通过绿色改造重塑优势的企业。具体行业主要包括环保行业、五水共治领域、现代农业领域、休闲旅游四大类。

(二)结合地方特点建立绿色金融专项政策,通过政策倾斜助力绿色金融

1. 完善绿色信贷考核体系

中国银行衢州市分行将绿色信贷纳入全行年度的绩效考核方案中,并细分至各机构考核中,同时专设绿色金融专业支行考核管理办法,对绿色金融试点支行单独专项考核。

2. 加大重点领域绿色信贷支持力度

中国银行衢州市分行关注经济新动能培育点,制定了绿色信贷推广方案,深入挖掘、主动对接了一批优质绿色企业,在重点环境综合治理与基础设施建设项目、节能环保产业项目、高加工水平的现代农业项目、绿色休闲旅游项目等均有突破。

3. 降低服务门槛,减轻绿色金融企业融资负担

中国银行衢州市分行采取多项优惠措施,降低企业融资成本。例如,禁止分支机构向小微企业收取贷款承诺费、资金管理费等费用,并取消授信资产评估费,基本涵盖了所有绿色金融企业,为企业节省评估费近300万元。

同时,对绿色金融客户通过向省行争取利率下限审批权,切实降低绿色金融企业实际授信利率,2019年可为绿色金融企业降低融资成本2 200余万元。

(三)通过推动绿色金融产品创新及融资担保方式加大对绿色金融支持

加大涉绿领域的金融产品研发力度,以产业链融资为切入口,支持绿色产业集群化发展;探索将符合政策导向、具有一定市场交易基础的环境权益及其未来收益权作为合格抵质押物。绿色金融试点以来,中国银行衢州市分行为DD公司办理了全市第一笔排污权质押绿色贷款;以"三农"为重点服务对象,以福农卡为特色产品为农户发放绿色贷款;以应收账款为质押品,为光明铁道办理质押贷款;以个人公积金缴存为基础,推广公积金快贷业务;推广中银税务通宝,推进小微企业绿色金融服务。自2018年年初以来对辖内绿色中小企业客户先后发放了中银税务通宝贷款13 042万元,有力地支持了符合绿色信贷政策的优质中小企业纳税客户的资金需求。

(四)开辟绿色金融授信审批快速通道,加大对绿色企业授信支持力度

中国银行衢州市分行2018年制定了绿色金融授信审批快速通道管理办法,设立了差别化的绿色信贷授信流程和权限,给予绿色项目绿色信贷审批通道,优先受理绿色信贷项目,随报随批。

服务案例:助力生态环境提升,大力支持环保重点项目

ZT公司成立后建设年产2万吨环保设备项目,设备主要用于大气污染治理。该公司成立后,中国银行衢州市分行即与该公司进行洽谈合作,并在项目建设时期支持项目贷款3 000万元,保证项目建设的顺利完成。项目投产后,逐步配套流动资金贷款,并根据公司经营增长情况逐步提高贷款额度,核定公司授信总量8 000万元,并在各项业务方面进行个性化的配套服务,促进公司不断发展。同时,在公司国际市场业务拓展过程中,推介相应的投标保函、预付款保函、履约保函等各项保函业务,促进公司业务推广;在公司产品出口收汇业务中,积极为公司设计相应的远期结汇等业务,帮助公司锁定汇率,避免汇率波

动对公司经营及收益的影响。

随着经营的较快发展,该公司的资金需求也逐步增长,同时也存在授信抵质押不足的难题,并且该公司为防范风险,不进行与其他企业的担保互保业务。在上述情况下,中国银行衢州市分行积极为该公司寻求担保创新,利用中银集团整体优势,积极推介引入中银保险公司投保,提高公司房地产的抵押折扣率,增加公司现有房地产资产的抵押额度;通过中银保险进行对应收账款的投保,根据公司业务及经营业务单位分别核定相应的额度,在应收账款信用保险的基础上提高授信额度,有效解决了公司担保方面不足的问题,有力促进了公司业务拓展及经营发展。

二、实践效果

在中国银行衢州市分行多年来的重点支持下,ZT公司积极进行技术的自主创新,不断拓展业务,与国内外行业龙头企业建立业务合作,实现了自身稳步快速的发展。

在授信业务合作支持过程中,中国银行衢州市分行助力 ZT 公司充分利用系统整体资源优势,实现银保联动合作支持企业,取得良好的效果。通过银保联动,既解决了企业资金需求的担保问题,也防范了担保链产生的潜在风险,同时创新了合作模式,为后续类似业务及其他业务的合作和拓展奠定了基础。

三、小结

中国银行衢州市分行通过优化结构,创新产品与服务方式,为助力区域绿金发展打下了坚实基础。针对环保重点项目,积极引入信贷资金,创新担保方式。有力促进企业快速跃升,美化生态环境,促进经济可持续发展。

助绿型·案例三

点燃创新引擎,服务绿色发展

[摘要]

人保财险衢州市分公司积极响应绿色金融改革号召,设立"绿色保险产品创新实验室",制定《绿色保险实施方案》,并配套成立了绿色保险事业部和绿色保险专营机构,加速了保险与绿色发展的深度融合,持续为衢州市绿色金融改革创新试验区建设贡献人保力量。本案例的亮点在于具有良好的推广普及价值,且公司与政府协同合作,大力推进网点转型升级,做到了优秀的风险控制,取得了经济效益与社会效益上的显著提升。

一、案例背景

2017年6月23日,衢州市获批"全国绿色金融改革创新试验区",这对保险业既是机遇,也是挑战。衢州市委和市政府出台《关于推进绿色金融改革创新试验区建设的实施意见》。

二、案例简述

人保财险衢州市分公司积极响应绿色金融改革号召,设立"绿色保险产品创新实验室",制定《绿色保险创新实施方案》,并配套成立了绿色保险事业部和绿色保险专营机构,围绕保险产品绿色化设计、保险模式绿色化转型不断探索。

(一)绿色标准助力夯实安环基石

2016年年底,人保财险衢州市分公司配合政府相关部门在全国率先推出了安全生产和环境污染综合责任保险(以下简称"安环保险"),首批在市本级71家化工生产及危化企业进行试点。在提供高额风险保障的同时,公司参与企业的过程风险管控服务,引入包括清华大学在内的四家第三方专业风险管理机构,为企业开展培训、日常巡查、专项检查等服务。同时,建设移动"安环云"平台,实现"线上+线下"融合,最大限度降低和化解危化行业的风险隐患,提升企业风险管理水平。

(二)电费月结助力营商环境最优

2019年5月,该公司优化用电营商环境综合责任险落地,运用保险产品解除了用电企业的质押担保,将电力部门原先一月多结的电费结算模式转变成一月一结,减轻企业的资金占用成本。目前,该项目惠及市级8 000多家企业,释放电费质押金近2亿元。

(三)电动车保险助力绿色生活

绿色出行节能环保又有益健康,已成为越来越多衢州市民的首选生活方式。2017年5月1日,《衢州市市区电动自行车管理规定》实施后,该公司主动参与推进衢州市首部地方立法落地服务,量身定制了电动自行车综合责任保险,投入大量人力物力开展电动自行车保险承保,为市区25.3万辆电动自行车办理了保险,承担保险责任近133亿元。

该保险根据市民绿色出行的需求和以往事故损失情况量身定制,采用"保险+管理"模式运行,不仅保费低、保障全,而且创新提供手机投保、赠送反光条、事故代步车、公益诉讼等多项服务内容,"警保联动""两站两员"等系列举措也处处体现了人性关怀。

(四)科技赋能助力升级"跑零次"

该公司积极响应市委市政府"最多跑一次"改革,践行"让数据多跑路,让客户少跑腿",不断推进金融服务优化,塑造保险业新形象。强化科技赋能,大力推进网点转型升级,增加自助打单机、交通违法自助办理机等智能设备布放,减少客户等候时间。优化业务流程,推广综合柜员制,实现"一窗受理,集成服务",不断提升客户体验。拓展服务内容,在行业率先推出机动车免上线年检、理赔夜市、行车路上有人保、心服务站等贴心服务,让客户享受到无微不至的关爱。扩大服务范围,主动与市交警部门合作,将车驾管服务覆盖市、县、乡各网点,方便百姓少跑腿;把人员派驻进市交警指挥中心,实现人员融合、技术融合,推行"快处、快撤、快赔",缩短交通事故处理时间。延伸服务触角,创新微信理赔、手机投保续保、预约安全检测等互联网应用场景,提升服务延伸度,实现"一次都不用跑"。目前,该公司已实现大部分业务电子化服务,部分业务实现"跑零次"。

(五)保障+扶持助力企业转型升级

在推动企业绿色转型的过程中,该公司发挥风险保障与资金供给的双重作用。保障贸易流通,服务企业走出去。积极开拓国内贸易信用保险,帮助化解贸易风险,每年承担风险保障超过30亿元。开展出口信用保险,鼓励出口企业大胆接单,为促进出口提供有力支撑。2017年以来,出口信用保险累计支持出口2.8亿美元。参与"一带一路"建设,加大海外业务的拓展力度,为出口货物运输风险、出境务工人员风险、企业海外资产风险提供全面保障,为企业走出去保驾护航。对接"中国制造2025"战略,助力衢州制造迈向高端,开办了首台(套)重大技术装备保险、新材料保险、专利保险等险种,服务先进制造业提档升级。同时,提供增信支持,助企减负增效。帮扶民营和小微企业成长,为企业和企业法人代表提供企业和个人贷款保证保险。目前,已累计为全市291家次企业、410人次企业主提供了2.81亿元融资担保。

(六)绿色农险助力乡村振兴

在创新开发绿色农业保险,助力乡村振兴的过程中,该公司的经验做法全国领先、有为有位。以全国首创生猪保险与无害化处理联动的生猪保险龙游模式、全国首创家庭农场小额贷款保证保险、全省首创"金伞"家庭农场组合保险和浙江省率先试点生猪价格指数保险为基础,探索创新地方特色险种和新型农业保险品种,推广价格指数保险、气象指数保险、地方特色农产品保险,先后开发了猕猴桃种植、茶叶气象指数、中华蜜蜂养殖、清水鱼养殖、中药材种植等10余个特色险种,为县域打造"一县一品"或"一县多品"发挥了重要作用。

针对"三农"融资难、贷款难,该公司率先在浙江省引入人保支农支小专属资金,重点支持绿色农业和生态农业发展,并以产品质量保证保险和产品可溯源机制助推放心农产品品牌建设。目前,已累计为31位农户融资1 997万元。通过"保险+融资"的支农支小新模式,实现了保险从单纯保障农业本体到扶持农业整体发展的转型。该公司创新"保险+信贷"模式,签订浙江省首笔生猪活体抵押贷款保证保险,帮助养殖户获得活体抵押贷款300万元。通过发挥保险的增信功能,既缓解了养殖户流动资金不足难题,又保障了银行贷款资金的安全。同时,该公司还为客户提供纯信用风险担保,解决部分群体融资难。2020年,为全市7.48万农户承担各类农业风险51.23亿元,所有病死畜禽实现无害化处理全覆盖,参保农户的获得感显著提升。

三、实践效果

(一)经济效益

1. 盘活企业资金流

优化用电营商环境综合责任险推出后,按照2018年度企业交纳电费近20亿元计算,实行电费月结后每年将为企业盘活约 10 亿元资金流,受到企业的一致好评,也得到了省市领导的肯定。

2. 助力企业转型升级

该公司发挥风险保障与资金供给的双重作用,服务企业走出去,帮助化解贸易风险,助力衢州制造迈向高端,开办了首台(套)重大技术装备保险、新材料保险、专利保险等险种,服务先进制造业提档升级。同时,提供增信支持,助企减负增效,帮扶民营和小微企业成长。

3. 助力乡村振兴

该公司首创绿色农业保险,助力乡村振兴。先后开发的猕猴桃种植、茶叶气象指数、中华蜜蜂养殖、清水鱼养殖、中药材种植等 10 余个特色险种,为县域打造"一县一品"或"一县多品"发挥了重要作用。通过"保险+融资"的支农支小新模式,缓解了养殖户流动资金不足难题,保障了银行贷款资金的安全。

(二) 社会效益

1. 为企业提供风险保障

安环保险试点 4 年多来,承保企业扩大到 716 家,保障从业人员达到 5.5 万人,提供风险保障达到 350 亿元,得到了企业的普遍好评,形成了全国首创的安环保险"衢州样本"。

2. 助力绿色出行

电动车保险已在衢州市复制推广,为市民绿色出行织起一道严密的防护网。电动自行车保险为实现"绿色出行、安全出行、文明出行"发挥了重大作用。

四、小结

人保财险衢州市分公司始终不忘初心、牢记使命,加速保险与绿色发展的深度融合,持续为衢州市绿色金融改革创新试验区建设贡献人保力量。

助绿型·案例四

构筑绿色体系,助力转型发展

[摘要]

近年来,江山农商行通过打造特色支行,进行公益宣传活动,构建全方位的绿色信贷政策,推出全覆盖的绿色金融产品,推进绿色金融流程提速改造,为支持传统产业转型升级打下了坚实的基础。本案例的亮点在于银行与政府部门协同合作。银行内部进行了组织建设,成功打造特色支行。与浙江金融职业学院合作,打造"绿色金融教育实践基地",

开展形式多样的绿色公益宣传活动和多形式的普惠讲坛活动,进行广泛的宣传推介,在经济效益与环境效益上取得了良好的提升。

一、案例简述

近年来,江山农商行深入贯彻绿色发展理念,积极投身衢州市绿色金融创新改革试验区建设,支持地方传统产业转型升级。

(一)走在前列,为绿色金融打造地方新样板

近年来,江山农商行先后出台了《江山农商银行绿色金融五年行动计划实施方案》《江山农商银行绿色金融行动计划(2018—2020年)》,并将绿色金融发展规划提入董事会议程;成立了绿色金融部,负责全面组织实施绿色金融创新管理、行业政策研究、制度和流程建立;规划特色专营网点,将营业部及峡口支行打造成特点显著的绿色专营支行;组建了绿色金融内训师队伍,培养绿色金融专业人才。与浙江金融职业学院合作,把该行打造成"绿色金融教育实践基地",进一步提升该行绿色金融的社会影响力;率先创建了"碳账户"标准,从绿色支付、绿色出行等多个维度计算账户积分,并将"碳账户"纳入积分管理体系,客户可直接线下、线上兑换和消耗积分,此标准在衢州地区进行了推广;积极上线省联社衢州办事处开发的绿色银行平台,实现了数据的自动抓取和可视化。开展形式多样的绿色公益宣传活动。发挥点多面广的网点和村级助农服务点的根深优势,持续开展"点对点"的走千访万活动和多形式的普惠讲坛活动,2019年以来,共组织开展了超过1 000余场金融和环保知识"六进"(进村、进企、进社区、进机关、进学校、进市场)活动,覆盖全市80%的城乡居民。

(二)积极有为,构建全方位的绿色信贷政策

构建全流程绿色信贷管理机制。江山农商行从绿色信贷专有化审批通道到绿色信贷差异化利率测算,建立了差别化的信贷调控体系。明确对绿色行业领域加大信贷支持力度,将环保一票否决制作为信贷准入的核心。同时,为激励支行加快绿色信贷投放进度,将绿色放贷指标等绿色金融指标纳入支行季度及年度考核。

构建差别化的信贷调控体系。该行在信贷行业投向方面,严格控制"两高一剩"行业贷款,积极做好行业贷款分类管理和行业跟踪监测。对化工、钢铁、水泥、造纸等传统支柱产业采取有序压缩、退出及惩罚性高利率。对环保工程项目、节能减排企业、绿色或蓝色企业开通绿色通道,采取授信倾斜、利率优惠、简化手续等,优化信贷资源配置,促进传统制造业绿色改造和产业升级。

构建精准化的绿色扶贫政策。充分利用扶贫再贷款等低利资源打造"光伏扶贫项目+""合作社+农户"等金融扶贫模式,2019年以来发放低收入农户贷款3 527万元,发放扶贫企业贷款2 850万元;与江山市农业局、财政局等单位开展战略合作,与63家集体经济薄弱行政村开展全面结对帮扶,除每年直接捐助315万元外,在信贷投入、最多跑一次、乡村治理、扶贫解困方面给予优先支持和资金投入。

(三)业务创新,推出全覆盖的绿色金融产品

构建"普惠化"的小额信贷产品体系。积极推广普及小额贷款移动办贷和"浙里贷"等

办贷模式,通过业务流程的绿色改造,全力打造"批发式授信、信用式放款和自助式办贷"的小额信贷品牌。

构建"多元化"的小微信贷产品体系。量体裁衣地推出"循环额度贷""电商贷""商标专用权质押贷款""税银贷"等更多批量式、便操作的担保方式和信贷产品。

构建"生态化"的金融保障体系。发展绿色农业产业链,针对蜂产业和食用菌产业特点,分别以"银行+企业+合作社+蜂农+电商"蜜蜂产业链和"银行+企业+下游经销商"的食用菌供应链服务模式,为核心企业分别授信,有效缩短食用菌企业和蜂农的应收账款周期。支持全域旅游和光谷小镇建设,对保安乡、廿八都镇的民宿和农家乐经营户开展集中授信,同时发放"光伏贷"。

构建"全覆盖"绿色金融服务渠道。优化"有温度"的线下服务渠道。实施"一村一中心"工程,重点推进以集"金融、电商、政务、民生"等服务于一体的丰收驿站为主的村级金融便民服务中心建设。截至2020年年末,全行320家丰收驿站,站点月均业务量达565笔;优化"移动化"的线上服务渠道。打造和开发"亲近信用"平台、"亲近助手"小程序,实现贷款申请、授信查询、代缴费业务、理财、积分兑换、网点预约、电子商城业务的线上"一站式"办理;优化"场景化"的智慧支付渠道。积极对接"智慧城市"建设,加强IC卡行业推广应用,积极推进智慧驾校、智慧校园、智慧旅游、智慧菜场、智慧商圈等项目工程,为人民群众提供更加方便快捷、智能化的综合服务。

(四)流程梳理,推进绿色金融流程提速改造

提高办贷效率。一是授信流程限时办结。存量贷款授信提前一个月即完成;新增授信,除提交授信管理委员会集体审批的大额授信以外,风险经理的现场调查、审查一般均要求在2个工作日内完成。二是用信环节流程简化。通过信贷档案管理、贷款审批的电子化打造、小额贷款调查报告表单化等手段,不断地提高办贷效率。同时精简客户资料的提供要求,针对不同企业类型贷款,将客户提供的资料平均控制在9份以内。三是担保条件适度放宽。在对绿色企业授信过程中,在充分分析客户水费、电费、税费、工人工资、银行流水等佐证第一还款来源依据充足的基础上,探索突破传统抵、质押品的限制,开办如应收账款质押贷款、仓储质押贷款、税银贷、商户流水贷等贷款产品,最大限度地盘活企业资产。

推动"最多跑一次"实践改革。一是成立浙江省首家"税银互动一体化网点",进一家网点办成银行、国税、地税三家的事,让纳税人原先至少需要跑三次才能办好的税款入库扣款业务变成当前"最多跑一次"。二是推行银行网点社保业务"一窗式"办结。整合社保业务和银行业务,推行社保卡申请、挂失、参保缴费等业务"四事联办",以"一窗受理、集成服务",实现19个乡镇网点"一窗式"办结全覆盖,首次参保客户由原先的至少跑三趟到目前"一窗式办结"。三是拓展网点工商登记新功能。借力"浙江省工商全程电子化登记平台",联合推出"百个网点设专窗,工商登记不出村"服务,在江山农商行42个营业网点,58家丰收驿站设立代办营业执照专窗,将企业注册窗口延伸到创业者的家门口,实现"百个网点设专窗,工商登记不出村",让江山创业者普遍能够享受到就近办、多点办、简约办的便利,满足了企业从注册筹备到日常经营金融服务的全方位需求。四是推广居住证申领"最多跑一次"。通过将申领工作延伸到该行12个网点窗口,为申领居住证的新江山人提供方便。

（五）畅惠小微企业，"贷"来绿色升级

江山市素有"中国木门之都"之称，木门加工产业已成为江山经济社会发展的主导特色产业，以前70%以上的从业企业都是无环保资质的低小散作坊式工厂。2018年，江山市对木门行业进行转型升级改造，中小型木门企业唯有更新设备技术，取得环保资质才能生存发展。为此，江山农商银行推出了"绿融贷"贷款产品，有效解决木门企业转型升级过程中购买设备需一次性投入资金的难题。

二、实践效果

江山农商银行推出了"绿融贷"贷款产品，以门业为突破口，涵盖其他绿色制造行业，为企业提高产出、降低能耗、减少污染提供了资金保障，推动地方主导产业转型升级。环保成效显著，大大减少了对环境的污染及人员的伤害，降低了企业生产能耗，减少了人工成本，大大提高了生产效率。每年至少降低45%的粉尘黑烟排放量，节约标准煤1.07万吨，可减少二氧化碳排放量191吨。

三、小结

近年来，江山农商行深入贯彻绿色发展理念，积极投身衢州市绿色金融创新改革试验区建设，将普惠金融的良好基础与绿色金融的创新元素积极融合，探索建立区域性绿色金融服务体系，支持地方传统产业转型升级。

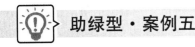

发力绿色金融，助推产业转型升级

[摘要]

为扎实推进绿色金融改革创新试验区建设，金华银行衢州分行紧紧围绕市委、市政府和监管部门的决策部署，积极探索"两山"理念在金融方面的实现方式。建立标准化体系，完善金融绿色政策，进行产品探索，创新绿色信贷发展新模式，特别是以绿色活体贷助力禽畜养殖户转型升级。目前绿色信贷发放规模逐渐扩大，绿色金融服务水平逐渐提升，有效解决企业首贷难问题。本案例的亮点在于对风险进行分类管理和审查，进行了风险控制。银行成立了绿色金融中心，进行了内部组织建设，从而提高效率，推进绿色金融建设。

一、案例背景

为扎实推进绿色金融改革创新试验区建设,金华银行衢州分行紧紧围绕市委市政府和监管部门的决策部署,积极探索"两山"理念在金融方面的实现方式,以"金融引领绿色发展、服务实体经济、支持传统产业绿色改造"为导向,主动加大改革创新力度,深入践行绿色金融各专项任务,为衢州美丽大花园建设贡献金融力量。

二、案例简述

(一)建立标准化体系,完善金融绿色政策

1. 编制发展规划,布局绿色发展蓝图

通过理念创新,布局绿色发展蓝图,根据《浙江银行业绿色金融行动计划(2018—2020年)》编制《金华银行衢州分行绿色金融行动计划(2018—2020年)》,明确绿色金融战略实施规划,将绿色金融工作作为金华银行衢州分行建设特色银行的一项重要举措。

2. 完善考核机制,强化政策激励

一是建立专项考核激励制度,实现绿色贷款与内部管理考核指标挂钩,如将绿色贷款纳入绩效考核指标,建立差别化的经济资本占用考核指标。同时与各支行和分行各业务部门签订专项考核目标,小微绿色信贷和普惠金融等业务制定考核目标和奖励办法,有效促进金华银行衢州分行绿色信贷业务的发展。二是进一步完善该行绿色贷款分类及统计功能。根据贷款 ABC 分类标准,将客户分类标识嵌入信贷管理系统,实现所有企业信贷客户的分类统计功能;同时根据人行《关于建立绿色贷款专项统计制度的通知》要求,增加信贷业务识别标识,将用途符合绿色贷款分类的 12 项贷款以及环境、安全等重大风险企业 4 类贷款进行标识,加大对绿色贷款认定统计功能的灵活运用,通过调整信用等级,优化绿色信贷结构。三是于 2017 年 7 月制定了《金华银行衢州分行绿色信贷实施意见》,明确了组织管理、流程管理及内控合规管理,使绿色信贷发展更加规范有序,单列了绿色信贷规模,明确了对绿色经济、循环经济和低碳经济的信贷支持,同时还将环保政策法规融入授信准入客户选择、授信评审、投向管理和贷后管理的各个流程中,实行"环保一票否决"制;并制定了重点行业客户的环境和社会风险清单,对存在重大环境和社会风险的客户实行名单制分类管理。对未通过节能评审,或经环保部门认定的污染物排放违规和不达标的企业将不予准入,如存量客户将根据"有保有压"的原则,逐年给予压降。四是根据分行绿色金融推广计划,绿色信贷余额占比达 50% 以上且不得低于上年末占比的按实际完成率计算得分。

3. 明确责任分工,完善组织体系建设

在建立组织机构方面,2017 年 11 月 30 日成立了绿色金融工作小组,2018 年 9 月 30 日成立了以行长为主任、分管行长为副主任、有关部门人员为成员的绿色金融中心,中心下设办公室,业务管理部负责人为办公室主任。绿色金融中心主要工作是指导各支行及分行部室围绕衢州绿金委提出的"三四五"专项任务工作要求,以新时代做好"三农"工作为总抓手,积极创新金融服务乡村振兴,充分利用金华银行衢州分行各项金融资源,多层次、广维度、深触角地推进绿色金融工作,量质并举。

(二) 以产品为导向,助力衢州企业绿色转型

通过产品创新,助推企业绿色转型,抑制对污染性行业的过度投资,引导社会资金进入节能环保、再生资源、清洁能源、新能源等绿色产业,以金融杠杆撬动企业乃至行业的绿色转型。一是打造"林权抵押"贷款"金名片"。为盘活森林资源,拓宽林业融资渠道,促进"林"字号中小企业转型升级。二是推出"惠农贷"产品,帮助解决农户融资难问题,努力提升支农惠农金融服务水平,促进农户绿色产业转型升级。除此之外,陆续推出了小固贷、税信贷、小微通循环贷、租金贷、供应链融资等十多种绿色金融产品,帮助绿色企业和项目拓宽融资渠道。不同类型、不同行业的小微企业可根据各自实际情况以信用、保证和抵(质)押等方式,满足自身不同的业务需求。三是无还本续贷产品推陈出新,为降低绿色金融企业转贷成本,根据不同小微企业的信贷需求、风险特点和行业类别,先后推出续贷宝、年审制、转贷宝等无缝对接产品,受惠客户面广。

(三) 创新绿色信贷发展新模式,促进绿色金融发展

为扎实深化"最多跑一次"改革,金华银行衢州分行通过创新业务流程、简化业务程序,2019年,面向按时进行税务申报的小微企业推出了"税信e贷",推动银税信息联动,鼓励企业诚信纳税。该产品有效解决了企业首贷难问题,使客户只需跑一次银行开立企业结算账户,其他的均可通过关注"金华银行小微金融"微信公众号,按照提示操作,即可在线完成申请、合同签约、核定额度、放款、还款等操作,最快15分钟即可知晓额度,高效便捷地为绿色小微企业提供金融"零钱包"服务。

(四) 绿色活体贷,"贷"动禽畜养殖户转型升级

2019年6月14日,金华银行衢州分行向衢州市某农业开发有限公司发放了全省首笔鸭子活体抵押贷款。这是金华银行衢州分行加大对畜牧业的信贷投入、缓解禽畜养殖户融资困境的贷款新模式,为破解禽畜养殖企业融资困境提供了一条新途径,扩大农村贷款主要担保抵押物范围,挖掘释放"三农"抵押担保潜质,特别是动产抵质押潜能,让活体资产真正"活"起来,大大推进禽畜养殖户的绿色产业升级。

衢州市某农业开发有限公司主要从事鸭子及甲鱼养殖,以自营农场形成生态圈,鸭子产生的粪污作为有机肥浇灌农场农作物或喂养鱼塘甲鱼,属于环保家庭养殖场,金华银行衢州分行在走访企业时了解到公司在养殖甲鱼的同时也在进一步扩大鸭子的养殖规模,但由于缺乏有效抵押物,无法筹集资金扩大规模。

针对养殖户融资难问题,经多次研讨后拟定《金华银行衢州分行"畜牧贷"授信业务实施细则》,并向总行报批通过。客户经理到现场察看抵押物"鸭子"的情况,包含相关检疫检验证书,了解市场行情,确保在把控风险的前提下,扎实推进"活体抵押"贷款,先后历时两个月的时间,终于成功发放了首笔贷款。

该行"畜牧贷"产品是面向从事猪、牛、羊等活体畜禽生产养殖的小微企业、专业合作社、家庭农场、农户,贷款额度根据借款人的抵押物价值、信用状况和还款能力等综合因素确定,实行不同档次利率优惠。

该行"畜牧贷"通过总量控制、落实浙江省政策性农业保险等模式措施控制风险,且为进一步控制风险,还引入了保险公司,在抵押物发生意外死亡时予以赔付,解决养殖户的后顾之忧。

下一步,该行将加大"畜牧贷"的营销推广力度,对县域地区的畜牧养殖户进行摸排,对符合绿色信贷条件并有资金需求,用于活体禽畜养殖及禽畜养殖相关的支出,包括但不限于环保基本建设、环保设备购置、技术改造、新建/改建/扩建环保工程设施方面的养殖户提供融资渠道,不断提升绿色金融服务水平和服务能力。

三、实践效果

截至2020年12月末,金华银行衢州分行共投放绿色信贷12.97亿元,较2019年同期增长2 133万元,增幅1.67%,占所有贷款的54.65%。

自2010年开始,金华银行先后在常山、开化等县市累计发放了林权抵押贷款12 250万元,推进衢州市绿色产业发展,也提升了自身的绿色金融服务水平。至2020年12月末,累计发放惠农贷12 021.65万元,累计通过无缝对接产品续贷21.39亿元,累计发放"税信e贷"10 231.92万元。

四、小结

金华银行衢州分行将继续积极贯彻落实国家政策,主动履行社会责任,不断健全绿色信贷组织管理,通过对绿色信贷的机遇和风险分析,引导全行推行绿色信贷,把绿色信贷融入全行信贷政策和经营理念,不断优化全行的信贷结构,在实现银行自身健康发展的同时,促进经济社会与资源环境协调、可持续发展。

助绿型·案例六

提升绿色金融服务能力,助力地方绿色经济发展

[摘要]

中国农业银行衢州分行坚持绿色发展理念,以衢州市绿色金融改革创新试验区建设为路径,立足当地实际,着力提升绿色金融服务水平,不断完善绿色标准识别认定机制,优化提升绿色流程和倾斜政策,丰富绿色产品体系。建设了完善的绿色信用体系,积极支持了地方绿色项目、企业建设的绿色金融需求,助力地方绿色经济发展。本案例的亮点在于银行与政府协同合作,并从服务体系、绿色标准识别认定机制等方面积极进行组织建设与信用体系建设。

一、案例背景

发展绿色金融是贯彻五大发展理念、服务经济转型升级的重要举措，也是落实供给侧结构性改革必然要求。中国农业银行衢州分行坚持绿色发展理念，以衢州市绿色金融改革创新试验区建设为路径，立足当地实际，着力提升绿色金融服务水平，不断激发绿色金融动力，助力地方绿色发展。

二、案例简述

（一）不断延伸绿色金融服务体系

该分行成立了绿色金融领导小组和绿色金融事业部，以绿色金融发展规划为指引，在组织管理、规模配置、流程规范、监督考核等方面进行实践努力，战略性推动全行绿色金融的发展。成立绿色金融示范（试点）行工作推进领导小组，以"四专"建设为抓手推动专营、示范支行网点的建设，揭牌绿色专营支行，打造农行绿色金融样板。2019年将龙游支行、衢江支行营业部纳入系统内绿色示范创建点，提升绿色金融服务功能，将绿色专营体系的触角进一步向县域支行、网点延伸，逐步构建"1+1+N"的绿色金融服务体系。

（二）不断完善绿色标准识别认定机制

2018年年初，中国人民银行总行建立起了绿色贷款专项统计制度，作为服务实体经济的国家队、主力军，中国农业银行衢州分行2018年开始绿色评价识别体系建设的探索，建立规范化统一口径的绿色评审标准，对绿色企业、项目的认定标准，绿色调查、审核、审批流程和各环节岗责，系统绿色标识标注、跟踪评价及退出机制采取标准体系管理。统一全行绿色企业项目调查和贷后监控要素，出台《中国农业银行衢州分行绿色信贷业务判定及流程办法（试行）》，最大限度保证绿色项目、企业认定的准确性，强化绿色信贷统计数据的精准，引导信贷资金向绿色可持续发展产业倾斜，推动企业生产向绿色循环低碳转变。同时进一步引导绿色企业的环境和社会风险责任，和列入绿色企业的客户——签订环境和社会风险责任承诺书，同时通过风险预警监控常态机制和企业重大环境风险报告机制，对绿色不达标企业取消相关倾斜政策。

（三）不断优化提升绿色流程和倾斜政策

通过专配规模、简化流程和强化考核，提升办事效率，加大绿色信贷投入力度，优先保障重点领域绿色资金需求。深入推进"最多跑一次"改革，建立绿色信贷重点项目库，为绿色企业和项目提供一站式服务，推行前后台事前联合会诊、平行作业等机制，评级、授信、用信同步办理，提前介入绿色信贷业务，提前导入政策制度，提前跟进风控措施，缩短流程，提高效率，为绿色重大项目专辟绿色申报审批通道。在简化支付结算上，分行不断丰富掌银、网银的业务功能，推广零见面预开户、智慧场景建设，不断优化客户的线上支付体验。

在信贷政策上，中国农业银行总行对衢州绿色金融改革创新试验区在化工、造纸等传统支柱产业转型升级上给予倾斜信贷政策，在授（用）信上对特种纸行业、精细化工方面给予区域差异化扶持。

在信贷规模配置上，2017年9月，中国农业银行浙江省分行与衢州市政府签订500

亿元的意向信用战略合作协议框架，金华银行衢州分行与绿色产业集聚区签订了60亿元的专项意向信用额度，围绕绿色制造、绿色城镇化、绿色交通、绿色能源、绿色农业、五水共治、生态旅游、节能环保、创新平台、电子商务十大绿色产业，重点满足集聚区内的投资环境建设、新入园绿色企业及传统企业绿色改造转型的融资需求。在利率上，给予绿色企业项目更为优惠的利率定价，对于一般绿色普惠企业可给予基准利率。

在考核激励上，把绿色信贷市场份额、产品（服务）模式创新、社会效益、绿标准确性等多项指标列入全年绩效考核目标，按季监测、全年考评通报，制定绿色专营支行专项评价方案，专项配置工资和费用进行激励，充分调动绿色信贷的服务积极性。

（四）不断丰富绿色产品体系

呼应衢州建设重大部署以及"最多跑一次"改革，率先构建绿色金融产品体系，推出绿色项目、绿色投行、绿色普惠、绿色支付、科技金融五个产品系列，紧扣政府经济发展导向，创新推出"五水共治贷""美丽乡村贷""特色小镇贷""富村贷""效能贷"等绿色金融产品。同时针对企业个性需求推出融合服务，实施"绿色信贷＋绿色投行"，综合运用银团贷款、投资基金、债券票据、资产证券化等融资工具，通过PPP、产业基金等方式，引导金融资本、社会资本参与自然生态、绿色环保、运动休闲、智慧应用"四大本底"建设。借助互联网思维，积极推广"惠农E贷""小微网贷""微捷贷""数据网贷""政采贷"等产品，通过"线上＋线下"两条腿收集、筛选、分析数据，实现全流程线上自助。加强与绿色农产品龙头企业合作，创新线上供应链金融等新兴金融服务模式。大力推广以聚合码支付、电子汇票、惠农通、银医通、银校通为重点的绿色支付方式，全面提升结算数字化程度。

三、实践效果

近年来，先后为九景衢铁路、衢宁铁路、龙游六春湖客户索道等绿色交通项目授信52亿元，已投放18亿元；为万亩水田、高坪桥水库、衢江抽水蓄能电站、天华新能源、龙游河道疏浚、小溪滩水利枢纽等水利及清洁能源项目授信48亿元，已投放10亿元；为衢江区小城镇治理、龙游五水共治提升、光大环保垃圾发电等城市环境治理项目授信14亿元，已投放6亿元；满足了多个企业的绿色技改、生产资金需求。

截至2019年6月末，全行绿色贷款余额94.56亿元（含衢标），其中国标绿色贷款余额77.75亿元，比2017年年末增长45.39亿元；绿色贷款占比（含衢标）31.24％，其中国标绿色贷款占比25.68％，比2017年年末增长12.62个百分点。

四、小结

中国农业银行衢州分行围绕衢州市绿色金融改革创新试验区建设以及传统产业转型升级等重大决策部署，积极支持地方绿色项目、企业建设的绿色金融需求，并完善了绿色信用体系建设，成功助力地方绿色经济发展。

助绿型·案例七

衢州绿色金融支持"五水共治"，助推经济绿色发展

[摘要]

2014年以来，衢州市金融机构将支持"五水共治"、实施"金融治水"作为化解产能过剩、助推经济转型的重点举措，通过做大资金池，采取强化政策支撑、对接融资需求、创新信贷产品、优化金融服务等一系列综合措施，有力推动"金融治水"资金池、项目库、示范点和服务网建设，积极构筑"金融治水"的新支撑体系。本案例的亮点在于衢州市金融机构与政府、农户、试点银园协同合作，有效助推全市"五水共治"，在浙江省走在前列，出境水质全年保持优秀。

一、案例背景

2013年11月召开的浙江省委十三届四次全会提出，要以治污水、防洪水、排涝水、保供水、抓节水为突破口倒逼转型升级，并采取分步实施。衢州作为浙江省母亲河——钱塘江的源头，是美丽浙江的生态屏障，肩负着"一江清水送杭城"的重任，衢州市委、市政府围绕省委提出的"狠下一条心，再干五年"和"决不把污泥浊水带入全面小康"的要求，提出"一年治黑臭、两年可游泳、三年成风景"的治水目标，推行源头地区"五水共治"标准化、规范化、体系化、常态化建设，形成"标准高、发力准、机制好、转型快"的治水态势，切实践行"一江源头筑屏障、一江清水送下游"的承诺。

2014年，衢州市被确定为浙江省绿色金融综合改革首个试点市，为认真落实"五水共治"的工作部署和要求，衢州市金融系统在人民银行衢州市中心支行（以下简称"人行衢州市中支"）等金融监管部门的引导下，将绿色金融与"五水共治"紧密结合，采取积极措施，充分发挥金融杠杆作用，助推衢州绿色发展。

二、案例简述

（一）构筑政策支撑，做大"金融治水"资金池

一是推行差别支持政策。人行衢州市中支专门出台信贷指导意见，明确将"五水共治"作为信贷支持重点，引导各金融机构将"五水共治"领域融资纳入年度信贷规划，作为重点支持对象，明确对符合国家产业和环保政策、符合经济转型升级方向的节能、环保型产业及河道治理、生态防洪等农田水利建设项目给予信贷倾斜。2019年以来，农商银行、金华银行等多家机构的年度信贷投向政策指导意见明确将"五水共治"信贷作为投放重点

领域,农发行对"五水共治"项目实行"三优先",即优先受理、优先调查评估、优先安排资金规模,专设1亿元"五水共治"专项信贷资金。同时,按照"五水共治,治污先行"思路,对"两高一剩"行业严格控制新增贷款发放,对原有贷款逐步压缩、收回;结合河道整治,排查涉及采砂整治企业和经营户贷款,实行名单管理;对石灰立窑、石灰钙加工企业实施"有保有压"区别政策对待;对不符合国家产业和环保政策的项目,实行一票否决制。截至2016年年底,全市"两高一剩"行业贷款余额207.95亿元,贷款客户数量1 671户,分别比2016年年初下降32.05亿元和305户。

二是扩大专项信贷规模。专列信贷规模,对地方政府重点推动"五水共治"项目予以专项支持。如中行浙江省分行与水利厅签署协议,三年内提供150亿元授信额度用以支持"五水共治"重点项目;农行衢州分行专门规划出信贷规模支持"五水共治",近年来,该行共向衢江河道疏浚等9个"五水共治"项目发放贷款5.08亿元。

三是提高信贷优惠幅度。引导金融机构对"五水共治"贷款利率实行优惠定价,切实降低项目融资成本。目前柯城农商行为涉及"五水共治"的企业开通绿色通道,提高审批效率,并给予20%~60%的利率优惠,对被列为帮扶类的企业实行不抽贷、不压贷,积极增贷。

(二)对接融资需求,做优"金融治水"项目库

一是深推银政合作。引导金融机构主动与地方政府及相关职能部门对接,全面了解辖内"五水共治"建设规划、政策措施和项目安排,积极呼应工程建设中的各类金融需求。近年来,该市金融机构根据政府推荐的"五水共治"项目名单,对项目承贷主体以发放项目贷款或农村综合开发贷款形式予以大力支持。

二是复制银村合作。以连片服务形式积极对接"五水共治"中的农户方资金需求,通过实行一次授信、上门签约、循环使用、随用随贷的便捷措施,创新实施"整村批发"农户贷款一站式服务模式。

三是试点银园合作。结合各工业园区内"五水共治"项目资金需求,对于融资总量大的项目,积极向上推荐,进一步加大上级行对"五水共治"项目资金支持力度。

(三)创新信贷模式,做亮"金融治水"示范点

一是创新信贷产品匹配资金需求。自"五水共治"实施以来,各金融机构针对融资主体实力及需求先后匹配推出信贷产品10余项。

二是创新担保方式匹配信用实际。为全面提高申贷率,在持续完善房地产抵押和担保等传统方式外,创新推广第三方担保、其他资产抵押及信用贷款等模式。

三是灵活还款方式匹配还款实际。为减轻企业到期融资还款压力,金融机构创新推出循环额度贷款,即在核定授信总额及有效期限内,当客户在贷款到期日出现暂时流动性困境时,可在未偿还贷款本金不超过授信总额及期限内随贷随用,实现还款与续贷的无缝对接。

(四)优化金融服务,做强"金融治水"服务网

一是优化审批流程,提高资金投放效率。对"五水共治"贷款开通绿色通道,实行限时办结等举措,全面提升调查、审批、放款效率,同时全面下放节能环保企业、项目的信贷审批权限,为贷款发放提速。2019年以来,泰隆银行对治水项目全面推行"三三制"服务,承诺老客户贷款3小时以内解决,新客户3天内给予明确答复。同时充分授权,通过对业务流程改进,实现72%的业务审批在一线完成,90%以上贷款在半天内办妥。

二是优化服务团队,提高服务专业性。引导各金融机构围绕自身在人力、机制、服务等方面的比较优势,为"五水共治"提供专业化配套金融咨询服务,如农行衢州分行组建项目金融服务专业团队,开展"五水共治"专项营销,以现金流全覆盖的商业性项目和财政投入先支后收的项目为重点营销目标,配套融资方式筹划、造价咨询等服务,目前,该行共向衢江河道疏浚等9个"五水共治"项目发放贷款5.08亿元。

三是优化考核导向,提高服务积极性。对"五水共治"类小额农贷在不良贷款责任认定上给予一定的容忍度倾斜,并适度调高在考核指标中的权重,鼓励信贷人员加大对"五水共治"类小额农贷的资金支持力度。各金融机构针对水资源治理具有融资规模大、回报周期长等特点,在表内信用支持基础上,综合运用票据、理财等多种表外信用支持,增加对水资源利用和保护领域的投入,截至2016年年底,通过表外信用支持"五水共治"的贷款余额为1 700万元。

三、实践效果

衢州市金融机构通过支持"五水共治",不仅拓宽了信贷投放领域,同时也充分体现了金融机构的社会责任。近3年来,全市金融机构支持"五水共治"项目300余个,贷款余额18.6亿元,有效助推全市"五水共治"在浙江省走在前列。

衢州市2014—2016年连续三年荣获浙江省"五水共治""大禹鼎"工作优秀市,全市9个"水十条"国家考核断面、13个省控断面、21个市控以上地表水断面、5个跨行政区域交接断面、7个集中式饮用水源、144个乡镇交接断面水质达标率保持100%,出境水水质全年保持优秀,是浙江省唯一一个水环境质量考核不失分的地级市。

四、小结

衢州市金融机构通过支持"五水共治",积极开展各方面合作,创新信贷模式,优化金融服务,不仅拓宽了信贷投放领域,同时也充分体现了金融机构的社会责任,显著改善了衢州水质。

金融支持传统制造产业绿色转型升级

[摘要]

轴承产业是常山县工业经济的重要支柱产业。但近年来,受其他轴承生产区域同质化竞争影响,常山县轴承产业规模收缩明显,企业利润受到较大幅度冲击,亟待转型升级。常山县金融系统通过加大信贷投入、为轴承企业量身定制金融服务等方式,助推常山县轴承企业走上绿色节能化、产业集群化、精端高效化的转型升级之路。本案例的亮点是在金融系统的帮扶下,轴承产业在经济效益、环境效益上取得了显著提升。

一、案例背景

常山县是浙江省轴承产业的重要集聚区,截至 2011 年年末,该县规模以上轴承企业达 20 家,累计实现工业总产值 14.88 亿元,拥有各类轴承成品生产能力 1.1 亿套、轴承车加工生产能力 1.5 亿套、锻加工能力 1.2 亿套、保持器生产能力 1.5 亿副、钢球生产能力 1 800 吨,滚子生产能力 6 亿粒,形成了较为完整的产业链条。然而,常山县轴承企业整体上仍处于产业链的中低端,产品附加值较低、污染能耗大,发展的可持续性不强。2015 年常山县规模以上轴承企业的总产量 2 932 万套、总产值 13.62 亿元,分别比 2011 年下降 58.36% 和 8.43%;利润总额仅为 1 563 万元,比 2011 年下降了 75.66%,且亏损企业数量由 2011 年的 1 家上升至 10 家。具体表现包括:轴承行业产业链较短,企业协同发展意识欠缺;轴承产业低端同质化竞争严重,规模以上企业带动能力有限;企业生产耗能偏高,污染物排放量偏大。

二、案例简述

常山县金融系统响应政府"培育百亿轴承产业"号召,加大对轴承行业绿色转型升级的支持力度,提供优质多样化金融服务,为常山县打造国内圆锥滚子轴承生产基地、中大型轴承精锻基地提供有力保障。

(一)明确信贷支持重点,保障绿色转型资金需求

近年来,人行常山县支行先后出台《金融支持常山县经济转型升级的指导意见》《关于 2017 年推进绿色金融加大支持县域经济发展的行动方案》,面向金融系统开展绿色金融劳动竞赛,引导金融机构深入践行"绿色信贷",坚决退出不符合国家产业政策、产能落后轴承企业,逐步退出高污染、高耗能轴承企业,重点支持轴承产业龙头企业做大做强,支持配套企业绿色转型升级,推动轴承产业集群发展。截至 2017 年 8 月末,常山县金融机构向轴承产业提供的贷款余额为 4.66 亿元。常山县轴承产业贷款在 2016 年制造业贷款下降的局面下,反而实现新增贷款投放 1 200 万元。

(二)创新多样化金融产品,降低企业融资成本

常山县金融系统着力推出与轴承企业生产经营相契合的信贷产品。

一是创新还贷方式。该县银行业金融机构根据常山轴承企业固定投资大、一次性还本付息压力大的特点,将企业机器设备、土地、厂房等固定资产捆绑纳入担保抵押物范畴,由企业按月还本付息。

二是创新贷款操作模式。该县银行业金融机构相继推出与企业一次性签订循环贷款借款合同,在合同有效期限内,根据生产经营需要随时办理提款和还款业务的信贷产品,操作灵活、手续简便。

三是创新转贷服务。为了破解企业贷款到期资金周转难题,切实减轻企业财务成本,该县银行业金融机构运用国资 7 000 万元企业应急专项资金,按 7.08% 的年利率向企业按天收取利息,帮助企业归还到期贷款以待续贷。

(三) 拓宽直接融资渠道,引导轴承企业新三板挂牌上市

常山县将企业挂牌上市作为推动轴承产业转型升级的重要抓手,对其给予财税、金融等多方扶持。2016 年 7 月常山某汽车轴承公司与国融证券举行新三板挂牌签约,成为常山县轴承产业首家"新三板"挂牌上市的企业,有助于企业提升信誉、提高标准化及市场化水平,加快转型升级步伐。

三、实践效果

(一) 绿色节能化

常山县打造高端装备制造业小镇——"云耕小镇",以"工业+旅游+文化+社区"为创建理念、以 SKF 中国滚子轴承生产基地项目为产业基础、以"耕种收"全系列高端农机为特色,有效推动常山县轴承产业绿色节能化发展。此外,轴承企业通过创新驱动、技术研发,生产效率明显提高,节能降耗效果显著。如常山某轴承有限公司研发的全国首条中大型轴承锻造自动化生产线,生产线日产量已达 6 000 多套,采用多工位同时工作模式,使生产设备减少近一半,生产效率提高 2~3 倍,操作人员减少 72.7%,电耗降幅超 20%;浙江某轴承有限公司利用峰谷电价特性,自主研发自能球化退火炉,在谷电低价位时加热、峰电高位时保温,节省 1/3 用电成本。2016 年,该企业单位产值能耗比 2015 年下降 26.53%。

(二) 产业集群化

截至 2017 年 8 月末,常山县共有 121 家轴承企业,其中,规模以上轴承企业有 15 家,轴承产业区域集群化明显。此外,常山县轴承行业发挥龙头企业标杆作用及产业链联动作用,以整机生产带动零配件制造,由轴承企业为行业龙头企业提供下游配套服务,拉长轴承行业产业链。如浙江某农业科技公司将农机生产的部分轴承零部件由原来的日本进口转为由常山县轴承企业配套生产;浙江某机械公司自主研发旋耕机,向整机领域进军,带动常山县部分轴承企业及配套企业发展,新的产业集群已然成型。

(三) 精端高效化

常山县轴承企业加强与国际轴承产业巨头合作,创新研发精端轴承产品及生产技术,使得利润水平明显提升。2016 年常山县规模以上轴承企业新产品工业总产值 3.35 亿元,同比增长 21.90%;规模以上轴承企业的平均利润为 237.94 万元,比 2015 年提高 234.91%。此外,规模以上轴承企业亏损总额为 889 万元,同比下降 40.01%。如常山县某轴承企业与 SKF、FAG、NSK 等国际轴承行业巨头合作,获得 8 项实用新型专利,每吨钢材生产的产品销售额由原来的 1 200 元左右提升至 2 000 元左右,提升幅度近 70%。

四、小结

在常山县金融系统的支持下,轴承产业走出一条节能环保、规模集群、精端高效的绿色可持续发展之路。

流程篇

衢州绿色金融的探索与实践

专家点评

随着绿色金融探索实践的不断深入,衢州市相关金融机构与代表性企业在规章制度、组织架构、业务流程、产品创新等方面推陈出新,在经营活动中兼顾生态环境保护和社会公众利益,履行社会责任,不仅推动了绿色金融事业的蓬勃发展,也逐渐由单一绿色金融产品的开发推广转变为商业模式和业务流程的全面再造。一方面,通过主动对接当地发展需要,定制绿色金融产品、明确支持的项目类型与准入标准,形成专业的金融配套服务;另一方面,在尽职调查、审查审批、授信检查等环节中严格落实相关业务合规开展要求,强化业务管理,为金融支持绿色转型做好保障工作。从代表性案例可以看出,现有的许多模式和流程创新在经济效益与环境效益上取得了显著提升,具备较高的可复制性与可推广性。

——**李志青** 复旦大学绿色金融研究中心执行主任

助企型·案例一

支持企业环保设备制造,助力企业加快绿色发展

[摘要]

中国银行衢州市分行落实国家环保政策,重点支持环保产业发展;全方位配套支持重点环保企业;创新担保方式,帮助重点企业解决融资担保问题。本案例的亮点在于企业与浙江大学、国际环保行业龙头企业建立合作,实现银保联动。

一、案例背景

当前我国环境污染,特别是大气污染对人们工作生活产生了不利的影响,环境保护,包括大气污染治理成为当前的重要工作,国家从多个角度和方面加强环境保护和污染治理的力度。同时金融机构在国家绿色金融政策指导下,积极开展绿色信贷工作。中国银行衢州市分行根据国家相关指引及上级行对绿色信贷的要求,将符合国家环境经济政策和产业政策,研发和生产治污设施、从事生态保护与建设的行业与企业列为重点支持对象,促进企业逐步建立在国内领先的基础上,步向国际市场,取得明显成效。

二、案例简述

(一) 落实国家环保政策,重点支持环保产业发展

作为"绿色金融"的重要组成部分,中国银行衢州分行(以下简称衢州中行)积极研究制定落实绿色信贷政策。在授信审批中实行"环保一票否决制",将环境安全因素落实到贷前、贷中和贷后管理各个环节,重点支持有利于环保、生态环境改善的清洁能源、污水处理、垃圾处理、电厂脱硫除尘、河湖整治等项目。ZT公司主要从事大气环境治理设备制造,符合国家环保战略及衢州中行授信重点支持范围,衢州中行将该公司列为重点支持目标,对公司成立后的项目建设及日常经营给予了重点支持,从产品配套及创新担保条件等方面进行扶持,充分落实贯彻执行绿色信贷的要求。

(二) 全面全方位配套支持重点环保企业

ZT公司建设年产2万吨环保设备项目,主要用于生产大气污染治理设备。衢州中行在公司项目建设时期支持项目贷款3 000万元,保证项目建设的顺利完成。项目投产后,逐步配套流动资金贷款,并根据公司经营增长情况逐步提高,目前衢州中行已核定公司授信总量8 000万元,并在各项业务方面进行个性化的配套服务,全面支持公司经营发展需求。在公司国际市场业务拓展中,配套相应的投标保函、预付款保函、履约保函等各项保

函业务促进公司顺利拓展,并向国内进行业务推广;在公司产品出口收汇业务中,积极为公司设计相应的远期结汇等业务,帮助公司锁定汇率,避免汇率波动对公司经营及收益的影响,有力保证了公司的生产经营,促进公司持续健康发展。

(三)创新担保方式,帮助重点企业解决融资担保问题

随着生产经营的快速发展,ZT 公司资金需求也逐步增长,同时也存在授信抵质押不足的难题,并且公司为防范风险,不进行与其他企业的担保互保业务。在这种情况下,衢州中行积极为公司寻求担保创新。如利用中银集团整体优势,在积极引入中银保险公司的基础上,提高公司房地产的抵押折扣率,增加公司现有房地产资产的抵押额度;通过中银保险公司对应收账款的保险,根据公司业务及经营业务单位分别核定相应的额度,在应收账款信用保险的基础上提高授信额度,有效解决了公司在担保方面的不足。

三、实践效果

(一)企业建设发展良好,产品技术领先,有力保护生态环境,促进经济可持续发展

ZT 公司年产 2 万吨环保设备建成投产以来,经营情况良好,企业实现稳健快速发展。公司与浙江大学进行技术合作,为国家高新技术企业,并与国际环保行业龙头企业丹麦史密斯、法国法乎、德国哈蒙、美国玛苏莱等跨国公司建立长期的合作关系。公司具有自主知识产权的"湿法电除尘器"技术达到国际先进水平,公司承建的某热电公司 130T/H 机组湿式电除尘项目被环保部门列为样板项目,并被列为工信部五家指定合作商之一。公司设计生产各类除尘项目基本实现了污染物"近零"排放,达到国家最新排放标准,公司设计建设了 XJAS 50 WM 国内首台(套)垃圾焚烧配套湿式电除尘器项目,项目完成后运行情况良好,达到设计要求及国家相关标准。公司以自身实力及业绩获得环保部门及市场和客户的认可,在自身不断发展的同时也为环境治理作出了积极贡献。

(二)实现银保联动,拓宽支持企业合作模式

ZT 公司在授信业务合作支持过程中,充分利用了系统整体资源优势,实现银保联动合作支持企业,并取得良好的效果。通过银保联动,既解决了企业资金需求的担保问题,也防范了担保链产生的潜在风险影响。同时该项业务模式,创新了合作模式,对后续类似以及其他业务的合作和拓展奠定了基础。

(三)助力企业,实现发展快速跃升

ZT 公司在衢州中行多年的重点支持下,公司积极进行技术的自主创新,不断拓展业务,与国内外行业龙头企业建立业务合作,自身实现了稳步快速的发展,年经营业务增长率 25% 以上,年出口额 500 万美元以上。公司于 2015 年实现新三板挂牌上市,为衢州市首家以做市方式挂牌的新三板挂牌企业。此后该公司将继续向资本市场迈进,具有良好的发展前景。

四、小结

中国银行衢州市分行落实国家环保政策,重点支持环保产业发展;全面全方位配套支持重点环保企业;创新担保方式,帮助重点企业解决融资担保问题。企业建设发展良好,

产品技术领先,有力促进了生态环境和经济的可持续发展;实现银保联动,拓宽支持企业合作模式;助力企业,实现发展快速跃升。

助企型·案例二

"小微快贷"打造绿色信贷一站式服务

[摘要]

小微企业大多处于成长阶段,现有的金融供给难以满足其"短、小、急、频、散"的金融需求,小微企业的融资问题进一步加剧。近年来,国家先后出台系列帮扶政策,致力于解决小微企业的融资难题,为积极响应国家号召,建设银行衢州分行率先推出国内金融系统首个全流程线上自助企业贷款产品——"小微快贷",实现了企业贷款申请、审批、放款和还款全流程线上操作,利用大数据平台提高银行风险管控水平。

一、案例背景

小微企业大多处于成长阶段,企业转型升级、淘汰落后产能、科技创新发展的需求日益迫切,但由于其经营规模小、资金实力弱,缺乏担保、抵押物等特点,致使其在绿色改造、寻求自身发展过程中面临技术、资金双重缺口,现有的金融供给难以满足其"短、小、急、频、散"的金融需求,小微企业的融资问题进一步加剧。近年来,国家先后出台系列帮扶政策,致力于解决小微企业的融资难题,为积极响应国家号召,进一步落实中国人民银行衢州市中心支行关于"鼓励全市金融机构创新金融产品、金融服务,促进衢州传统产业转型升级,支持实体经济发展"的要求,建设银行衢州分行率先推出国内金融系统首个全流程线上自助企业贷款产品——"小微快贷",实现了企业贷款申请、审批、放款和还款全流程线上操作。

二、案例简述

"小微快贷"系列产品是建设银行依托大数据技术,为小微企业打造的个性化金融产品。该产品借助大数据分析技术,对企业和企业主两方,在建行的金融资产、抵押物、信用状况、纳税情况等数据信息进行整合分析,自动生成可贷款额度,为那些因信息不对称、缺少抵质押担保而难以获得银行信贷支持的小微企业提供了全新的融资解决方案。同时,企业无须提供烦琐的贷前资料,只需通过电子渠道,即可享受全流程网上"秒批、秒审、秒贷"的金融服务,最高额度可达500万元,有效地满足了小微企业"短、小、频、急、散"的金融需求。

(一) 将绿色元素植入"小微快贷"

建设银行衢州分行的"小微快贷"产品引入绿色元素,采用纯信用的担保模式,将企业环保等级、能源消耗、污染气体排放、垃圾污水处理等涉及环保及绿色发展的指标纳入信贷准入要求,并对环保等级高、低污染、低能耗的企业给予一定的利率优惠,引导企业向低碳环保型方向发展。

(二) "互联网+"操作模式加速信贷办理流程

建设银行衢州分行通过"互联网+"打破时空界限,将互联网思维与"小微快贷"产品有效结合,开辟融资新模式。企业主只需开立对公账户、配置网银,即可将贷款申请、支用、还款从线下搬至线上,大大缩短了企业信贷业务办理流程,实现营销批量化、数据精准化、服务专业化的一站式快捷模式。

(三) 完善机制建设,打造绿色信贷一站式服务

小微企业生产经营大多具有周期性,资金需求具有不确定性、临时性等特点。因此,"小微快贷"全流程线上操作贷款的效率至关重要。为此,建设银行衢州分行将工业"流水线"作业引入小微企业信贷服务,建立客户营销、授信评价、信贷审批、贷款发放、贷后管理的一站式业务操作流程。

(四) 不断丰富小企业业务产品线,提供多元化的融资渠道

小微企业客户类型多种多样,行业不同需求不同,建行始终置身于创新洪流之中,不断推出满足不同类型客户的产品需求,以"大数据"挖掘"小信用",先后推出"七贷一透"纯信用系列产品,特别是"税易贷"产品颇受中小微企业的青睐。"税易贷"是一款无抵押、无担保的纯信用贷款,门槛低、支用灵活,连续两年按时足额纳税的优质诚信纳税小微企业均能申请。

三、实践效果

(一) 经济效益

惠及绿色小微企业,畅通金融服务"最后一公里"。建设银行衢州分行"小微快贷"产品的推出,为绿色小微企业打开融资大门,其全流程网络自助、纯信用、免担保、随借随还的特点有效缓解了小微企业融资难、融资贵的问题,真正畅通了绿色金融服务小微企业的"最后一公里",得到了企业主的广泛认可。自2017年2月展开试点至今,授信客户已突破500户,授信金额超过1亿元,受惠企业日益增多。

(二) 社会效益

树立低碳环保意识,营造良好社会风气。建设银行衢州分行将企业的环保行为纳入信贷准入要求,对节能环保企业提供利率优惠等一系列措施,促使更多企业树立保护环境意识。随着"小微快贷"产品运用的普及,受惠群众范围的扩大,一定程度上有助于形成保护环境的良好社会风气。

创新风险防控体系,提升信贷管理水平。利用大数据平台,充分分析客户在建设银行

的金融资产、个人贷款、企业流水以及外部征信、纳税信息等情况,对实质性风险进行判断,有效解决财务报表不规范、银企信息不对称的问题。同时,通过系统工具主动预警风险,是银行系统建立风险防控体系新的尝试,有助于提高银行风险管控的针对性。

四、小结

"小微快贷"系列产品是建设银行依托大数据技术,为小微企业打造的个性化金融产品。将绿色元素植入"小微快贷";"互联网+"操作模式加速信贷办理流程;完善机制建设,打造绿色信贷一站式服务;不断丰富小企业业务产品线,提供多元化的融资渠道;惠及绿色小微企业,畅通金融服务"最后一公里";树立低碳环保意识,营造良好社会风气;创新风险防控体系,提升信贷管理水平。

助企型·案例三

"投贷联动"模式破解科技型绿色企业融资难题

[摘要]

在制造强国战略下,原中国银监会、科技部与人民银行联合发布《关于支持银行业金融机构加大创新力度,开展科创企业投贷联动试点的指导意见》,鼓励银行业金融机构开展投贷联动业务试点。中国工商银行衢州分行、浙商银行衢州分行响应此号召,与投资管理公司合作发展投贷联动业务,经过优质遴选,立足本地,助推合作企业上市,支持实体经济发展,推动区域经济升级,一定程度解决了科技型绿色企业的融资难题。投贷联动是一种模式创新,对地方绿色金融创新具有带动效应。本案例的亮点在于银行与投资管理公司协同合作,释放了企业担保圈风险和金融风险,达到了良好的风险控制效果。

一、案例背景

《中国制造 2025》是政府实施制造强国战略第一个十年的行动纲领,提出了坚持"创新驱动、质量为先、绿色发展、结构优化、人才为本"的基本方针,坚持"市场主导、政府引导,立足当前、着眼长远,整体推进、重点突破,自主发展、开放合作"的基本原则,通过"三步走"实现制造强国的战略目标:第一步,到 2025 年迈入制造强国行列;第二步,到 2035 年中国制造业整体达到世界制造强国阵营中等水平;第三步,到 2049 年,综合实力进入世界制造强国前列。在此背景下,2016年4月,中国银监会、科技部与人民银行联合在北京发布《关于支持银行业金融机构加大创新力度,开展科创企业投贷联动试点的指导意见》,鼓励和指导银行业金融机构开展投贷联动业务试点,倡导金融创新,加快对制造业特别是科技含量高、轻资产运营企业的扶持。

投贷联动是指银行采用成立类似风险投资公司或基金的方式,对创新企业给予资金支持,并建立在严格的风险隔离基础上,实现银行业的资本性资金早期介入,在股权投资基础上,另外配套信贷投放方式给企业资金支持。去年以来,工行衢州分行、浙商银行衢州分行纷纷通过与投资管理公司合作发展"投贷联动"业务,设立相关投资基金,重点投向区域内科技含量高、经济效益优、环境保护好的绿色环保企业。

二、案例简述

(一)投贷联动,支持实体经济发展

针对区域内优质潜在上市公司,中国工商银行衢州分行采用"信贷+股权投资"的综合金融服务方式,解决企业经营资金需求。一方面,通过传统信贷方式为企业发展提供支持;另一方面,通过设立衢州浙科汇信股权投资基金以股权方式介入企业,减轻企业财务负担,利用工商银行品牌优势吸引更多投资者助力企业发展,并通过行内专业投行人才为企业上市出谋划策,制定专业的投资方案。浙商银行衢州分行获得了总行对投贷联动方案的批复,引入基金公司投资入股衢州辖内科技型绿色企业600万元,释放了1.2%的股权,同时对该企业配套信用方式授信5 000万元。等后续企业的发展规模扩大以后,浙商银行可根据企业的实际资金需求和订单情况,适时提高授信额度,保证合理的资金需求。

(二)优质遴选,助推合作企业上市

工行衢州分行本次基金选择的管理人浙江浙科投资管理有限公司为原浙江省科技厅下属企业,累计管理基金规模超过40亿元,投资管理经验丰富,其参与投资的20余家企业已成功实现A股挂牌上市。目前工行投贷联动支持的一系列绿色环保企业中,有不少企业都有上市的需求,因此,在投贷联动支持企业的过程中,浙科投资公司也充分发挥智囊团作用,凭借其多年辅导企业上市的经验推动有需求的企业尝试在主板或新三板市场挂牌上市。浙商银行衢州分行通过投贷联动为投资公司优化了股权结构,壮大了企业实力,目前企业已经开始了上市流程。

(三)立足本地,推动区域经济升级

为更好履行本地金融机构服务地方经济的宗旨和使命,工行衢州分行和浙商银行衢州分行投贷联动的支持重点都聚焦在衢州市域内科技含量高、经济效益优、环境保护好的绿色环保企业,关注行业包括设备制造、造纸、门业制造、变压器生产等衢州市传统制造业,加强对制造业改造提升和新旧动能转换的支持,帮助这些企业在推进供给侧结构性改革的大背景下尽快实现转型升级。

三、实践效果

工行衢州分行目前设立的基金总规模是3亿元,拟投资辖内8~10家企业,包括浙

江某机械有限公司、衢州某精工有限公司、浙江某科技股份有限公司等科技型企业。浙商银行衢州分行通过投贷联动的方式支持该投资公司,根据企业的资金配套需求,及时发放 1 500 万元配套合同的采购资金,缓解企业资金压力,解决了企业发展和资金配套的矛盾。

四、小结

工行衢州分行和浙商银行衢州分行的投贷联动业务突破了传统银行授信业务在担保方式上的局限,释放了企业担保圈风险和金融风险,该模式将绿色企业作为支持的重点对象,对金融业的改革创新具有里程碑式意义,一定程度上推动了绿色金融改革创新的步伐,对地方绿色金融创新具有带动效应。

助企型·案例四

绿色金融跟踪帮扶建材企业绿色转型发展

[摘要]

浙江某集团认识到水泥行业面临的高能耗、高排放等问题,只有走转型升级之路,才能拥有更好的发展前景。多年来,该公司通过不断结构调整、转型升级,现已发展成为多种经营并举的综合性集团公司。但企业转型的关键问题之一是资金投入。面对转型企业的困境,中国农业银行江山市支行(以下简称江山农行)深入企业实地调查,启动授信方案,利用信息优势,支持企业技术升级,成功为企业排忧解难,提升企业应对信心和应对能力,支持企业加快创新驱动和转型升级步伐。本案例的亮点在于银行与政府、研究所协同合作,引进科技进行助力,并进行组织内部建设,成立了专项服务小组,在经济效益上取得了显著提升。

一、案例背景

浙江某集团公司是 1994 年组建成立的省级集团企业,其前身是以江山市丰足水泥厂为核心组建的。面对内外部严峻形势,浙江某集团认识到水泥行业面临的高能耗、高排放等问题,只有走转型升级之路,才能赢得转机、掌握先机、抢得良机,拥有更好的发展前景。多年来,该公司坚持"务实创新、开拓奋进"的企业精神,依靠科技进步、开拓创新,通过不断结构调整、转型升级，现已发展成为以电力、化工、电子元器件为主导产业，多种经营并举的综合性集团公司。但企业转型的关键问题之一是资金投入，而转型也是对企业的重大挑战和考验，面临着一定的风险和困难。

二、案例简述

面对转型企业的困境，江山农行紧紧围绕市内"暖企暖心""企业服务月"等惠企帮扶活动，进村入企，积极为企业排忧解难，提升企业应对信心和应对能力，支持企业加快创新驱动和转型升级步伐。

（一）深入企业实地调查，了解企业转型情况

江山农行多次赴企业开展实地调查，通过参观车间、核查三表、座谈交流等方式，充分了解企业生产经营及企业转型情况。

1996年，在原国家计委及省市有关部门的指导下，在协作单位浙江大学热能研究所的大力支持下，承建浙江省第一个日本"绿色援助计划"劣质煤燃烧系统示范项目——江山市石煤综合利用热电厂，并于1999年8月建成投入试生产。

为充分综合开发利用石煤综合利用热电厂的电力、余热尾气等资源优势，于2001年公司成立化工研究所，主要研究和开发精细化工系列产品，并于2002年成功开发出EMC电子清模剂、丁酮肟、乙醛肟等具有自主知识产权的精细化工产品。在此基础上，2002年注册成立江山市某化工有限公司，同年进行年产3 000吨丁酮肟、1 000吨乙醛肟的技改项目，2003年江山市某化工有限公司投入了正常运行。

1999年建成旗下某石煤综合利用热电有限公司，但当时利用劣质煤燃烧发电在脱硫环节、硫资源回收环节上存在问题，影响了劣质煤综合利用的深化发展。为此，该公司于2005年开始对烟气脱硫的关键技术进行研究，开发集成烟气脱硫及硫资源回收利用为一体的"高硫劣质煤锅炉烟气脱硫回收二氧化硫制备硫酸羟胺"项目，开发国内首创的新型氨-亚硫酸氢铵脱硫工艺，从而使石煤燃烧产生的高浓度二氧化硫得到高效脱除的同时，将脱硫产物亚硫酸氢铵用于合成硫酸羟胺产品，再用于化工公司生产，实现了循环发展，具有明显的节能减排效益。该项目列入2006年度浙江省重大科技攻关计划项目。通过不断研发调试，最终在国内首次成功运用新型的氨-亚硫酸氢铵脱硫工艺，并获得国家发明专利。

2013年，为进一步调整企业产业结构，该集团以创办绿色企业为宗旨，成立了浙江国石磁业有限公司，聘请第4届中国侨界贡献奖（创新奖）获得者、浙江工业大学材料科学与工程学院教授车声雷为技术顾问。该项目采用氧化物陶瓷工艺生产软磁铁氧体材料，通过再配方、粉碎粒径、微量添加物和烧结条件等工艺的创新，生产出高性能的MnZn铁氧体产品。该产品填补了低损耗、高磁通密度、平缓温度特性等高端产品领域的国内空白。

（二）重新启动授信方案，支持企业技术升级

江山农行组成专项服务团队，全面了解该集团的主体资格的合规性、合法性；集团客户的出资人、股权结构、出资人资信状况及实力情况；企业组织架构；主要关联公司名称、股权结构、注册地、法人治理结构；高管人员信用情况、业绩经营情况等客户基本情况，详

细分析集团客户关联关系及组织紧密程度,并判断该集团客户是属于该行第一类型集团客户,授信类型采用"整体授信、分配额度"。在为该集团及其旗下子公司做好存量贷款周转的同时,根据集团转型升级需要,该行累计为该集团旗下公司发放信贷 4 610 万元,办理银行承兑汇票 650 万元,有效缓解了企业经营转型发展的压力,盘活了沉淀资金,坚定了企业转型升级的信心。

(三) 利用信息优势,帮助企业向科技型企业转型

2013 年,该集团为进一步提升企业产业结构,注册成立某磁业有限公司,开始进军新材料领域,主要研发生产高性能 MnZn 铁氧体系列产品,项目总投资 10 050 万元。得知企业存在资金周转难的困境后,江山农行立即着手搭建合作平台,完善用信模型,及时为某磁业有限公司发放贷款 2 600 万元,有效缓解了企业原材料购置和前期投产准备的资金困难。

三、实践效果

(一) 技术改造,提质降本,重获市场认可

江山市某化工有限公司转型之前采用传统的硫酸羟胺法工艺制备丁酮肟、乙醛肟的工艺方法,消耗的原材料较多,副产硫酸铵量大,年度生产规模为 5 000 吨丁酮肟和 3 000 吨乙醛肟。在江山农行的支持下,该企业转型之后,现采用新型的绿色化学工艺的氨肟化工艺制备丁酮肟,再以自制的丁酮肟为原料用新型的反应精馏工艺制备盐酸羟胺、硫酸羟胺。该公司现有年生产能力为丁酮肟产品 8 000 吨、乙醛肟 5 000 吨,副产品硫酸铵 35 000 吨,且产品质量在同业竞争领域处行业前沿,市场占有率约 60%。高品质的产品吸引了诸多新合作企业,累计新增合作企业 10 家,年度新增订单 1 121 吨。

(二) 转型升级,华丽转身,科技引领绿色发展

在江山农行的支持下,集团以壮士断腕的勇气砍主业、觅新业,积极推进转型升级,实现绿色发展。以技术革新为主要方式,推动企业实现内部整合和技术革新。该集团公司目前一个显著的经营特点是行业互补优势明显,热电公司的电力供应化工等企业,蒸汽供应化工及集团内部办公、生活使用,废渣可用于周边水泥企业做混合材料使用,燃煤锅炉烟气回收的二氧化硫生产乙醛肟、丁酮肟产品。这极大提高了资源体内的循环利用率,有效降低了企业经营成本。

四、小结

江山农行深入企业实地调查,引进科技进行助力,启动授信方案,利用信息优势,支持企业技术升级,成功为企业排忧解难,提升企业应对信心和应对能力,支持企业加快创新驱动和转型升级步伐。

助企型·案例五

绿色金融支持小微企业转型升级，推进县域"五水共治"

[摘要]

浙江水环境保护正承受着巨大的压力。因此，浙江省委提出，要以"五水共治"为突破口，倒逼转型升级。龙游县委县政府立即行动，龙游农商银行在人民银行龙游县支行等监管部门的引导下，大力创新金融支持科技型企业利用农业废弃物、动物排泄物等变废为宝，支持竹制品加工等高污染排放企业转型升级，推进"五水共治"，实现龙游生态环境更宜居。本案例的亮点在于银行与政府协同合作，在环境效益与社会效益上取得了显著的提升，并积累了畜禽标准化养殖、排泄物资源利用及农牧结合生产经营等典型经验，具有良好的推广普及价值。

一、案例背景

浙江因水而名，因水而美，因水而兴。然而作为沿海发达地区的浙江，水环境保护正承受着巨大的压力。2013 年 3 月浙江省政府召开全省清理河道清洁乡村专项行动电视电话会议，决定对全省农村开展大扫除，对河道进行大清理。同年 11 月，浙江省委十三届四次全会提出，要以治污水、防洪水、排涝水、保供水、抓节水的"五水共治"为突破口，倒逼转型升级，并确定了治水的"三五七"目标。龙游县委和县政府立即行动，提出以"五铁"治"五水"，打造生态屏障、建设幸福龙游。

二、案例简述

龙游农商银行在中国人民银行龙游县支行等监管部门的引导下，大力创新金融支持科技型企业利用农业废弃物、动物排泄物等变废为宝，支持竹制品加工等高污染排放企业转型升级。

（一）抓住重点行业起示范

在龙游推进"五水共治"过程中，龙游县生猪养殖和竹制品加工两大支柱产业面临发展瓶颈，基于环境保护要求，必须淘汰一批、转型一批。当时，龙游县生猪规模以上养殖户 600 余家，散养户逾万户，能繁母猪年存栏约 9 万头，生猪年出栏约 170 万头，猪场废物、污水排放及病死猪处理成为两大难题。竹制品加工为龙南山区的支柱产业，龙游 10 万竹农，坐拥竹林 43.5 万亩，年产竹材 1 700 万支，70 多家碳化篾、蒸煮篾加工企业炭化、蒸煮废水年排放 6 万多吨，大量废水、烟气严重威胁龙南山区的生态环境，高能耗、高污染、低产出、低效率的"两高两低"问题十分突出。两大支柱产业如何实现转型、转行,将是影响"五水共治"成效好坏的关键,因此,龙游农商银行将此作为重点突破口,实现以点带面、示范引领。

(二)对接相关部门强合作

在龙游县委、县政府指导下,积极参与"五水共治",承担社会责任。对接环保、畜牧、林业及各乡镇(街道)等部门,了解"五水共治"相关政策及拆除(关停)户清单,对照梳理,做到"有保有压",对拆除(关停)户做好转行资金需求调查,对保留户做好转型升级及污染物处理基础设施资金需求投放。对接财政、乡镇(街道)等部门,做好拆迁补偿款的代发工作,第一时间将拆迁补偿款发放到拆迁户手中。对接工商、税务、保险等部门共同推进绿色金融产品创新,加快绿色金融支持企业转型步伐,满足企业转型、转业发展的资金需求。

(三)创新产品服务求实效

创新"信用社＋专业合作社＋社员＋基金担保"服务模式,推出"社社通"贷款,在发放信用、抵押贷款基础上,以担保基金放大10倍为社员提供融资保证,这极大地解决了社员融资担保难题。目前龙游农商银行已与4家生猪养殖专业合作社签订合作协议,至2019年7月末,已支持社员118户,累放贷款11.65亿元,余额2.24亿元,其中基金担保1.11亿元。采用一事一议,如发放"账易通"应收账款质押贷款1 000万元、抵押贷款2 500万元支持浙江某能源科技有限公司上线二期沼气发电项目,在更大程度上解决了规模以上养殖户猪粪的处理问题,实现沼气发电;同时对其产业链下游家庭农场发放粮食生产贴息贷款100万元,家庭农场抵押贷款500万元,扩大种植规模,利用有机肥种植水稻、甘蔗、西瓜、草莓等,让储存、运输较难的液态有机肥得到了很好的就地利用。采用"动产＋不动产"抵押方式结合,如发放不动产抵押贷款930万元、动产抵押贷款230万元,满足浙江某竹业开发有限公司转型期资金需求。加强外部合作,解决企业转型升级过程中融资担保难题,如与政府性担保公司合作,支持企业8家,金额4 640万元;与保险公司合作,推出"信保通"小额保证保险贷款,支持企业28家,金额760万元;与税务合作,推出"银税通"贷款,支持企业3家,金额585万元。同时推出"幸福分期"和"幸福增信通"贷款,以分期还款方式减轻企业技改、研发时期的还款压力,以无缝续贷解决企业经营周期与还款周期不匹配问题,降低企业转贷成本。

(四)让利惠及企业讲担当

在贷款规模上优先安排,尽力满足企业融资需求,即使在生猪养殖和竹制品加工行业处于低潮期,也坚决做到不抽贷、不压贷,而且还根据企业经营面临的实际困难,追加贷款授信规模,助企业渡过难关。在贷款利率上实行优惠,对合作社社员信用贷款执行农户小额信用贷款利率(即信用村执行基准利率上浮30%,非信用村执行基准利率上浮50%),抵押贷款执行基准利率上浮30%,合作社基金担保贷款执行基准利率上浮50%,再根据利率定价办法进行其他优惠减点,其抵押、保证贷款利率与普通客户同期、同档贷款利率优惠幅度约为15%～35%;对浙江某能源科技有限公司发放的1 000万元应收账款质押贷款按基准利率上浮40%优惠执行,对龙游某家庭农场发放的100万元粮食生产贴息贷款执行基准利率,另发放200万元贷款按家庭农场等级评定的利率给予优惠,执行基准利率上浮30%;针对国家、省、市、县农业龙头企业或科技型企业在利率定价中减点优惠5%～20%。

三、实践效果

（一）环境效益

1. 县域境内水质稳步提升

2014年、2016年两夺浙江省"五水共治"工作优秀县——"大禹鼎"荣誉称号，通过整治，县域境内水质稳步提升，衢江在龙游段出境水常年维持在Ⅲ类水以上，灵山江水质达到Ⅱ类水标准，切实担负起了衢江出境水最后一道屏障的生态使命。

2. 实现了畜禽废弃物的综合利用或无害化处理

金融支持生猪养殖企业（场）转型升级，助推龙游县畜禽废弃物利用与治理的四大模式创新，实现了畜禽废弃物的综合利用或无害化处理，即猪粪统一收集、集中处理、综合利用的"开启模式"，村集体沼液综合利用的"箬塘模式"，规模养殖场沼液还田利用的"吉祥模式"及病死猪集中处理的"集美模式"。

（二）社会效益

促进加工行业产业链的完整性和行业发展，增加山区农民收入，并具有良好的推广普及价值。积极支持美丽生态牧场创建提升，其中龙游龙珠畜牧专业合作社社员浙江某农牧科技有限公司入选浙江省首批"美丽生态牧场"。2016年11月，全国畜牧站长会议在龙游召开，在会议上进行了畜禽废弃物利用与治理的"四大模式"经验介绍。浙江某竹业开发有限公司首创竹材碳化（蒸煮）工艺废水处理技术，实现废水、废气达到一级排放标准，对促进该县竹制品加工行业产业链的完整性和行业发展，同时对稳定甚至提高原竹价格、增加山区农民收入都具有重大意义。

四、小结

在"五水共治"过程中，龙游农商银行以金融支持小微企业转型升级，在稳固客户群体的同时，也展现出作为金融机构应当承担的责任和担当。紧扣重点，全面推进，有效地促进了县域企业转行、转型进程，助推龙游县"五水共治"的成绩显著。

助企型·案例六

绿色金融助推 A 集团绿色发展

[摘要]

A集团是全国最大的氟化工先进制造业基地和浙江省最大的化工基地。衢州市各金融机构持续加大对A集团的间接融资支持力度,多种渠道为A集团直接融资提供服务,其财务公司为集团用活内部资金提供平台支撑,这些有力地助推了A集团的绿色发展,展现出"老化工新材料、老基础新产业、老树长新枝、老企添活力"的可喜变化。本案例的亮点在于银行等金融机构与公司协同合作,可作为老国企成功绿色转型的典范,在经济效益、社会效益、环境效益上取得了显著提升,具有推广普及价值。

一、案例背景

A集团有限公司原名衢州化工厂,创建于1958年5月,是全国最大的氟化工先进制造业基地和浙江省最大的化工基地。该公司的化工主业主要有氟化工、氯碱化工、石化材料、精细化工和电子化学材料;环保产业包括城市与工业污水处理、危废与垃圾焚烧填埋;拥有公用配套、装备制造、物流商贸和功能性新材料等生产性服务业。该公司已建立国家级企业技术中心、国家氟材料工程技术研究中心、中国化工新材料(衢州)产业园、中俄科技合作园、企业博士后工作站等创新创业载体,是国家循环经济教育示范基地、国家循环化改造示范试点园区。该公司拥有两家公司,2016年,公司实现业务收入249.4亿元,利税11.7亿元。A集团将秉持"改革创新、开放发展"理念,以"成为受人尊重的企业"为愿景,大力发展新材料、新能源、新环保、新物贸等"四新"产业,着力打造一个"实体基地化、产业四新化、运营智能化、生产绿色化、开放国际化"的新A。

二、案例简述

(一)持续加大对A集团的间接融资支持力度

A集团早期主要与四大国有商业银行进行业务合作。1988年,A集团与衢州工行、农行、中行、建行组建联合银行,同时成立内部银行,把金融管理理念引入企业;1993年,A集团成立结算中心,主要负责集团内部各单位之间的经济业务往来结算以及流动资金管理;2011年,A集团开通"银企互联",实现资金集约化管理;2013年7月15日,经中国银监会批准,A集团联合集团成员单位,共同筹建A集团财务有限责任公司。随着衢州金融业的发展壮大,目前A集团与25家商业银行有业务合作,2018年6月末,四大国有商业银行累计向A集团发放贷款(含票据贴现)161.78亿元,贷款余额29.30亿元。

(二)多种渠道为A集团直接融资提供服务

"十三五"以来,A集团进入了加速产业转型升级、强化创新体系建设的关键时期,仅靠银行贷款等间接融资难以满足企业资金的需求,衢州市各金融机构通过协助配合企业上市、发行公司债和企业债、定向增发、产业投资基金等方法帮助A集团直接融资累计达289亿元。如农业银行衢州分行主承销公司12亿元永续债、中国银行衢州市分行为公司提供7亿元短融发行承销额度、建设银行衢州分行累计为公司成功注册短期融资券49亿元(累计承销26亿元)和中期票据10亿元。

(三)A财务公司为集团用活内部资金提供平台支撑

衢州市金融机构积极与A财务公司展开合作,为提高A集团资金使用效率提供服务。如农业银行衢州市分行与其财务公司签订票据池服务协议,目前入池托管金额1.09

亿元,通过质押池担保的池融资开票总金额为0.82亿元。截至2018年2月末,A财务公司各项存款24.41亿元、各项贷款26.25亿元。

三、实践效果

50多年来,A集团始终响应党和国家的号召,积极融入国家战略,从发展国家需要的基础化工,到20世纪90年代向氟化工转型,再到2010年向新材料和环保产业转型升级,基本形成"一体两翼、多轮驱动"的产业格局。A集团加强绿色发展的顶层设计,实现了从低端到高端的产业转型,成为国家循环经济教育示范基地、浙江省特色产业发展综合配套改革试验区、循环经济示范区。

(一)经济效益

A集团形成了以化工新材料为核心的高端制造业产业结构。A集团通过开展生态化循环经济改造,把打造国家循环经济示范区企业作为规划目标,构筑规划节能减排新模式,通过"加减乘除""腾笼换鸟",不断整合延伸产业链,重构产业结构优势,着力培育装备制造业、物理性材料加工业、生产性服务业、资源控制四大新的经济增长点,有效推进了由传统基础化工向新型材料化工发展的步伐,同时加快高投入、高污染、高消耗和技术水平低、效益低的落后产能淘汰力度。

(二)社会效益

智慧制造打造发展新动能。A集团以《中国制造2025》为立足点,聚焦智慧制造,打造启动智慧总部、智慧工厂、智慧金融、智慧物流等工作,实现生产管理的信息化和自动化。同时加快高投入、高污染、高消耗和技术水平低、效益低的落后产能淘汰力度,淘汰落后装置27套,主动关停并拆除复合肥、隔膜烧碱、聚氯乙烯、电石炉等不具竞争优势的装置,盘活存量土地1517亩,为后续发展腾出了土地和环保空间容量。

(三)环境效益

A集团全面实施环保隐患整治。投入近5亿元,实施安全环保隐患整治,对废水、废气和固废进行全面治理;在浙江省首家开展VOCs(挥发性有机化合物)核查及减排治理工作,切实提高了安全环保本质水平。在环保治理、市场运作、降本增效以及反倾销等方面开展的一系列前期工作支持下,A集团在供给侧结构性改革以及2017年国家实施的环保督察的大背景下,不但不受影响,反而取得红利。

四、小结

A集团在建设发展、产业升级等各方面都得到了许多金融机构的鼎力支持,形成了金融与实体经济相互支撑、良性互动的发展态势。通过绿色发展,A集团已从传统的高污染、高能耗的化工企业转变为散发出浓浓绿意的生态企业。实现了从低端到高端的产业转型,从污染治理者到环保产业引领者的转型,是老国企绿色转型的成功典范。

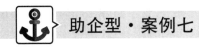

绿色金融助力某集团参与"一带一路"建设

[摘要]

2015年以来,某集团响应国家"一带一路"倡议,向全球领先的可再生能源运营跨国公司和地热发电成套设备提供商战略转型。中国银行衢州市分行联合中国进出口银行和中国银行雅加达分行,加大对某集团的信贷资金投放力度,提供保函、内保外贷等多样化的金融服务,为开山集团参与"一带一路"建设提供了有利的资金保障。本案例的亮点在于海内外银行协同合作,组建跨境银行贷款。银行积极为公司设计相应的远期结汇等业务,避免汇率波动对公司经营及收益的影响,达到良好的风险控制效果,具有良好的推广普及价值,取得了经济效益的显著提升。

一、案例背景

某集团创建于1956年,系国家级大型工业企业,是全球最大的凿岩机制造商、亚洲最大的空气压缩机制造商、中国最大的钻凿设备制造商。近年来某集团以螺杆膨胀发电技术和成套设备为分布式电站的核心关键设备,独创推出的"一井一站"地热发电全新技术路径得到了海外地热发电市场的认可,开山集团大力开拓海外地热发电应用市场,正在向全球领先的可再生能源运营跨国公司和地热发电成套设备提供商战略转型。

2015年以来,某集团出于转型发展及拓宽产业链的需要,同时响应国家"一带一路"倡议,在拥有领先的"一井一站"核心技术能力的基础上,积极走出去,参与印尼、菲律宾、匈牙利、美国等地的地热发电项目。

二、案例简述

中国银行衢州市分行联合中国进出口银行和中国银行雅加达分行,通过组建16.67亿元跨境银团贷款的方式,助力某集团参与"一带一路"建设。

在助推某集团参与"一带一路"建设的过程中,中国银行衢州市分行加大对开山集团信贷资金投放力度,提供保函、内保外贷等多样化的金融服务,为某集团参与"一带一路"建设提供了有利的资金保障。截至2017年8月底,共为某集团提供14.1亿元授信支持。

(一)响应国家"一带一路"倡议,重点支持可再生能源发电行业

自"一带一路"倡议提出以来,中国银行衢州市分行结合自身特点和业务实际,加快完善沿线国家机构网络布局,积极为企业服务,不断推进开拓"一带一路"沿线国家人民币国际化业务,铺设金融网络,打通金融通道,引入金融活水,多措并举打造"一带一路"金融大动脉。开辟符合"一带一路"项目授信审批绿色通道,重点支持实体企业走出去。某集团子公司主要从事利用地热能发电,属清洁能源行业,是授信重点支持范围,对公司成立后的项目建设及日常经营给予重点支持,已与中国进出口银行、中国银行雅加达分行共同为某集团子公司成功组建了总金额16.67亿元的跨境银团贷款,目前银团贷款各方已签署合同,待批复条件落实后实现投放,充分落实贯彻执行绿色信贷的要求。

(二)明确信贷导向,引导企业转型升级

2015年以来,某集团出于集团长远发展的战略考虑,对集团名下的生产技术及设备进行了转型升级。某集团对旗下的压缩机、工程矿山机械、凿岩机等设备进行了技术改造。目前中行已获批某集团授信总量14.1亿元,并在各项业务方面为开山集团提供个性化的配套服务方案,促进公司不断发展,有力保证了某集团的经营发展。

同时,根据某集团经营模式分别推介相应业务品种,全面配套支持公司经营发展需求。在某集团国际市场业务拓展中,推介经营过程配套相应的投标保函、预付款保函、履约保函等各项保函业务以及为公司出具贷款承诺等促进公司顺利拓展并向国内业务推广;在公司产品出口收汇业务中,积极为公司设计相应的远期结汇等业务,帮助公司锁定汇率,避免汇率波动对公司经营及收益的影响。

三、实践效果

(一)某集团发展良好,产品技术全国领先,促进企业可持续发展

某集团"北美研发,中国制造"的模式及完整的产业链使集团同时具备了国际领先的研发能力和成本优势,拥有地热发电、工业余热利用、高端螺杆压缩机等一批高科技成套装备技术。某集团是国内最大生产规模、世界第三的螺杆空气压缩机制造企业,公司通过不断技术创新,拥有了自主创新能力,掌握了一流核心技术和拥有核心制造能力。公司主要产品螺杆式空气压缩机成为世界上唯一能将160 kW及以上螺杆空气压缩机做到1级能效的企业,二级喷油螺杆压缩机节能技术入选国际节能合作伙伴关系2015年十大节能技术。中行给予某集团14.1亿元的授信支持将有效帮助公司在最短的时间转型升级,从而助力企业可持续发展。

(二)发挥中国银行海内外联动优势,拓宽支持企业合作模式

中行衢州分行在某集团子公司授信业务合作支持过程中,充分利用了中国银行海内外分支机构多的优势,实现国内分支机构与当地的中国银行雅加达分行联动合作支持企业,并取得良好的效果。通过海内外联动,既解决了走出去企业的资金融资问题,也解决了本次跨境银团贷款的贷后管理问题。同时该项业务模式创新了政策性银行与国有商业银行及海内外分行联动合作的新模式,对后续更多的走出去企业参与"一带一路"建设以及如何更好、更快地融资提供了新的路径和方法。

(三)助力集团转型升级,实现集团走出去,参与"一带一路"建设

某集团在中行多年以来的重点支持下,积极进行技术的自主创新,不断转型升级,与国内外行业龙头企业建立业务合作,自身实现了稳步快速的发展。集团旗下的子公司已

于2011年在深交所创业板上市,为衢州市首家上市的创业板企业。后续将继续发挥国际化、多元化的优势,积极对接某集团印尼地热发电二期国外各地热电项目,进一步用绿色金融支持集团产业转型升级,努力帮助集团成为全球领先的可再生能源企业,实现银企互赢。

四、小结

绿色金融助力企业可持续发展,创新了政策性银行与国有商业银行及海内外分行联动合作的新模式,提供了对企业参与"一带一路"建设快速有效融资的路径和方法。支持开山集团产业转型升级,实现银企互赢。此案例具有良好的推广普及价值,有利于帮助走出去企业融资,缓解国外银行直接融资难的问题,从而支持企业转型升级,助力绿色发展。

助企型·案例八

打造绿色金融服务新体系,助力循环经济发展

[摘要]

针对刚起步的再生资源回收利用企业资金不足且融资困难的问题,民泰银行衢州分行以"股权质押+保证"的新模式为其提供信贷支持,解决了企业的资金问题,扩大了绿色金融覆盖范围,拓宽了企业融资途径,助力衢州绿色金融产业发展,引领再生资源行业转型升级。本案例的亮点在于经济效益上取得了明显提升。

一、案例背景

绿色是新时代发展的底色,金融是支撑发展的战略资源。推进创新发展、绿色发展、高质量发展,强化绿色金融支撑、构建绿色金融服务新体系是必然要求。民泰银行衢州分行在衢州市绿色金融改革的两年时间里,紧紧围绕金融服务实体经济,全面助力衢州市"国家绿色金融改革创新试验区"建设,探索绿色金融服务新模式。

衢州某环保建材公司是近两年刚起步的再生资源回收利用企业,主要从事污泥处理与加工,将污水处理厂排放的废弃物通过接收、处理,最后加工成陶粒砌块进行销售,不仅在一定程度上提高了污水处理系统的处理能力,更是兼具促进经济循环发展、守护

生态环境的重要社会意义。由于是刚起步的行业,资金不足阻碍了企业的发展,抵押物不足也加大了融资难度,民泰银行衢州分行经过前期充分的调查后,贷审委员会最终决定以"股权质押＋保证"的新模式为其提供信贷支持,先后共为其发放了500万元流动资金贷款,解决了该企业的资金问题。自衢州市绿色金融试点改革推进以来,民泰银行在各级监管部门的帮助下,积极践行"创新、协调、绿色、开放、共享"的发展理念,以"服务实体经济、助力地方发展"为己任,打造绿色金融服务新体系,不断助力衢州绿色产业发展壮大。

二、案例简述

(一)加大信贷投放力度

民泰银行衢州分行始终坚持做"绿色金融倡导者",创新绿色金融发展思路,侧重绿色信贷投放,大力支持绿色经济、低碳经济、循环经济等项目,主要包括资源循环利用、清洁能源、传统产业转型升级等领域。始终秉承"灵活、便捷、安全、高效"的思路,继续拓宽绿色产业的抵质押物范围,不断提升绿色金融服务水平,为发展绿色循环经济提供更有力的信贷支持,按照"因企施策"的原则,根据融资主体的经营情况和可抵押资源实际,精准开展信贷产品和服务方式创新。

(二)以股权质押为突破

为了有效盘活企业资源,缓解企业生产经营的融资难题,民泰银行衢州分行积极探索开展"股权＋保证""商标权＋保证""应收账款＋保证"等新型融资模式,畅通各类质押融资的各个环节,改变了以房产土地实物抵押的传统模式,拓展了轻资产企业的融资渠道,放宽了融资条件,绿色金融改革以来,累计投放质押类贷款1.12亿元,解决了部分企业融资难题。

(三)贯彻减费让利政策

为支持市内工业企业节能技术升级改造和促进绿色节能产业发展,民泰银行衢州分行全面贯彻落实中央对小微企业的扶持政策,以发展绿色金融、支持民营和小微企业发展为核心,以创新产品、优化服务为手段,从降成本、破难题出发,针对不同小微企业和不同信贷品种实行差别定价,采取多种措施,切实让利惠民。

(四)深化"最多跑一次"改革,提升绿色金融服务效率

为全面响应浙江省政府提出的"最多跑一次"改革,民泰银行衢州分行一方面将绿色金融业务纳入授信指引,明确该行绿色金融业务的支持方向和重点领域及项目类型,并将其列为优先支持业务,建立绿色通道,坚持实行两个"优先",即绿色信贷申请优先审批、优先投放。对于绿色信贷相关材料,要求必须做到"当日响应、次日答复、三日审结",缩短客户等候时间。另一方面,在授信政策上,明确禁止介入产能落后、技术落后、污染严重、资源浪费的相关行业,严把授信准入关,对授信客户以符合环保、节能减排要求为前提;在授信审查审批中,将节能减排环保情况作为审批贷款的必备条件之一;在授信后的管理上,将信贷项目的节能减排和对环境的影响作为一项重要内容,对存在重大违法违规行为,存在节能减排、环保、安全等重大潜在风险的企业及时预警并采取处理措施,为衢州市"美丽大花园"建设积极贡献力量。

三、实践效果

（一）扩大绿色金融覆盖范围

截至 2019 年 6 月末，绿色信贷余额合计 2.65 亿元，较绿色金融改革前增加 1.29 亿元，两年内实现了绿色信贷规模翻番。

（二）拓宽企业融资途径

在当前中小企业资金普遍比较紧张的背景下，股权质押融资将大大增加企业的融资机会，有助于这些企业创新能力的提高，加速其产品更新换代及产业化进程，成为企业尤其是高科技中小企业融资的高效手段。

（三）降低企业融资成本

2019 年以来，以利率优惠形式为企业减轻财务费用 100 多万元，真正承担起金融服务实体经济、服务绿色产业的艰巨任务。

四、小结

以资源的高效利用和循环利用为目标，以"减量化、利用化、再循环"为原则的循环经济是改变我国近年来"大量生产、大量消费、大量废弃"的传统社会发展模式的重要途径，也是绿色产业发展的重要环节，再生资源回收作为实体产业链最末端的产业，是循环经济的重要组成部分。民泰银行衢州分行以资源回收再生为突破口，为该类企业提供一站式金融服务，以股权质押拓宽企业融资渠道，以全面减费让利降低企业财务成本，以新模式改变了以往小微企业"融资难、融资贵"等困难局面，助力衢州绿色金融产业发展，引领再生资源行业转型升级。

助企型·案例九

绿色金融创新助推传统小微企业转型升级

[摘要]

为积极落实系列文件精神，台州银行衢州分行努力完善绿色金融组织机制，创新推广绿色金融产品与推广绿色智慧支付，创新服务流程，为支持传统产业绿色改造转型，助推小微企业转型升级打下了坚实基础。针对木门行业，采用绿色节能贷款助推其转型，有效降低企业设备更新成本，且环保无污染，经济效益明显提升。本案例的亮点在于银行进行

组织建设,加入联合国环境规划署的气候融资创新贷款项目,与海外机构协同合作,进而实现了小微企业节能评估技术落地,探索营业网点智能化建设,进行科创助力,在经济效益与环境效益上取得良好提升。

一、案例背景

中国人民银行等七部委印发的《浙江省湖州市、衢州市建设绿色金融改革创新试验区总体方案》《中共衢州市委、衢州市人民政府关于推进绿色金融改革创新试验区建设的实施意见》等系列文件精神,要求进一步推动国家绿色金融改革创新试验区建设,支持传统产业绿色改造转型,促进衢州市生态文明建设助力"最多跑一次"改革,助推小微企业转型升级。

二、案例简述

为积极落实文件精神,支持传统产业绿色改造转型,助推小微企业转型升级,台州银行衢州分行开展了以下工作。

(一)努力完善绿色金融组织机制

台州银行衢州分行明确绿色金融在该行的战略定位和职能部门,2017年4月该行成立以分管行长为组长的绿色金融事业部,全面负责绿色金融相关职责。

三年来分行先后出台了《关于开展"绿色金融深化年"活动实施方案》《关于加快推进绿色节能与扶贫创业贷款业务发展的通知》《关于下发绿色贷款录入简要说明的通知》,从绿色金融的标准、政策、产品、流程等方面落实工作。

全面梳理"两高一剩"贷款,对于确实是"两高一剩"而又同时不属于"转型升级"的贷款要求在贷款到期后从严审核,稳妥有序地退出低质低效、无法转型、丧失市场的企业。

(二)大力创新推广绿色金融产品

由于小微企业普遍处于成长阶段,导致其经营规模小、资金缺口大、技术水平落后、能源利用效率低下、污染严重,面对节能减排既缺少转型升级的能力,又缺乏转型升级的内生动力。为推动传统产业转型升级,加大绿色金融对小微企业节能减排的支持力度,台州银行衢州分行主动申请加入了联合国环境规划署(UNEP)的气候融资创新贷款项目(CFIF),借此将绿色节能的信贷理念和技术引入小微企业金融服务领域。联合国环境规划署委托法兰克福金融与管理学院进行了充分的市场调研与走访,最终选择该行作为小微企业金融服务领域 CFIF 在中国的唯一合作方。在法兰克福金融与管理学院专家的帮助下,该行完成了小微企业节能减排量计算工具的设计开发,开展了能源利用评估专员的培训工作,实现小微企业节能评估技术落地,成功开发了"绿色节能贷款"产品。

产品投放以来,在各级政府的产业政策与导向的引领下,为小微企业转型升级提供资金和技术引擎。通过几年筹划发展,该行绿色节能贷款已具备成熟的信贷技术和员工队伍,有能力在更广的区域开展绿色信贷服务,帮助小微企业通过绿色节能贷款转型升级,在实现节能减排、绿色环保的同时推动小微企业和环境的可持续发展。

绿色节能贷款在传统信贷技术基础上引入能源利用评估技术,进行投资前后能源利用水平的预测和对比,测算此次投资的节能成效,形成能源利用评估报告,以国家发改委发布的浙江电网所在的东部电网排放因子为依据进行测算,将设备更新后的经营及社会效益增加值也纳入信贷评估体系,要求贷款企业预期投资前后生产效率能提升在20%以上,以实现经济效益和社会效益共赢。

(三) 大力推广绿色智慧支付

推动传统支付转型,打造小微特色的绿色智慧支付,该行从客户拓展、商户改造、智慧食堂项目、移动支付产品开发等方面入手,积极致力于绿色支付工程推进。

该行推出"E票贴"业务,着力解决企业在贴现方面存在的难题,让客户365天足不出户即可办理业务;推出"易收款"网络收单业务,集台行支付、银联支付、微信支付、支付宝支付等多种支付方式,为商户提供更便捷、更优质的收单服务,增加商户使用银联标准二维码的积极性。

(四) 不断创新绿色金融业务流程

加大绿色金融科技创新力度,深化"最多跑一次"改革。该行发起"移动工作站"项目支持衢州改革发展,项目可以让客户"最多跑一次",甚至"一次都不用跑"。

通过接入银行系统、远程视频协作、现场录入信息、采集资料影像、通过后台审核等流程,使金融业务中间成本更低、操作更便捷,提升银行服务效率,贷款发放从传统的2~3天缩短至90分钟。

2019年该行开办房产抵押登记、企业名称预核准、注册登记、营业执照领取、企业开户网上预约服务等一系列行政事务的代办服务。该行与不动产登记中心、市场监管局合作,客户贷款无须在银行与行政服务中心往返,即可办理贷款申请、抵押登记、贷款发放,做到"最多跑一次"。

为迎接5G时代到来,促进绿色发展,银行要尽量让客户不用跑网点,把营业厅请进家门,该行24小时营业厅项目真正实现"一次都不用跑",在绿色金融改革中注重科技金融的服务再创新。

(五) 绿色节能贷款助推传统木门行业转型

江山是"中国木门之都",共有木门生产企业300余家,2004年后发展迅速,如今已发展到木门年产量400万套,年产值约16亿元。但木门行业生产费时、费料、费力且产生较多的油漆垢、木屑等污染物,对人体、空气、土壤、水质产生较大污染。江山政府出台多项政策引导转型升级,确定首批转型企业150余家,木门行业需要引进新技术设备、提高产能、减少污物排放,但转型升级缺少资金。该行积极与木门协会对接,通过发放绿色节能贷款助推产业转型升级,截至2019年6月末,该行累计发放绿色节能贷款52笔,金额3 716万元。由于采购了新型环保设备、机器设备,生产工序由原来5天内5道程序缩短至1天内完成,机器自动喷漆、自动打磨,生产效率比原先提高近一倍,废气达到零排放标准,油漆回收再利用率达到95%以上。

某木业公司积极响应市政府对木门行业节能减排的号召,成为首批改进工艺,采购新式的生产设备的木门企业之一。该企业计划投入200多万元用于采购新设备及生产线。客户向该行申请贷款,该行推荐了绿色节能贷款,能源评估专员及时完成《能源利用评估报告》和贷款调查,绿色节能贷款专岗快速审批,并给予较大幅度的贷款利率优惠。

三、实践效果

（一）绿色贷款量稳定增加，帮助提高小微企业生产效率，节能减排

截至 2019 年 6 月末，该行绿色贷款余额 112 518 万元，较年初增加 20 470 万元，增长率 22.24%；其中绿色节能贷款余额 3 030 万元，较年初增加 1 344 万元，增长率 79.72%。该行已累计发放绿色节能贷款 90 笔，授信金额 5 710.1 万元。2019 年共发放 28 笔，授信金额 2 510 万元，预计在相同产量的情况下每年可降低 CO_2 排放 3 630.18 吨，预计每年节约电量 411.17 万千瓦·时，为提高小微企业生产效率、节能减排作出直接贡献。

（二）有效降低企业设备更新成本

贷款发放后，某木业公司采购了自动喷漆机和流平干燥隧道，上线后效率提高 2 倍以上，油漆利用率提高 60%，所有废气全部集中收回，环保无污染，具备明显的经济效益和环境效益，相比人工喷漆优势明显提高。新设备投入使用后，行业内其他企业、政府相关部门人员经常前来学习观摩，受到较多的关注和好评。

四、小结

该行明确绿色金融在该行的战略定位和职能部门，加大对有助地方经济转型升级和有利于扩大就业的小微企业的支持力度，积极开展对低碳环保产业、高新技术产业以及生态旅游、生态农业、特色小镇等方面的绿色金融信贷支持。

改革创新助推绿色金融跨越发展

[摘要]

在"两山"理念和相关政策引领下，北京银行衢州分行整合内部资源，优化小微业务模式，搭建服务平台，落地信贷政策，推进绿色运营工作，存款增势强劲，信贷投放加快，信用风险平稳，助力衢州市绿色产业转型升级，为实现绿色金融跨越发展作出新贡献，下一阶段将努力打造北京银行区域特色文化。本案例的亮点在于银行的组织建设，加强了与衢州市各产业区、绿色产业集聚区的协同合作，以 LED 电子屏、电视、折页、环保贴士小标签等形式开展绿色生活知识宣传。

一、案例背景

北京银行衢州分行深入践行习近平总书记"两山"理念,扎实做好绿色金融改革创新试点工作,坚持"立足衢州、回归本源、突出主业、协调发展"的经营理念,积极对接衢州市绿色金融领域的重大建设项目,支持全局性、战略性、带动性强的绿色重大建设项目和绿色发展龙头企业,加强对环境保护、节水、节能、减排、新能源与可再生能源、清洁能源、绿色交通、绿色建筑等绿色项目的金融支持,全方位、多层次地服务实体经济和广大市民。

二、案例简述

(一) 明确主攻方向,整合内部资源,提升营销能力

首先,压缩内部管理层级,加强与省行、总行的沟通,多渠道争取上级对北京银行衢州分行的资源倾斜。深入衢州市场,回归信贷本源,重点加强对上市公司、大型民营企业的营销。

其次,进一步加强了与市(县、区)政府的合作,通过了解衢州市招商引资等其他具有良好发展前景的优势绿色企业及重点绿色项目信息,及时与北京银行杭州分行沟通并制定营销方案,全面抓好大客户统筹管理工作,做大资产负债规模,努力使优质客户尽快落地见效。

(二) 多管齐下,确保对绿色小微企业的金融资源投入

1. 投放目标

严格落实普惠小微贷款"两增两控"要求,切实落实普惠小微企业"两个不低于"投放目标。

2. 具体措施

(1) 设立了绿色金融小微业务部,对接北京银行杭州分行小企业事业部,负责全力推进绿色信贷业务。成立了绿色金融工作领导小组,由行长任组长、分管行长任副组长,公司银行部、个人银行部、风险管理部、运营与科技部、办公室等部门负责人为小组成员,统筹推进绿色金融工作。

(2) 加大考核和激励力度,实行额度倾斜。一是实行一把手责任制,将业务指标直接挂钩分支行一把手,业务指标直接到人。二是对服务小微企业业务进行政策引导及资源倾斜。三是额度倾斜,每月单列小微额度,优先支持小微企业信贷投放。

(3) 分类实施金融服务方案。一是细分市场,健全多层次的全覆盖体系,按照小微企业的不同融资需求额度,划分为200万元(含)以下、200万元~500万元(含)、500万元~1 000万元(含)三个层级,真正做到精准化、专业化服务,有效解决企业需求。

(三) 搭建服务平台,助推小微企业高质量发展

1. 搭建金融综合服务平台

一是支持"最多跑一次"改革,优化企业开户服务。梳理企业开户流程,整合柜面有效资源,通过厅堂联动与智能化设备的运用,实现开户最多跑一次。推行企业开户限时服务承诺,以规范服务流程,并对相关岗位人员及标识进行了统一的更换,开通绿色通道。同时,积极与衢州市场监督管理局建立"一网通"合作,实现证照联办。二是大力推广"京管+"APP,简化开户资料,大力推动开户线上预约,提高开户效率。三是积极推广线上融资模

式。运用网银系统实现2 000万元以下融资的线上提款、还款,避免企业来回奔波。

2. 推动建设普惠小微企业服务专业平台

发挥绿色金融小微事业部功能,进一步优化整合资源,全力做好科技金融、文化金融、普惠金融服务。深化与政府性融资担保机构合作。目前已与江山市中小企业贷款担保基金管理服务中心、衢州市中小企业融资担保有限公司全面开展业务合作。

(四) 联动创新,有效落地相关信贷政策

一是创新机制,实行小微业务审批派驻制。小微业务授信纳入专业审批通道,审批部门与小企业事业部合署办公,对符合快速审批流程要求的小微三级审批类业务初审实现24小时工作时效制(1个工作日折算12小时工时),其他小微上会类业务初审实现48小时工作时效制。

二是独立管理,执行差异化不良容忍率。原则上小微业务不良容忍率在全辖各项贷款不良率的基础上提高3个百分点执行。

三是顺应市场,创新优化绿色信贷产品。(1) 创新产品,灵活创设并运用具有衢州特色、符合衢州企业需求的产品。目前已形成了"智权贷""集群贷""京快贷""小微贷"等一系列综合型绿色金融产品。通过知识产权质押融资特色产品"智权贷"支持了部分科技型绿色企业的融资担保问题,并通过与衢州市科技局、衢州市绿色产业集聚区签订知识产权金融服务战略合作协议,加强了与衢州市各产业区、绿色产业集聚区的合作,通过创新知识产权质押融资的产品优势,找到与中小微企业业务合作的切入点,为企业提供全新融资渠道,提升企业知识产权意识。(2) 积极探索小微贷款还款方式的创新,优化贷款期限管理,对相应产品进行了升级创新,创新开发按揭还款模式,推出了"法人商用房按揭"(园区贷)和"法人设备按揭"(设备通)系列产品、随借随还循环贷模式(网速贷)产品、无还本续贷模式(永续贷)产品,有效缓解实体企业资金周转困难,降低转贷成本。

(五) 持续推进绿色运营工作

在自身发展中也同样大力推动节能减排与技术创新。北京银行衢州分行发起了主题为"共建绿色、共创低碳,共享健康"的倡议活动,号召全体员工从身边小事做起,共同打造低碳、环保、健康的办公场所。从小事做起,从细节做起,优化流程、双面打印、下班关灯、最低室温、停车熄火、爬楼运动等,培养环保意识。鼓励员工骑自行车或搭乘公交车上下班,节约照明、空调、电子设备等能耗设备的使用,严控用纸、用水、用电浪费行为以及鼓励选取再生制品等多种举措,争做"绿色办公、绿色出行、低碳生活"的践行者和维护者。另外,该行还打造绿色营业厅,以LED电子屏、电视、折页、环保贴士小标签等形式开展绿色生活知识宣传,营造绿色环保氛围,将低碳的绿色生活理念和绿色金融涵盖范围传递给更多市民,吸引他们关注绿色环保领域。

三、实践效果

截至2020年12月末,该行本外币存款余额28.06亿元,较2020年年初新增5.38亿元,各项本外币贷款余额42.31亿元,较2020年年初新增9.8亿元,贷差14.25亿元,存贷比150.78%,全行不良率约为0.01%。绿色金融授信总额50.51亿元,较2020年年初新增21.48亿元,绿色信贷余额14.13亿元,较2020年年初新增投放0.91亿元,绿色信贷余额占北京银行衢州分行总的信贷余额比例为33.4%,涉及授信客户共27户。全行呈现出存款增势强劲、信贷投放加快、信用风险平稳的特征。重点围绕民营、小微、绿色信贷企业实施"增氧"和"滴灌"工程,大力支持了衢州地方经济发展,为企业提供了强力的融资支持。

四、小结

北京银行衢州分行通过完善银行内部组织结构,优化服务,创新产品,助力衢州市绿色产业转型升级。下一阶段将秉承"立足衢州、服务三衢、回归本源、突出主业、做精专业、协调发展"的经营理念,聚焦数字化、集约化、专业化,深入推进"调结构、促转型、降风险"的战略,通过优化内部资源、拓展资产业务、服务小微、进一步强化客户经理绿色信贷考核等措施,为实现绿色金融跨越发展作出新贡献。

助创型·案例二

高效便捷服务,助力绿色金融改革

[摘要]

为深入推进衢州市国家绿色金融改革创新试验区建设,浦发银行衢州分行建立组织保障,设立绿色金融中心;使用绿色标准;制订绿色政策;深化"最多跑一次"改革。本案例的亮点在于设立绿色金融中心的组织建设;拓宽线上服务渠道,让客户"不跑路";与衢州市市场监管局合作,成功开通"工商注册通"业务。

一、案例背景

为深入推进衢州市国家绿色金融改革创新试验区建设,充分发挥金融杠杆撬动作用,加大对传统产业和绿色产业的支持力度,浦发银行衢州分行充分利用该行优势,找准传统产业动能修复的切入点和着力点,探索可复制的、可推广的绿色金融服务模式和创新产品,培育绿色金融工作队伍,健全绿色金融组织体系。坚持边试点、边完善、边推广,扎实完成试点任务,稳妥拓展试点内容,稳步扩大试点影响,带动浙江省各地市共同推进绿色金融发展。

二、案例简述

(一)建立组织保障、设立绿色金融中心

浦发银行衢州分行绿色信贷工作由该行行长任领导小组组长,营销条线分管副行长

任副组长,本部各部门负责人和下属江山支行行长室任小组成员,实现绿色金融工作"一把手"负责制,明确分工,统筹协调,扎实推进绿色金融工作取得实效。与此同时,该行通过建立健全绿色金融激励与约束机制,将绿色金融工作在机构与个人全年绩效考核中予以体现,并及时对机构所开展的活动做好总结与数据统计,将机构特色做法与亮点工作及时报衢州市人行。

在组织体系构建方面,该行于2017年11月成立绿色金融中心,打造绿色金融专业团队。通过专题培训、横向交流、人才引进等方式提升从业人员在绿色金融发展理念、制度建设、产品创新、市场运营、调查研究等方面的能力。在高管人员、业务骨干以及新员工等培训中,加强绿色金融专题培训,加快培育一批掌握政策、了解实务的绿色金融人才。建立绿色金融产品经理的序列,对绿色金融产品经理进行持续深入的内外培训,使其成为行内绿色金融专家,以支持总行绿色金融业务的不断发展和规范管理。

(二)绿色标准

1. 理清绿色规范概念

通过加强基础研究,结合政府权威部门发布的绿色信贷定义,真正理清绿色信贷的概念、范围和规则。浦发银行制定了绿色信贷标识管理工作实施细则,在流程和机制上夯实绿色信贷发展基础。同时,该行已将全部绿色信贷标识及绿色项目主要技术参数纳入风险管理系统,实现绿色信贷线上合规化管理。

2. 统计标准化

所有项目贷款需审核贷前审查报告、可研报告、环评报告、立项批复文件及相关资料,资料中列明节能减排数据的均纳入绿色信贷,无数据的经过计算后纳入统计。明确用在绿色信贷项目上的流动资金贷款可纳入绿色信贷。该行无项目对应的可行性研究报告可以查询节能量,不纳入绿色信贷统计。

(三)绿色政策

一是设立单列绿色项目信贷额度,银行信贷规模趋于紧张的情况下,浦发银行总行为衢州地区的绿色金融项目预留充足信贷额度,确保项目提款。二是细化授信政策指引,加强资源倾斜。运用差别化的信贷政策,鼓励和支持化工、建材、金属制品、机械制造、造纸等传统企业绿色改造转型升级。三是建立绿色信贷行业目录,对绿色信贷实行绿色通道,形成以行业分类、行业投向为双向纬度的绿色信贷分类标准,建立了绿色信贷目录,规范绿色信贷口径。对属于行业目录内的授信申请开辟绿色通道,实行优先审批。四是对于绿色项目贷款定价实行"一事一议"制度,贷款利率较普通贷款利率具有明显价格优势。

(四)深化"最多跑一次"改革

"最多跑一次"改革工作启动以来,该行高度重视,认真贯彻落实衢州市政府和主管部门关于"最多跑一次"改革的决策部署,压实责任、细化分工,在技术、流程、服务等方面创新举措,积极推进改革措施落地,实现金融服务"不跑路""跑一次""少跑路"目标。

1. 拓宽线上服务渠道,让客户"不跑路"

该行通过信息平台、外部征信、银行内部大数据以及其他外部信息,对借款人进行综合评价,由系统在线自动审批,实现小微客户融资全流程在线、全自动化审批、全数据化管理的服务模式,实现以"互联网+"技术数据跑动代替人工跑动。

(1) 通过对浦银快贷平台的优化,对浙江网盛生意宝平台供应链等优质小微客户开展批量在线融资业务。通过该平台实现小微企业的信息授权、信息认证、信息传递等在线上直接完成,简化小微企业融资手续,提高审批效率,扩大小微企业服务覆盖面,让客户"零上门"即可获得信贷服务。

(2) 2018年年末,该行上线公积金点贷业务。这是该行专为公积金缴存客户提供的网络信用贷款,只要连续缴纳公积金满12个月以上即可申请,全程手机银行线上申请,5分钟即放款,最高30万元信用额度,随借随还。

2. 推动上门与预约服务,实现客户"只跑一次"

(1) 大力推广使用移动PAD。移动PAD是该行为零售、运营和对公人员开发的,加载于平板电脑PAD终端上的,用于外出营销和厅堂服务使用的便携式客户服务系统。该行结合社区支行的优势,由各机构组织外拓团队入街进区,为衢州市个体工商户、小微企业主提供上门金融和信贷服务,实现金融服务"零距离"。

(2) 采取多渠道预约开户。企业客户可通过微信、APP、官网等电子渠道方式预约开户,经办人员只要手指轻触即可快速预约开户,无须手工填写烦琐的开户信息,公司证照原件只需拍照上传,浦发银行后台系统即可识别并自动整合生成开户表单,客户可自行打印或前往预约网点打印表单,并提供上传的公司证照原件,就能去开户网点办理开户业务,预约开户成功的同时通过微信预约产品套餐功能,提供产品套餐一键签约模式,为客户签约网银、手机银行、单位结算卡等业务。真正实现客户"只跑一次"的目标,不仅可以大大减少银行网点柜面工作量,而且可以加快新客户签约产品的流程,提升客户的体验度,也便于银企对账按季开展(可通过网上银行、手机银行、微信银行等渠道完成对账),对账更及时。

3. 与衢州市市场监管局合作,成功开通"工商注册通"业务,让客户"少跑路"

该行将企业预约开户前置于工商无差异化受理窗口,企业在办理工商登记的同时,可以直接向该行发起开户申请,该行后台会在5~10分钟反馈审核结果,审核通过的立马会生成银行账号并直接将账户反馈至税务,用以签订代扣税协议及税务登记,减少客户到行政服务中心与银行之间往来次数。

三、实践效果

截至2019年6月末,浦发银行衢州分行绿色信贷余额26.54亿元,较年初增加9.99亿元,增速较同期对公贷款增速高23个百分点。累计为绿色信贷大类项目授信39.88亿元,已实际投放19.59亿元。为特种纸企业授信余额14.68亿元,占全行公司授信余额的30%以上,有效地支持了衢州市绿色信贷业务的发展。

四、小结

浦发银行衢州支行建立组织保障,设立绿色金融中心,使用绿色标准,制订绿色政策,深化"最多跑一次"改革。实现绿色信贷"贷动"绿色发展。浦发银行将继续巩固绿色信贷成果,以低碳银行为长期发展目标,以实际行动践行社会责任,以金融创新推动转型发展。

助创型·案例三

银政联动,助推绿色金融改革

 [摘要]

中信银行股份有限公司衢州分行是新进驻衢州的金融机构,作为金融行业的后来者,积极迎接挑战,结合自身特点推进绿色金融改革。通过优化开户流程,实现不动产登记"零跑腿",参与成立海外服务中心,成立首家归创驿站,提高服务效率,探索出中信特色服务之路,成为衢州绿色金融改革业务的一支重要力量,并加强了绿色金融的对外交流与合作。本案例的亮点在于银行与政府协同合作,在经济效益与社会效益上取得了显著提升。

一、案例背景

中信银行股份有限公司衢州分行是新进驻衢州的金融机构,作为金融行业的后来者,在如何结合自身特点推进绿色金融改革,走出中信的特色之路,助推绿色金融改革创新试验工作方面,中信银行衢州分行敢于面对困难,迎难而上,敢吃"螃蟹",大胆创新。

二、案例简述

(一)积极对接,优化开户流程

该行在对公账户开户方面,推广电子渠道预约开户,先后推出网上预约和手机预约开户,支持在线申请、在线预审核,展示开户办理进程,使企业了解开户进度,方便企业开立存款账户。

该行与衢州市市场监督管理局联合推广"工商企业通"金融服务。通过系统对接与线下服务相结合,实现市场监管注册窗口前移,为新办企业提供注册登记、账户开立、网上银行、结算等在内的"一站式"综合服务,满足企业从注册筹备到日常经营金融服务的全方位需求。

(二)无缝对接,实现不动产登记"零跑腿"

不动产登记是办理贷款过程中一大痛点,以往,客户需要在银行与行政服务中心来回跑,遇到行政窗口较忙时,客户等待时间长,办理抵质押登记费时、费力。为有效解决这一问题,该行积极与衢州市不动产登记中心对接,投入大量人力、物力,协商沟通,克服种种困难,依托"互联网+"和数据共享,将不动产抵押、登记、受理、收件工作,从不动产登记中心窗口延伸到该行网点,对符合办理抵押贷款条件的,一次性收取、办理抵押登记所需的资料,完成面签。该行工作人员将材料扫描后推送给不动产登记中心。由中心工作人员完成受理、审核、登簿后,再通过网络将登记信息共享回该行,在该行即可实时查询登记结果。

该系统实现了联网查询、无缝对接,有效解决了客户"多头跑、多次跑"的痛点,10分钟内可完成全部抵押手续,节约时间和成本,有效缩短了贷款和转贷时间,减少企业财务成本。

针对部分中外合资企业,因涉及外汇业务部分手续较为复杂,该行推出了工商注册(税务登记)、商务备案、外汇登记全流程服务。同时,充分利用外汇管理局衢州市中心支局推出的进出口企业名录,实现企业网上申报,加快业务办理速度。

(三)参与成立海外服务中心,实现涉外一站式服务

成立衢州市海外服务中心,是衢州实现涉外一站式服务的重要内容,是改善营商环境的重要方面。中信银行是最早办理国际业务的银行之一,利用该行是美国签证的独家代理行及中信银行涉外服务的优势,该行积极参与衢州市海外服务中心的筹建。2019年5月10日,衢州市涉外服务中心正式揭牌开业。中信银行衢州分行作为在衢金融机构中唯一一家单位,驻点衢州市涉外服务中心,主要提供签证代办、出国金融及来衢投资咨询服务,方便海内外客户办理各项业务,助推"最多跑一次"改革创新,让客户真正感受到了一家"有温度的银行"的周到服务。

成立衢州市涉外服务中心是衢州市围绕市民出国(出境)"一件事"办理、外籍人员来衢"一件事"办理和衢州市外经贸企业商事认证"一站式"办理等改革任务,探索衢州市涉外事务"一窗式""全流程"集成服务的一项重要举措。该行积极投入人力、物力、财力支持这一改革举措,克服种种困难,仅用1个月时间即实现了在涉外服务中心的驻点服务运营。中心未成立之时,群众首先需前往衢州市公安局出入境大厅办理护照,待护照签发后,根据群众目标出行国家选择方式办理签证,如通过大使馆签证中心官方网站办理、旅行社代办、网络平台代办、银行代办等,渠道多,选择难。

(四)首家归创驿站花落中信

2019年5月30日,衢州市召开了衢州市侨联七届二次全委(扩大)会暨归创驿站成立大会,衢州市首个归创驿站花落中信银行衢州分行。归创驿站主要针对的人群是海内外留学生,该行从金融服务、创业融资等方面为留学生提供力所能及的服务。

归创驿站成立后,该行与侨联在留学生领域开展全面合作,每月联合开展一次主题活动。2019年7月15日,该行与衢州市侨联,举办了"海燕集结行动",运用拓展训练、授课、参观行政服务中心和留学生创业基地等多种方式,为留学生们提供金融、创业等方面的服务。

三、实践效果

(一)经济效益

中信银行衢州分行与政府部门、监管部门之间加强信息共享、强化渠道建设、优化系统支撑、部门间协同作战,取得了绿色金融创新的多个第一:2018年7月15日,与衢州市不动产中心实现联网,首家实现不动产抵押登记"零跑腿";2019年5月10日,与衢州市14个部门联合成立衢州市海外服务中心,实现涉外业务一站式服务;2019年5月30日,与衢州市侨联合作,成立首个归创驿站,为海外留学生提供全方位金融服务。以上服务创新,拓展了国际业务与服务,打通绿色金融服务"最后一公里",极大地提高了服务效率,探索出了一条具有中信特色的绿色金融服务之路。

（二）社会效益

"一证通办——中信贷款直通车"业务实现了抵质押"零跑腿"，快捷、方便的服务引起了比较强烈的社会反响，衢州电视台、浙江电视台、今日头条等新闻媒体纷纷刊登、播出该行相关做法；中信银行杭州分行在《工作动态》栏目中，以《衢州分行在当地首家开通不动产抵押登记代办业务，助力最多跑一次改革》为标题，宣传、推广该行经验。

中信银行入驻涉外服务中心后，有效解决了办事群众"多头跑、多次跑"的痛点，而且银行严格的监管制度也为出境人员的信息保密提供了有力保障，受到群众的普遍欢迎。

四、小结

中信银行衢州分行与政府各部门的紧密合作，充分挖掘数据潜力，努力践行"让客户少跑腿，让数据多跑路"的理念，通过创新业务流程，简化业务程序，推动和深化"最多跑一次"改革，以高效便捷的服务助力绿色金融改革。中信银行衢州分行的绿色金融创新服务得到客户和社会的认可，存贷款各项业务稳健快速发展，绿色贷款余额达到15亿元，成为衢州绿色金融改革业务的一支重要力量。

助创型·案例四

绿色金融服务助力衢州绿色公交

[摘要]

2015年，招商银行衢州市分行中标成为某公交集团有限公司的唯一授信银行。作为战略合作伙伴，招商银行衢州市分行通过一揽子综合金融服务，助力公交集团加大投资，提高天然气、混合动力等清洁能源、新能源车辆占比，同时大力推行公交智能化，在"绿色交通"大道上携手共进。本案例的亮点在于银行为公交集团开发驾培系统，通过科创助力，实现智能化管理，并在经济效益、社会效益、环境效益上取得了显著提升。

一、案例背景

交通运输是国民经济中基础性、先导性、战略性产业和重要的服务性行业，也是能源消耗和温室气体排放的主要行业之一。"十三五"是交通运输基础设施发展、服务水平提高和转型发展的黄金时期，要求加快构建安全、便捷、高效、绿色、经济的综合交通运输体系。

围绕浙江省"十三五"发展规划的要求,衢州市将《衢州市综合交通运输"十三五"规划》列入衢州市"十三五"十大专项规划之一,将以降低交通运输能源消费和碳排放强度与总量为核心,以结构优化、科技创新、能力提升为主要途径,加快实现交通运输绿色发展。

二、案例简述

2015年,招商银行衢州市分行秉承支持绿色金融理念,中标成为某公交集团有限公司的唯一授信银行。该公交集团有限公司作为衢州市城市公共交通运营责任的主要承担者,始终坚持适应衢州城市建设和以满足百姓需求为己任,通过不断完善、优化公交线网布局,加快公交基础设施建设和车辆更新,加快推进城乡公交一体化发展。作为战略合作伙伴,招商银行衢州市分行(以下简称衢州招行)通过一揽子综合金融服务,助力公交集团加大投资,提高天然气、混合动力等清洁能源、新能源车辆占比,同时大力推行公交智能化,在绿色交通上携手共进。

(一)综合授信支持

2016年年初,根据公交集团近三年的绿色能源车辆更新以及日常运营需求,衢州招行为公交集团提供12 000万元的综合授信额度,其中固定资产贷款8 000万元,期限5年,以信用方式办理;中长期流动资金贷款4 000万元,期限3年,由公司房地产提供抵押。公交集团在2016年1—5月按实际用款需要提足12 000万元额度。2016年第四季度,根据公交集团资金需求,新增5 000万元综合授信额度,其中固定资产贷款2 000万元,期限5年,以信用方式办理;流动资金贷款3 000万元,期限3年,以信用方式办理。公交集团于2017年1月提用流动资金贷款3 000万元。截至2017年6月末,浙江衢州公交集团有限公司在招商银行贷款余额合计13 600万元,其中固定资产贷款余额7 600万元,流动资金贷款余额6 000万元。

亮点一:期限匹配,还款压力小。整个授信方案期限与公交集团需求匹配,均为中长期贷款,其中流动资金贷款3年,每半年还贷一次,前两年还款总额均为500万元,最后一年归还剩余金额;固定资产贷款5年,第二年开始还款,前三年每年归还本金的10%,最后一年归还剩余金额。

亮点二:授信担保措施以信用为主,公交集团名下抵押物评估价值8 571万元,贷款覆盖率约50%,未追加其他保证。

亮点三:定价低,节约成本。授信项下贷款提用均为基准利率,上浮水平较公交集团原贷款下降20%,仅财务成本每年可节省100万元以上。

(二)智慧支付支持

针对公交集团智能化的一体化需求,衢州招行配合协助公交集团实现省市公交一卡通互联互通规划,提供相应软硬件配套服务,加快推进交通便民卡系统的技改和智慧公交建设,最终实现公交一卡通,为乘客绿色出行带来更多便利。

同时配合公交集团下属驾校适应驾校新规,衢州招行负责开发与驾校核心系统对接的驾培系统,可以实现代扣查询等功能,实现智能化管理。

(三)综合性配套服务

除信贷支持外,衢州招行还为公交集团提供一揽子综合配套服务,包括资金结算、员

工代发工资、代缴代扣费用等,同时进企举办专场讲座,为集团员工提供专项理财、上门开卡服务等,大大提高了集团员工对零售业务的体验度。

三、实践效果

(一)公交集团开源节流

一方面,新能源车辆的投放使用帮助集团降低经营成本。以 2016 年为例,当年油费支出下降 705 万元,天然气支出下降 125 万元,电费支出增加 100 万元,合计支出下降 730 万元;同时,招行的低定价信贷支持帮助公交集团每年可降低约 100 万元的财务成本。另一方面,公交集团获得衢州市政府的大力支持,具体包括购车补贴、免费区间车补贴等,2016 年当年购车补贴约 3 700 万元,油气补贴约 1 500 万元,免费区间车补贴约 300 万元。

(二)提升绿色公交服务质效

新能源车辆如纯电动公交车,除了节能环保外,最重要的是舒适性得到很大提升,极大程度促进了绿色出行。同时在银行的大力支持下,公交集团 2017 年将在全域新增 15 条线路和 200 辆公交车支持移动支付;新增停车位 4 000 个,其中社会公共停车位 300 个;新增公交首末站 1 个,新建和改造公交停靠站 100 个。智慧支付的普及应用有效缓解了城市拥堵问题。

(三)提高清洁能源应用

在战略合作支持下,公交集团在新能源车辆更新上加大投入,更新新能源车辆 143 辆,占全部车辆总数的 25%。市区的绿色环保型公交车数量已达 446 辆,占全部公交车辆总数的 75.3%。其中,天然气汽车(含 11 辆气电混合动力车)有 264 辆,占 59.2%;纯电动公交车 73 辆,占 16.4%。

目前衢州公交集团在用的天然气公交车是以液化天然气(LNG)为燃料,以同等车长的天然车与柴油车做比较,2016 年 190 台 8.5 米级天然气公交车年节柴油量 4 639.48 吨,替代燃料量 4 732.27 吨油当量,二氧化碳减排量 514.31 吨;63 台 10.5 米级天然气公交车年节柴油量 1 805.9 吨,替代燃料量 1 842.02 吨油当量,二氧化碳减排量 247.62 吨。而纯电动车属于零排放、零污染的绿色新能源公共交通工具,不仅十分节能,具有较好的经济性,还没有传统公交车那样的发动机轰鸣声,能减少城市噪声污染。

四、小结

通过为某公交集团有限公司提供的一揽子综合金融服务,衢州招行满足了客户运营的资金周转需求,提高了清洁能源应用,降低了碳排放,有效促进了绿色出行。

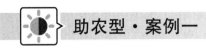

打造特色支行，助力金融绿色发展

[摘要]

在"两山"理念、"生态立县、特色兴县、产业强县"的发展战略的政策引领下，结合开化县是浙江省唯一一个、全国第四个国家公园体制试点且在2016年中国邮政储蓄银行开化县支行获批浙江省绿色金融特色支行的背景下，中国邮政储蓄银行开化县支行服务百姓，优化金融服务，优化金融产品，助"三农"小微绿色发展，创新产品发放情况优良，绿色信贷强有力地支持"三农"客户，该行成为2016年度衢州地区系统标杆，具有良好的示范性。开化支行模式创新具备较高的可复制性与可推广性。本案例的亮点在于其可复制性与可推广性，以及不良率0.3%的风险控制和经济效益提升。

一、案例背景

开化县近五年来深入践行"两山"理念，不断加强生态保护与建设，环境质量持续走在全省前列，是浙江省唯一一个、全国第四个国家公园体制试点，被授予"绿色中国"特别贡献奖。在"生态立县、特色兴县、产业强县"的发展战略中，绿色金融不仅是开化绿色经济的推手，也是国际金融业发展的新方向、新趋势。

中国邮政储蓄银行是中国领先的大型零售银行，定位于服务社区、服务中小企业、服务"三农"，致力于让广大"三农"客户享受到更便捷的金融服务，模式创新成为破解"三农"融资难题的重中之重。

二、案例简述

(一) 服务地方百姓，优化金融服务，树立业界标杆

每家银行都有网点服务标准，但执行情况参差不齐。服务地方经济就要从服务地方百姓开始，从优化金融服务着手。

1. 双创提升网点标准化服务

该行的支行营业部在银行业文明规范服务星级网点创建的同时推进省级巾帼示范岗创建，充分调动职工的积极性，把网点规范化服务做好、做实，在系统内成为全国转型示范网点，通过网点优质、文明、规范化的服务提升客户临柜体验，打造和谐绿色的金融服务环境。

2. 移动展业让金融服务飞入寻常百姓家

为更好服务"三农"经济，让金融服务走进农民劳作的田间地头、生活的村落商铺，该行通过移动展业平台将各类非现金业务带到寻常百姓家中。（1）整村授信小额贷由

村信息员受理,让贷款农户少跑一趟,在家门口就能申请贷款,使得邮储小额产品直面客户。(2)信贷工厂已建成,主要利用PAD上门受理,现场调查,现场信息录入,现场审批,现场放款,实现便捷的绿色信贷通道。(3)上门为客户办理开卡、商易通、扫码付等绿色结算业务。

3. 创新产品融合绿色金融与经济实体

该行领导在小微客户走访中了解到县内小电站、民营医院等因抵押物原因较难融资,立即着手创新"三农"产品模式,进行相关行业贷的申请与要素调整,让"三农"客户通过邮储银行切实享受到了政府扶持"三农"的政策,从而为友好水电站及欣安医院解决了企业升级、扩大经营的流动性资金缺口。企业主对低息信用贷纷纷赞不绝口。

(二)服务地方经济,优化金融产品,助力"三农"小微绿色发展

1. 积极参与政府绿色金融创新

2016年,人行开化县支行结合开化"生态立县、特色兴县、产业强县"的发展战略,创新推出"绿色资金风险池"模式,共五大业务,最高可覆盖小微企业贷款3.38亿元,以破解小微企业融资难、融资贵矛盾。邮储银行开化支行积极跟进,及时调整相关信贷产品要素,配合"绿色资金风险池"模式参与了小额保证保险贷、林权抵押贷两大业务,并凭借绿色特色支行优势,成为该模式第一家落实放款的银行。小额保证保险贷属于邮储银行平台合作类小额贷款产品,可涵盖该行其他小额信用贷产品:农户小额贷、商户小额贷、家庭农场贷、粮食订单贷等,使符合该行小额贷款制度却无法提供担保物的弱势农商经营主体顺利获得融资支持。由银、保双方进行独立调查,以加强风险控制;引入保险机构分摊贷款风险的担保方式,年利率为人民银行同期公布的同档次贷款基准利率上浮30%,客户的信用类融资成本远远低于市场上同类的小额信用贷款。

2. 积极参与政府"金屋顶"工程

自开化县政府下发《开化县金屋顶光伏富民工程实施方案》后,该行就为该项目量身定制光伏贷产品,无缝对接"金屋顶"项目的经销商与农户,为方案的推进提供资金保障,特色支行的快速产品创新得到了很好的体现。

3. 建立客户分层走访制度

该行领导带头走访"三农"、小微客户,急客户所急,供客户所需,打造服务对接一对一模式,通过绿色特色支行的优势结合县域特色开发了各种信用类贷款,解决小微融资抵押难、担保难等问题。现已开发小企业法人快捷贷、税贷通、流水贷、水电贷、医院贷、学校贷、供水贷、邮享贷、优享贷、家庭农场贷、整村授信等产品,为新老客户在一定程度上解决了抵押物不足时流动资金短缺问题。

三、实践效果

(一)经济效益

(1)在"绿色资金风险池"模式下,通过每个客户经理管辖一个绿色信用村、一个"金屋顶"富民项目村的形式,累计发放友好型小微保证保险贷200余笔,共计2 000余万元。其他创新产品共计发放50余笔,共计2 000余万元。截至2017年7月底,开化县支行贷款结余7.9亿元,较上年新增3.1亿元,不良率0.3%,半年内全面完成全年指标。

(2) 在对"三农"客户的绿色信贷支持中,该行客户郑某、苏某、江某最具代表性。客户郑某由先期粮食订单贷款 10 万元起步,继后申请了 45 万元的家庭农场贷扩大经营,现已发展成为当地有规模的家庭农场业主。客户苏某原来主要从事菌类种植,在该行支持下,现已完成传统农业向现代农业企业转型,小作坊改建大农场,目前建有数十亩鱼塘,种植樱桃、水蜜桃等果树,还种植茶花等观赏花卉,提升农场观赏品味,吸引农家乐旅客。

(二) 社会效益

邮储银行开化支行成为 2016 年度衢州地区系统标杆,双创工作、信贷工厂以点带面于 2017 年在全市范围进行推广。

四、小结

邮储银行开化支行模式创新符合国家支持实体经济、绿色产业发展的政策方针,具有明确的市场与客户定位,具备较高的可复制性与可推广性。该行将秉承总行服务"三农"的精神,紧紧围绕开化县政府"生态立县、特色兴县、产业强县"的发展战略,推动开化县实现绿色崛起。下一步该行将积极响应中央一号文件进行"三农"事业部改革,成立"三农"服务营销团队,继续推进模式创新。

助农型·案例二

"央行再贷款+绿色金融+科技"助力农民增收致富

[摘要]

常山县农业资源丰富,但是常山县农业产业化、集约化的发展仍未能取得突破性进展,部分农民仍然处于贫困水平。常山联合村镇银行定政策、给优惠,扶贫资金促发展;引科技、赠肥料,启动"仟禾福"惠农工程;聘专家、送技术,双重支撑促增收。农民贷款增加,农业年产量增加。赠送绿色生物化肥,改善农业环境。本案例的亮点在于绿色金融银科合作新模式,实现多方获益。

一、案例背景

常山县农业资源丰富,全县共有耕地面积 18.52 万亩,粮食总产量 7.5 万吨。农作物种类也非常丰富，全县蔬菜播种面积0.6万多亩，产量3.2万吨；瓜果播种面积5.06万亩，总产量8.35万吨。该县也是传统的茶叶产区，茶叶生产历史悠久。全县茶叶面积8 800亩，茶叶产量245万吨，产值1 100余万元，以常山银毫、柚乡春等品牌为主的名优茶产值占总产值的87.5%。至2013年，全县实现农林牧渔业总产值121 417万元，全年农作物播种面积342 454亩。

虽然常山县农业资源丰富，但是常山县农业产业化、集约化的发展仍未能取得突破性进展，部分农民仍然处于贫困水平。主要原因有以下三点：

一是缺技术。受农民自身教育文化水平限制，对新技术、新知识的学习接受能力处于较低水平，依然停留在传统生产方式上。在农业种植过程中过度依靠农药、化肥，导致农业生产成本的增加和生态环境的污染，直接影响粮食持续增产、农业提质增效、农民节本增收和农产品质量安全。

二是缺资金。目前，常山县缺少农业龙头企业，大多数农民仍维持自留地耕种模式。种植面积小且分散，加上农业生产周期较长，化肥农药成本高，经济效益低，农民脱贫致富成效慢。部分农民有扩大规模的意愿，但面临缺少土地流转等前期投入资金及后续效益不确定等因素。

三是缺专家。有技术、有资金还需要农业专家给予专业指导，才能实现增收节支和绿色生态可持续发展，真正改善农民的贫困问题。因缺少专家指导造成农作物产量低、土质板结的情况十分普遍。此外，农药化肥污染河道引起邻里纠纷，经营困难。

二、案例简述

近年来，由于土壤污染、生态环境破坏而产生了一系列食品安全问题，因此农业绿色发展也越来越受到政府和民众的重视。作为金融机构，该如何充分发挥服务职能，有效结合民生需求，响应政府号召，在行使企业社会责任的同时带动业务的发展呢？常山联合村镇银行根据多年来深耕"三农"积累的经验，探索一条利用"央行再贷款＋绿色金融＋科技"助推农民增收致富的新路子。

针对上述问题，常山联合村镇银行积极响应政府号召，助力常山农业绿色发展，加大产品创新和资金保障支持，截至2017年6月末，共为4 500户农户提供贷款资金8亿元。

（一）定政策、给优惠，扶贫资金促发展

人行常山县支行在了解常山联合村镇"仟禾福"惠农工程相关情况后，给予大力支持。2016年6月，常山联合村镇银行成为衢州市第一家获批扶贫再贷款资金的金融机构。1 000万元再贷款资金的到位，有效缓解了农民融资难、融资贵的问题，大力推进了常山农业绿色发展。

（二）引科技、赠肥料，启动"仟禾福"惠农工程

为助力农民增收致富，2016年常山联合村镇银行与杭州某农业生物科技有限公司联合推出"仟禾福"惠农工程，在原有信贷支农惠农产品基础上，与杭州某农业生物科技有限公司合作，聘请农技专家张法全老师作为技术顾问提供技术支持，免费向种植户发放安全、环保、绿色的新型"仟禾福"肥料，提升农产品产量和质量，改善农业环境。目前，已向种植水果、蔬菜的近60户种植户赠送价值10万元的"仟禾福"绿色生物化肥。

此外，多次邀请公司的专家为种植户进行上门技术指导，不断跟进示范农户"仟禾福"使用情况，对示范田进行挂牌对比，让"仟禾福"惠农工程落地生根。

(三) 聘专家、送技术，双重支撑促增收

为切实有效解决农民的技术难题，改善现有农民种植技术短板，常山联合村镇银行专门聘请了农技专家张法全老师为农业技术顾问，定期开展深入田间地头的实地走访，通过科技和专家技术的双重支撑，充分改善农民种地难的问题。自聘请张法全老师为农业技术顾问以来，已走访 100 多户农户，累计走访达 500 余次，切实缓解农民的缺专家、缺技术的难题，进一步助推了农业绿色发展。

三、实践效果

(一) 经济效益

常山联合村镇银行在有效帮助农业绿色发展、农民脱贫致富的同时，也提高了品牌知名度和社会认知度，带动其各项业务平稳、健康发展。截至 2017 年 6 月底，常山联合村镇银行的农户贷款达 2 848 户，较 2016 年同期增加 193 户，涉农贷款余额达 84 638.08 万元，较 2016 年同期增加了 300.85 万元。"仟禾福"惠农工程带动全县绿色农业年产量增收由 2014 年的 120 多吨增至 2016 年的 160 多吨。农民人均可支配收入由 2014 年的 1.39 万元增加到 2016 年的 1.67 万元，真正带动了农民增收致富，实现"惠农"。该模式的第一户受益者享受扶贫再贷款 10 万元、农技专家张法全老师全程技术指导、"仟禾福"化肥免费使用，年收入由 2014 年的亏损局面(年亏损 2 万元)扭转为盈利势头(年收入 14 万元)。种植规模从 2014 年的 5 亩增至 2017 年的 30 亩。

(二) 社会效益

在缓解融资难、融资贵问题的同时，该行聘请专家进行科技指导，带动农民增收致富，实现"惠农"。

(三) 环境效益

该行赠送"仟禾福"绿色生物化肥，扩大绿色生物化肥使用，有利于改善农业环境。

四、小结

常山县通过"央行再贷款＋绿色金融＋科技"的合作新模式，实现多方获益，不仅改善了农业环境，还实现了真正"惠农"，助力农业发展。

助农型·案例三

绿色金融助推"常山三宝"绿色转型升级

[摘要]

常山县委、县政府提出将振兴"常山三宝"作为农民增收的重要渠道和常山绿色农业发展的轴心。对此,常山农商银行精准发力,探索出了金融助推"常山三宝"绿色转型升级的新模式,推出"1+N"产业链服务模式,缓解融资难困境;提供个性化定制服务,破解融资贵难题;信息共享,推动"常山三宝"产业链绿色发展。本案例的亮点在于常山农商银行创新了银行、核心企业、上下游客户三方信息共享、风险共担的合作模式。

一、案例背景

自2014年《"常山三宝"振兴发展计划》实施以来,胡柚、山茶油、食用菌作为绿色农业的一个整体,首次写进政府的发展纲领之中。位于浙江省西部的常山县,素有"中国胡柚之乡""中国食用菌之乡""中国油茶之乡"之称。近年来,常山县以"常山三宝"为代表绿色农业快速发展,截至2016年12月末,胡柚种植面积10.5万亩,年产量13.5万吨,年产值10亿余元;茶籽种植面积26.5万亩,年产量0.53万吨,产值6亿余元;食用菌年产量达4.33万吨,产值3.11亿余元。该县有3万多户农户种植"常山三宝",占农户种植份额的70%左右,是农民收入的主要来源之一。

然而"常山三宝"在发展中困难重重,面临诸多问题。一是在农村地区能直接作为抵押的资产少,同时农户担保实力较弱。二是目前农村地区主要涉农金融机构出于贷款风险收益考虑,对农户贷款利率一般实行基准利率上浮40%以上的政策。三是农产品产销信息不对称,销路不畅。农产品的销售经过诸多环节,虽然城里的农产品价格相对较高,但是农户获得的实惠并不多。这些都给"常山三宝"经营主体融资造成了一定阻碍。

二、案例简述

为此,常山农商银行将"绿色发展"理念融入经营管理中,针对"常山三宝"产业现状,创新"常山三宝"产业链金融服务新模式,推进"常山三宝"产业绿色转型。

(一)推出"1+N"产业链服务模式,缓解融资难困境

常山农商银行突破传统的单个主体信贷模式,采用"1+N"产业链服务模式。以"核心企业"(即产业链中资产实力较强的农业龙头企业、农民专业合作社等)为中心,其产业链上游的供应商及下游的销售商为"N",对产业链上的客户进行培育扶持。根据客户的

合理资金需求、资信情况、经营规模、经营现金流、营业收入等综合信息进行分析,统一进行联合授信。这一方式有效缓解了农户特别是核心企业上下游农户融资难的困境,打破了农户因土地经营权、林权、农村住房等资产难以抵押的融资瓶颈。截至 2017 年 7 月末,常山农商银行为"常山三宝"核心企业发放贷款 8 户,金额达 6 120 万元;上下游客户发放贷款 1 117 户,金额达 22 565 万元。

(二)提供个性化定制服务,破解融资贵难题

常山农商银行通过"一企一策""一户一方案"模式,为各产业链经营主体提供个性化定制服务,且利率在同类产品基础上可优惠 5%~10%。核心企业可采用仓储质押、上下游客户可以提供房地产抵押、核心企业为上下游客户提供保证等方式。例如,对企业发放一笔金额 2 000 万元、期限两年的仓储质押贷款,企业利用收储的胡柚作为质押担保,优惠利息可达 50 余万元。

(三)信息共享,推动"常山三宝"产业链绿色发展

常山农商银行创新了银行、核心企业、上下游客户三方信息共享、风险共担的合作模式。一是对于银行来说,该模式使其通过核心企业了解农户的各种隐蔽信息。二是对于农户来说,该模式能有效缓解自身对市场了解不全面的状况。三是对于核心企业来说,该模式有效提高客户的忠诚度,保障自身货源渠道以及销售渠道,避免了一些客户的漫天要价而导致的不必要损失。

三、实践效果

(一)经济效益

1. 壮大"常山三宝"规模,走绿色可持续发展道路

在"1+N"产业链服务模式的支持下,"常山三宝"从最初的价格低、市场小、品质差逐步走向规模化、产业化、科技化的绿色发展道路。近几年"常山三宝"的种植面积、年产量、产值不断攀升(见表一)。截至 2016 年年末,"常山三宝"产值为 19.11 亿元,同比增长 17.53%,比 2014 年末增加了 5.43 亿元,增幅达 28.41%。

表一 "常山三宝"种植面积、年产量、产值情况

年 份	胡 柚			茶 籽			食 用 菌	
	种植面积(万亩)	年产量(万吨)	产值(亿元)	种植面积(万亩)	年产量(万吨)	产值(亿元)	年产量(万吨)	产值(亿元)
2014 年	9.1	11.5	6.9	15.6	0.35	4.2	3.68	2.58
2015 年	9.8	12.3	8.3	20.3	0.42	5.1	4.1	2.86
2016 年	10.5	13.5	10	26.5	0.53	6	4.33	3.11

2. 提升"常山三宝"品牌知名度,助推企业做优做强

2015 年 1 月,常山胡柚在舟山大宗商品交易中心上市交易,是我国柑橘类第一个在大宗商品上市交易的品种。2016 年 8 月,胡柚片以"衢枳壳"之名纳入《浙江省中药炮制规范》目录,胡柚市场品牌价值达到 10 亿元以上。

常山县荣获"全国油茶交易中心""全国山茶油价格指导中心"两块"国字号"招牌。

常山县食用菌形成了园区化的农业特色产业。县级食用菌科技示范园区1个,乡镇食用菌园区6个,园区先后获得"绿色特色农业生态示范园""省级现代农业园区建设示范点"等称号。2015年黄良水领衔发明的"一种黑木耳菌棒野外发菌方法"获国家发明专利,这是该县食用菌栽培类的第一个发明专利。

3. 实现绿色信贷,践行绿色金融发展理念

自2015年以来,"常山三宝"产业链业务贷款的贷款户数、贷款金额呈逐年上升的趋势。截至2017年7月末,"常山三宝"产业链业务贷款户数达1 125户,贷款余额达28 685万元。此外,"常山三宝"产业链业务贷款不良率呈逐年下跌趋势,截至2017年7月末,"常山三宝"不良贷款余额为118万元,不良率为0.41%,比2015年年末下降了0.32个百分点,已初步形成产业链的绿色良性可持续发展(见表二)。

表二 "常山三宝"产业链贷款情况

年 份	贷款户数(户)	贷款金额(万元)	不良贷款余额(万元)	贷款不良率(%)
2015年	464	13 275	97	0.73
2016年	785	20 724	113	0.55
2017年	1 125	28 685	118	0.41

(二) 社会效益

随着"常山三宝"产业链规模的壮大、品牌知名度的提高,全县农民人均可支配收入同步提高。农民人均可支配收入由2014年的1.39万元增加到2016年的1.67万元。如2013年,胡柚片的价格为每千克14元左右,自从将胡柚片入药应用,市场收购价已经涨到每千克30元左右,显著提升了胡柚的经济价值。

四、小结

常山农商银行在2014年《"常山三宝"振兴发展计划》指导下突破传统的单个主体信贷模式,采用"1+N"产业链服务模式;通过"一企一策""一户一方案"模式,为各产业链经营主体提供个性化定制服务降低融资成本;创新了银行、核心企业、上下游客户三方信息共享、风险共担的合作模式;壮大了"常山三宝"规模,走绿色可持续发展道路;提升了"常山三宝"品牌知名度,助推企业做优做强;促进农户增收致富,加快构建小康生活;实现绿色信贷,践行绿色金融发展理念。

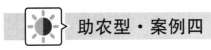

创新 BOT 方式探索农贸市场
提升改造新思路

[摘要]

城乡农贸市场往往存在环境脏乱、排风不畅、人车混杂、污水横流等现状,农贸市场项目的提升改造最大的问题是资金紧张。衢江区政府首次采取 BOT 形式。温州银行衢州分行以经营业主租赁期间的经营权质押参与解决融资,实现市场改造的顺利实施,探索出一条农贸市场提升改造的新思路。本案例的亮点在于政府与银行合作开展 BOT 形式。

一、案例背景

城乡农贸市场作为城乡居民菜篮子商品供应的特殊场所,它的功能作用具有较强的社会性和公益性。一个农贸市场的形成有很多的自然因素,在形成之初,确实为周边群众的生活和农民的农副产品交易带来很大的便利。随着经营规模的逐渐扩大,对经营场地扩容的需求也随之增加,部分经营业主往往通过简易材料进行搭建,以满足场地需求,不过因缺乏规划性及未能跟上周边市政建设的步伐,往往存在环境脏乱、排风不畅、人车混杂、污水横流等现状,与周边环境格调极不协调。

农贸市场的形象从某个侧面既反映城市形象,也反映政府形象,故政府也非常重视对农贸市场的改造提升,称之为"民心工程"和"惠民工程"。衢州市政府 2007 年出台了《关于加快衢州市区菜场建设和提升工作意见》(衢政办发 2007〔17 号〕),可由省、市两级财政对经营场所进行改造的业主予以补助,政府重视程度很高。但目前农贸市场项目的提升改造最大的问题仍是资金紧张。

在衢州市衢江区通浦路菜市场提升改造过程中,衢江区政府首次采取 BOT 形式(即建议—经营—转让)温州银行衢州分行以经营业主租赁期间的经营权质押参与解决融资,实现市场改造的顺利实施,探索出一条农贸市场提升改造的新思路。

二、案例简述

衢州市衢江区通浦路菜市场(亦称农贸市场)为衢江区工商局下属市场服务中心所有,根据市政府《关于加快衢州市区菜场建设和改造提升工作意见》的要求进行提升改造工程。原市场占地 12 亩,之前租赁期限 10 年,到期日为 2013 年 10 月。原市场内部钢结构 3 000 平方米,一层砖混房产面积 1 200 平方米(47 间),内部摊位 300 个。由单个租赁人从市场服务中心整体租赁后再对外分割招租。工程计划为原租赁期到期后在原址上重建市场。建设目标为按照浙江省《农贸市场设置与管理技术规范》和衢州市菜市场建设标准,建设成框架结构标准化菜市场,层数四层,其中地上三层,地下一层,地上第一、二层各5 500平方米,第三层约1 500平方米,地下一层停车场面积约3 000平方米。市场要求达到浙江省文明示范农贸市场、浙江省三星级文明规范市场以上标准,最终方案论证后投资约为2 800万元。

(一) 以BOT形式投建,解决投资主体问题

针对衢州市衢江区通浦路菜市场改造工程,衢江区工商局市场服务中心以25年的租赁期对外招标,通过招标竞租方式由获取承租权的承租人投建,租赁期到期后收回租赁经营权。经过招标由原承租人某公司中标。随即该公司与衢州市衢江区市场开发服务中心签订衢江区通浦路菜市场建设和特许经营协议合同,建设期为10个月。

该市场建造是衢州市首次采用BOT形式有效解决政府出资难的问题。

(二) 探讨创新质押方式,解决融资问题

承租人中标后,首先面临建设的资金问题。其向温州银行衢州分行提出融资需求1 500万元。银行按照项目建设的必要性、项目环境与相关批复审查、项目投融资分析、投资估算、自筹比例、还款来源等审查后确定贷款1 500万元,期限5年。

在业主提出市场特种经营权能否质押的问题后,温州银行查找相关文件及多渠道咨询,发现特别经营权质押在法律上具有争议,包括25年的市场特种经营权是属于承租人还是市场开发服务中心的归属问题。温州银行为此也专门组织了研讨会,通过法理分析,确定应做到关键两点:一是解决质押登记问题,在法律层面上做到尽职;二是需发包方即衢江区市场开发服务中心配合确认。衢江区市场开发服务中心根据衢江区政府以《关于通浦路菜市场改造提升工作协调会议纪要》形式要求各相关部门给予其"特事特办"待遇,同意以法律文书的形式进行双方进行确认,签署了《同意质押确认书》,内容重点为:项目实际所有权主体衢江区市场开发服务中心同意出具确认书,若承租人贷款不能按期归还,由衢江区市场开发服务中心重新进行招投,款项首先归还银行贷款本息。由承租人与银行签订质押合同。同时,菜市场特许经营权具体价值委托市某资产评估有限公司按货币现值法评估,评估价值符合银行的抵押率要求。

法律相关规定确实无"市场经营权"质押的明确登记部门。为解决登记问题,温州银行向工商局提出登记请求,但工商局查找了相关登记范畴,表示无法办理本项内容的登记。为此温州银行向当地政府寻求支持,并咨询了相关法律人士。银行提供的参考理由认为,所有的产权、权益等登记权力部门均为政府职能部门,只要政府明确本项权益的登记部门,法律上即会认可支持。后经衢江区政府协调,明确由工商局承办登记手续。

上述两项问题解决后,温州银行按项目贷款流程顺利实现投放,建设项目也顺利得到实施,并于2014年6月实施试营业。此后承租人每年收取租金后按计划归还贷款,直至目前未有违约。

三、实践效果

新建成的通浦路菜市场是目前衢州市单体面积最大的菜市场。市场总用地面积8 209平方米,占地面积6 119平方米,总建设面积16 030平方米,其中地下3 033平方米。地上一层菜市场面积3 436平方米(商铺49间,350个摊位),非机动车位面积1 544平方

米;二楼超市5 614平方米,三层建筑面积1 558平方米,停车位114个,其中地下64个,屋面停车位50个。新菜市场从原单层平面市场变为三楼立体市场,面积比原市场扩大4倍多。现市场内外环境已实现大变样。市场外部人车分流,秩序井然,见不到原本垃圾满地、污水横流的场面。内部采光通风明显改观,亮堂整洁,摊位区域划分清晰。

四、小结

衢江区政府首次采取BOT形式解决投资主体问题;探讨创新质押方式,解决融资问题。新建成的通浦路菜市场是目前衢州市单体面积最大的菜市场,目前该菜市场先后获得市级两星级文明规范市场、省级放心市场称号,现积极向争创智慧化农贸市场建设推进,最终实现政府、承租方、银行三方的共赢。

助农型·案例五

绿色金融创新助推"三农"绿色发展

[摘要]

银行业金融机构投身于"三农"事业,助力美丽乡村建设。"常山三宝"及休闲观光农业得以快速发展。但常山的农业产业在发展中面临规模、产值进一步扩大的内生动力不足等问题。常山联合村镇银行开发特色产品、专项资金,建立帮扶机制促进农户增收致富,实施了"三网合一"战略,提升农村金融服务。本案例的亮点在于构筑以机构网、电子网、人员网的网格化普惠服务体系,实现农民增收、农业产业规模化,经营业务快速增长。

一、案例背景

近几年来,政府及社会各界对"三农"的关注和支持度不断上升,在政府的大力推动下,美丽乡村和新农村建设活动如火如荼地进行中,农村的面貌发生了翻天覆地的变化。银行业金融机构作为促进地方经济发展的重要成员,也积极采取各种措施,投身于"三农"事业,助力美丽乡村建设。

常山县地处金衢盆地、钱塘江源头,农业、林业资源丰富,森林覆盖率达73.2%,可利用土地面积32万亩,水资源总量13亿立方米,生态环境优美。全县共有农村人口24万余人,分布在11个乡镇的180个行政村中,全县有近10万外出务工人员。农村人口以老、弱、病、小为主,农业产业化发展水平偏低,农村环境长期存在脏、乱、差的情况。

2011年来,政府投入了大量的财力、人力建设美丽乡村,农村环境发生了翻天覆地的变化,建成了一批美丽乡村、特色小镇,"常山三宝"产业及休闲观光农业得以快速发展。但常山的农业产业在发展中面临规模、产值进一步扩大的内生动力不足等问题。一是融资难,农业投入大、见效慢,投资主体通常实力一般,资产偏弱,缺乏有效担保,普遍存在融资难的问题;二是缺信息,受自身文化水平的限制,对政策理解不全面、不到位,农业技术更新不及时,缺乏对市场的有效判断;三是缺基础金融服务,偏远农村基础金融服务质量不高,甚至没有相关服务,办理业务极为不便。

二、案例简述

为助力常山美丽乡村建设,助推农业产业化进程,服务"三农",常山联合村镇银行在充分调研的基础上,深入研究,大胆创新。从融资难、担保难和基础金融服务质量不高等现状入手,通过创新担保方式,设立专项资金,建立帮扶机制,大力支持"三农"产业发展。

(一)特色产品、专项资金支持"三农"发展

为切实解决融资难问题,常山联合村镇银行一方面从产品入手,紧跟市场客户需求,加快产品开发,从产业链、龙头企业、经营特色等方面出发,先后推出了"农场乐""石+3""柚乡贷""林权抵押贷款"等信贷产品;在担保方式上,大力拓展农户联保、亲情担保和信用贷款,并引进专业"三农"担保公司,解决担保难问题。另一方面,从资金入手,多渠道筹集资金,如充分运用人行再贷款支持、向主发起行杭州联合银行拆借等,积极投放"三农"领域。该行开业至今已累计发放"三农"贷款近4 500户,共计8亿元,有效支持了"三农"产业的发展。

(二)建立帮扶机制促进农户增收致富

由于农民的专业知识水平有限,对政策的敏感度较低,对市场的判断力较差,存在跟风情况。针对这些实际问题,该行一是主动与农业局对接,及时跟进农业政策和专业指导;积极与农业专家对接,了解农业产品种植情况;二是与农民结对子,主动为农户对接农业项目和政府补贴。2016年,该行与40多户农户建立对子,给予定向信贷支持。6年来,常山联合村镇银行始终坚持村居化营销,长年坚持走村入户,不断地为农民讲解政策、送技术,践行普惠金融,每年走村达10 000余人次。

(三)"三网合一",提升农村金融服务

为进一步提升常山农村地区的基础金融服务,打通"最后一公里",实现普通金融服务不出村、综合金融服务不出镇,常山联合村镇银行实施了"三网合一"战略。先后构筑了机构网、电子网、人员网的网格化普惠服务体系,建立了一条物理网点、普惠金融服务站、跨界电子商务、自助机具、服务团队全面覆盖的立体服务格局,以信用村、普惠站建设为抓手,全面提升农村金融服务。

三、实践效果

(一)社会效益

观光旅游农业快速发展,实现农民增收。在美丽乡村建设的推动下,常山农村的生活

环境得以改变,2016年被评为"全国卫生县城"。全县共创建美丽乡村17个,特色小镇4个,有26个美丽乡村在创建中。建立了一批乡愁型、体验式农旅项目和特色民宿,全县建成各类家庭农场919个,2016年吸引了近1 000万人前来常山观光旅游,农民人均可支配收入从2014年的1.39万元增加到1.67万元。农村生态环境、农村生活水平显著提高。

(二) 经济效益

1. 农业产业实现规模化,知名度不断提高

在绿色金融的大力支持下,常山的农业逐步走向规模化、产业化。至2016年年末,传统三宝的胡柚、食用菌、油茶的产值为19.11亿元,比2014年增加了28.41%。2015年,常山胡柚在舟山大宗商品交易中心上市,并先后荣获"全国油茶交易中心""全国木本油料特色区域示范县""省级现代农业园区建设示范点"等称号。2017年承办了全国观赏石博览会,常山的知名度不断提高。

2. 经营业务快速增长,网格化服务格局形成

自2013年来,常山联合村镇银行的各项业务快速增长,存款年均增速21%,贷款年均增速14%。2016年年末,"三农"贷款占比85%,发放贷款5 980笔。"三网合一"战略初现成效,2016年全年走访行政村78个、走访农户12 038户;创建信用村40个,授信户数达3 017户;开立银行卡账户20 000余户,有效解决了偏远农村地区生活便利问题。该行的品牌知名度逐步提升,部分乡村的业务渗透率达40%,网格化的服务战略初现成效。

四、小结

常山联合村镇银行以特色产品、专项资金支持"三农"发展,建立帮扶机制促进农户增收致富,"三网合一",提升农村金融服务,实现农民增收,农业产业规模化,知名度不断提高;经营业务快速增长,形成网格化服务格局。

助农型·案例六

惠农网贷助力农户创业增收

[摘要]

农业银行衢州分行围绕中央"互联网+"战略,以惠农网贷为核心,创新架构农村金融互联网平台;批量化采集农户数据信息,推进农户贷款业务线上化改造;创新信贷模式,以两大路径建档;引进增信机制,实行差异化管理;提高风险容忍,提升服务能力;开展金融宣传。

一、案例背景

服务"三农"、做强县域,是党中央、国务院赋予农业银行的政治责任,是农业银行安身立命之本、竞争优势之源。根据互联网时代"三农"发展要求,中国农业银行总行党委把互联网金融服务"三农"作为2017年"三农"金融服务工作的一号工程。农业银行衢州分行(以下简称衢州农行)在上级行的引领下,围绕中央"互联网+"战略,以惠农网贷为核心,从农民在生产、消费、流通中的金融需求出发,在农业银行总行大平台下,选择和整合农民最想要的金融功能和方式,创新架构农村金融互联网平台,批量化采集农户数据信息,推进农户贷款业务线上化改造。针对农户小额、短期用信需求,衢州农行依托多方渠道采集数据和建立有效模型,把农户贷款业务"搬到"网上,实现农户贷款线上申贷、线上办贷、线上放贷,推动农户贷款向批量化、线上化、自动化作业方式转变,实现农户快捷、便利用信,助推农户贷款业务经营转型。

二、案例简述

(一)创新信贷模式

衢州农行"惠农网贷"产品是在立足农村"生产、供销、信用"三位一体的基础上,建立农户信贷档案,把农民生产生活数据变为信用融资依据,建立批量化、程式化、简单化的农户授信模式,对农户实行线上5万元以下自助为主的信用贷款,线上线下结合的30万元为主的特色贷款。对金融自治村优质客户,制定"金穗快农贷"产品,实行白名单准入,采用信用方式,除网点现场受理外,农户还可通过微信渠道发起贷款申请,实行自动审查审批发放的贷款,单户最高额度10万元,采取自助可循环方式,额度有效期最长3年,真正解决农民贷款难、贷款贵、贷款慢问题。

(二)以两大路径建档

"惠农网贷"业务的基础工作是农户建档,为了批量采集真实有效的当地农户生产供销信息,衢州农行从两大路径出发。一是坚持整村推进建档,以乡镇网点为中心,逐步对外扇形扩散,扩大建档的覆盖半径。充分发挥"惠农通"服务点、农村信息员作用以及乡镇挂职干部的地缘、人缘优势,筛选村风文明守信、村两委凝聚力强的行政村重点推进建档。在整村推进建档过程中,运用评价体系,做好风险防控措施。二是积极开展大数据合作,从源头批量获得、自动抓取客户信息,将真实、客观的财政补贴,农户生产供销等数据导入村民信贷档案,构筑多来源、多纬度、多产业的农户信贷基础数据库。

(三)引进增信机制

为缓解农户融资难、担保难问题,2016年11月,农业银行浙江省分行与浙江省担保集团有限公司合作开展了农户贷款保证担保业务。单户金额最高30万元,农行自主调查审查审批,手续简便,利率优惠,可自助循环,最大程度上降低了农户融资成本,截至2017年5月末,共发放省担保贷款184笔,余额2 143万元。

(四)实行差异化管理

对全市"惠农网贷"配置专项信贷规范,对金融自治村整村授信500万元以内的直接由一级支行审批。采取利率优惠,经村委评议小组评价、农行同意发放的农户贷款,最低可按人行同期基准利率发放,支持自助可循环功能,最大限度地降低村民用信成本。

(五) 提高风险容忍

降低经济资本计量系数,根据各行农户贷款不良率水平,最低可执行 4%;调整农户贷款拨备的承担比例,农户贷款余额 4%以内的减值准备由总行承担,农户贷款核销金额的 50%由总行承担;完善不良贷款责任追究制度,进一步明晰责任边界,明确尽职标准、认定程序和处理方式,对不可抗力因素和非主观过错造成的不良贷款予以免责;对管理不到位和出现道德风险的,坚决追究责任。

(六) 提升服务能力

优化网点布局,追踪农村城镇化和乡村撤并的新变化,遵循网点功能与客户需求相匹配的原则,调整优化乡镇网点布局;开展驻村服务,利用"三农"移动服务包等电子服务渠道定期上门为农户提供金融综合服务;完善服务功能,在实现"惠农通"机具"村村通"的同时,完善刷卡消费、小额转账、话费充值、代收代缴、农户贷款自助借还款等多项功能,满足农村区域特别是偏远地区的基础金融服务需求。

(七) 开展金融宣传

为了增强农户群体能运用绿色金融产品实现增收能力,衢州农行组建了农村专业宣传队伍,定期开展走村入户宣传培训活动,开展"惠农网贷"等产品的运用推广,面对面帮,手把手教,把农民培养成创业者,2017 年上半年累计开展普惠金融宣传活动 50 多场。

三、实践效果

衢州农行通过创新农户贷款业务模式,稳步加大农户贷款投放,着力提高农户贷款申贷获得率;同时深入推进金穗"惠农通"工程,不断提高农村基础金融服务覆盖面。至 2017 年 5 月末,该行农户建档 6.73 万户,涉及 629 个行政村;采集外部数据源 11 个,农户信息共 6 344 户。产生预授信档案 5.76 万户,其中白名单 298 户,绿名单 864 户,创建农村金融自治村 33 家,发展农村信息员 108 人。"惠农网贷"放款 536 户,余额 8 673 万元。布放"惠农通"1 095 台,乡镇覆盖率 100%,县以下行政村覆盖率 91%;前五个月交易量 14.5 万笔,金额 1.07 亿元。2017 年上半年,衢州农行通过上下联动、银政合作、村委配合,使"惠农网贷"产品得到了农户的认可。

四、小结

衢州农行创新架构农村金融互联网平台,批量化采集农户数据信息,推进农户贷款业务线上化改造。实现农户贷款线上申贷、线上办贷、线上放贷,推动农户贷款向批量化、线上化、自动化作业方式转变,实现农户快捷、便利用信,助推农户贷款业务经营转型。

农业产业链融资，助推农业集约化发展

 [摘要]

由于普遍缺少资产抵押，农户的授信额度不高，当单个农户要做强做大主业时，普遍遇到抵押资产不够、信用额度不足的问题。为支持农业生产集约化、产业化、规模化，人民银行衢州市中心支行组织邮政储蓄银行龙游县支行、衢江农商银行利用"中征应收账款融资服务平台"，引导农业核心企业、农户加入融资平台，为低收入农户增信，有效推动了农业产业的转型升级，提高了融资效率和农民收入水平。本案例的亮点在于通过融资平台，质押的销货款及时回笼到贷款行，做到了良好的风险控制，并同时提升了经济效益与社会效益。

一、案例背景

当前，虽然已经开展农村信用体系建设，农村金融机构对每户农户进行了授信。但由于普遍缺少资产抵押，农户的授信额度不高，在5万元～30万元。这样只解决了农户的一般资金需求。当单个农户要做点事业，做强做大主业，就普遍遇到抵押资产不够、信用额度不足的问题。特别是贫困户，更是弱小，生产资金严重不足，难以走出贫困怪圈。为帮助农户扩大再生产，支持农业生产集约化、产业化、规模化，中国人民银行衢州市中心支行贯彻落实《中国人民银行　工业与信息化部　银监会　证监会　保监会关于金融支持制造强国建设的指导意见》（银发〔2017〕58号），支持商业银行将应收账款质押融资作为拓宽农户融资渠道的重要途径，组织邮政储蓄银行龙游县支行、衢江农商银行利用"中征应收账款融资服务平台"（简称融资平台），引导农业核心企业、农户加入融资平台，为供需双方搭建信息服务中介桥梁，帮助农户进一步盘活应收账款，增进信用，拓宽融资渠道，解决融资难问题。

二、案例简述

（一）助推种粮大户融资

随着粮食生产规模化、机械化水平的提高，传统的小额农贷很难满足种粮大户规模种植的资金需求，特别是用于购买插秧机、烘干机等机器设备，建造粮食仓库等资金需求。邮储银行龙游县支行推动龙游县粮食收储公司与种粮大户分别在融资平台上注册，将粮食订单质押业务线上化。依托融资平台，流转土地种粮面积在50亩以上的种粮大户上传种粮直补资金、奖励资金和粮食收购订单等账款信息，由粮食收储公司对拟收购粮食总量、最低收购价格和粮食订单等信息进行核实、确认，保障账款信息的真实性。粮农向邮储银行龙游县支行发送融资需求,龙游邮储银行在收到粮农发送的融资需求后,根据订单收购资金与补贴资金数额测算粮食订单质押贷款金额,原则上每亩贷 600 元,并在线回复融资意向,让急需获得大额贷款的农户以最快速度达成融资合作意向。目前,农户和新型农村经济主体在融资平台上共实现融资 13 笔,金额 676 万元。而且,贷款额度上限比普通小额贷款要高出许多,种粮大户每户平均增信 30 万元;贷款利率执行给予优惠政策,除去财政贴息,实际贷款利率仅为 2.655%,真正做到把实惠留给农户。

(二) 为低收入农户增信

衢江区廿里镇后溪村是个典型的低收入农户集中村。后溪村某食用菌专业合作社(简称合作社)是集菌种、菌棒培育、菌菇生产和销售于一体的现代农业科技企业,茶树菇菌棚是衢江区特扶办扶持项目。合作社派员从消毒、接种、培育管理等开展全程跟踪技术指导和培训,并包销售。除去农户人工成本外,每个菌包可有 2 元左右收益。衢江农商行以合作社为核心企业,农户将产出菌卖给合作社的销售货款作为应收账款质押,由合作社在融资平台上确认后,由农商行贷款给农户,用于购买、建造、租赁食用菌种植所需的农业生产资料。目前,融资平台成交 10 笔融资共 345 万元。一般农户(贫困户)整村授信、整村批发额度只有 5 万元左右,现在通过应收账款质押,为衢州市衢江区某食用菌专业合作社承包农户增信 30 万元。

三、实践效果

(一) 经济效益

1. 推动农业产业的转型升级

通过融资平台,盘活存量账款,为农户增加 30 万元的授信额度,放大了农户的贷款规模,解决了农户贷款无资产抵押的难题,满足了规模种植、深加工等扩大再生产的资金需求,促进了绿色循环经济的可持续发展。

2. 拓展了贷款品种

农户的质押贷款,通过融资平台,经过农业龙头企业确认,质押的销货款及时回笼到贷款行,大大降低了风险,提高了安全性。

(二) 社会效益

质押销贷款,避免为填补资金缺口向担保公司寻求担保而支付其手续费、保证金等费用,降低了融资成本,增加了收入。低收入农户参与、融入整个食用菌产业链里,就能得到产业链的利润分配,提高了农民的收入。

融资平台登记、确认均在互联网上办理,真正实现信息资源共享互惠互利,实现账款融资线上化操作,简化了质押手续,提高了融资效率。

四、小结

邮政储蓄银行龙游县支行、衢江农商银行利用"中征应收账款融资服务平台",成功引导农业核心企业、农户加入融资平台,拓宽了融资渠道,解决了融资难问题,助力农业产业转型。应收账款质押融资将作为拓宽农户融资渠道的重要途径,成为绿色信贷创新的重要举措。

助农型·案例八

银担协作助力农村特色养殖绿色发展

 [摘要]

开化县桐村镇华山村颜某多年养殖獭兔,面临养殖空间狭小、环境恶劣、细菌滋生,病死率高等问题,兔子排泄物无法处理,对环境造成较大污染。由于缺少抵押品和担保人,该养殖户难以获得融资担保和贷款。泰隆银行开化支行通过争取多方联合担保,提供绿色信贷支持,有效解决了无抵押、有劳动能力、有发展前景客户的贷款需求,助力农村特色养殖绿色发展。本案例的亮点在于银行与多方协同合作,给予金融扶持,引进科技为农村养殖助力。

一、案例背景

开化县桐村镇华山村颜某是一位多年养殖獭兔的养殖户,他将兔子养在废弃的教室中,养殖空间狭小、环境恶劣、细菌滋生,兔子病死率高,排泄物无法处理,对环境造成较大污染。但由于缺少抵押品和担保人,颜某难以获得融资担保,怎样才能获得银行的贷款便成了此类养殖户最"头痛"的问题。泰隆银行开化支行了解情况,开展深入调研,并给予金融扶持。

二、案例简述

(一)主动帮忙联系客户,解决无抵押物及无担保的问题

该行员工从客户自身情况出发,深入发掘客户的第二还款来源,通过自身的一些关系网有效解决了无抵押、有劳动能力、有发展前景客户的贷款需求。

(二)多方联合担保,提供绿色信贷支持

通过与客户所在合作社、政府平台进行联系,争取开化县担保公司、合作社的担保。随着合作的深入,泰隆银行陆续给该养殖户发放贷款130万元。

三、实践效果

据颜某介绍,自2013年至今,养殖场建设规模在泰隆银行的支持下获得了极大提升,目前养殖基地共占地20亩,共有养殖厂房5个。

(一)兔子成活率以及繁殖速度增加

目前养殖成兔4 000只,幼兔2 100只,种兔700只。新厂房干净整洁、明亮,而且关键是通风,无味道,细菌、病菌减少很多。

(二) 引入机械化的养殖新模式

为减少獭兔排泄物所产生的污染,引进机械化养殖设备,解决了兔子排泄物对环境所产生的污染问题,实现兔粪机械化处理。

(三) 远程监控可视化

目前,养殖厂房里已装上高清监控,实时监控獭兔行动,防止养殖突发风险。

四、小结

银担协作有效地解决了无抵押、有劳动能力、有发展前景客户的贷款需求,并为引入机械化的养殖新模式提供了资金保障,成功助力了农村特色养殖绿色发展。

助农型·案例九

开启金融支持生猪养殖生态循环农业新模式

[摘要]

龙游县是全国生猪调出大县、浙江省畜牧强县,然而生猪养殖与环境保护之间的矛盾十分突出。龙游县以实施生猪养殖污染治理为突破口,通过政府主导、财政补贴、人行引导、金融倾斜等措施,引导生猪养殖户开展养殖模式创新,并形成以"开启模式"为龙头的生态循环农业种养模式。中国农业发展银行龙游县支行创新担保方式,辖内金融机构创新金融产品,龙游农商行给予信贷支持,成功提升技术,带动农业增收,促进农业良性生态循环。污物利用,变废为宝。运用沼气发电,实现清洁生产,减少能耗与污染。"开启模式"得到农业农村部领导的充分肯定,且已在湖南、江西、江苏、内蒙古等地生根开花,有效推进全国农业发展的转型升级。本案例的亮点在于银行等金融机构与政府、企业协同合作,并与科研机构联合开发液体有机专用肥,进行科创助力。在经济效益与环境效益上取得了显著提升,具有明显的推广普及价值

一、案例背景

龙游县地处钱塘江源头的生态屏障区,作为传统农业大县,是全国生猪调出大县、浙江省畜牧强县。2015 年年末,全县生猪饲养户数有近 600 户、饲养量约为 110 万头,随着浙江省"五水共治"工作的推进,生猪养殖与环境保护之间的矛盾十分突出。为实现"一江

清水出龙游"的承诺,龙游县以实施整县域推进生态循环农业省级试点为契机,以生猪养殖污染治理为突破口,通过政府主导、财政补贴、人行引导、金融倾斜等措施,引导生猪养殖户开展养殖模式创新,并形成以"开启模式"为龙头的生态循环农业种养模式。

二、案例简述

"开启模式"是农业生态大循环模式,以生猪养殖场的粪便及污水、稻草秸秆、茶叶末等农业废弃物为原料,通过厌氧发酵生产沼气,经发电机组生产电力后上网销售,沼气发电机组的余热用于厌氧消化的增温,厌氧消化的剩余物即为沼液和沼渣,可作为有机肥料。该模式的实施既解决了生猪粪便污染问题,又可开发清洁生物质能源,变废为宝;生产的有机肥使用后,可改善土壤环境质量,促进生态环境的良性循环。开启大生态循环模式流程主要如图一至图三所示。

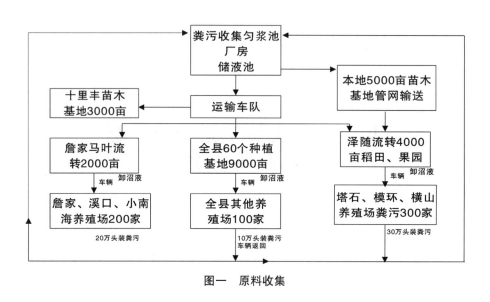

图一 原料收集

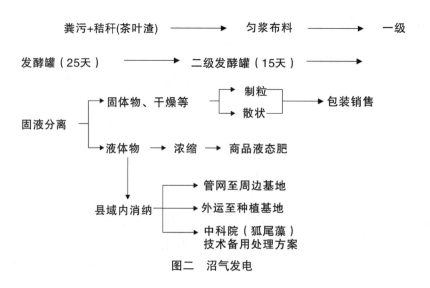

图二 沼气发电

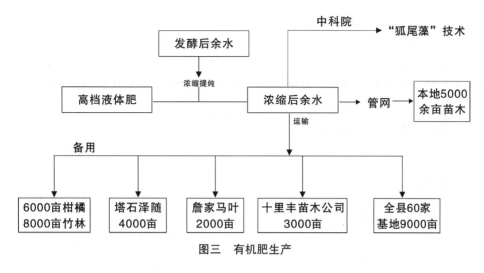

图三 有机肥生产

(一) 创新担保方式,满足"开启模式"吸纳能力

浙江某农牧科技有限公司作为浙江某能源科技有限公司(以下简称某能源公司)的母公司,主要从事生猪、淡水鱼、珍珠的养殖及茶叶、苗木的种植,与某能源公司比邻而居,养殖区域产生的粪尿等排泄物供某能源公司发电,实现无害化处理、资源化利用。为推进全县生猪养殖户(企业)走绿色、清洁、环保、节约养殖模式,农发行龙游县支行对某能源公司发放农业科技贷款3 000万元,龙游农商行以浙江某农牧科技有限公司为龙头,面向三家合作社,优化"银行+合作社+社员+担保基金"模式,在综合授信额度内,龙游农商银行对专业合作社成员按担保基金出资额的5倍发放贷款,单个成员最大担保贷款额度为600万元,有效撬动生猪生态循环养殖资金杠杆。目前某能源公司已配备16辆全封闭式吸粪车对全县养殖户畜禽排泄物进行统一收集,经过处理,年产固态有机肥1.6万吨,液态浓缩肥1.5万吨。通过统一收集处理,解决了畜禽排泄物直接就近排放土地、河流导致的土壤盐碱、水体富氧、臭味刺鼻等一系列环境污染问题,弥补了规模养殖场所建沼气设施产生的沼气能源化利用率低、直接外排等不足。

(二) 创新金融产品,满足"开启模式"设备投入资金需求

为有效满足某能源公司沼气发电、有机肥生产等项目资金需求,辖内金融机构依托应收账款融资服务平台,推动政府采购项目加入平台,创新金融产品,加大信贷资金支持力度。如龙游农商行在给予某能源公司传统抵押贷款2 000万元的基础上,探索发放应收账款质押贷款,以项目建设财政补助款为质押物,实行专户管理,封闭运行,向某能源公司发放应收账款质押贷款1 000万元,主要用于支持某能源公司第二期1兆瓦发电工程项目建设以及污水处理设备投入。某能源公司利用畜禽排泄物或秸秆混合做原料沼气发电,在完成二期工程建设后,引进国内领先的污水处理设备,建造两座总容量为1万吨的储液罐,10座容量不等的专用肥储蓄罐,对沼液进行10倍的浓缩处理,制作不同植物的专用肥。至此,某能源公司已实现2兆瓦的装机容量,年发电量达1 600万 kWh,每年可收集利用生猪排泄物18万吨,相当于60万头生猪的排泄量。

(三) 强化金融服务,满足"开启模式"链式发展资金需求

2014年,某能源公司成立下游公司,流转土地约5 000亩,建立沼肥使用示范区,进行

沼肥深度开发利用,拓宽应用领域。为满足下游家庭农场沼肥利用的资金需求,龙游农商行给予其700万元信贷支持,主要用于建设沼液储存池、沼液输送管道、喷滴灌等设施。农场利用某能源公司浓缩后的液态肥,用于水稻、蔬菜、油菜、瓜果等多种农作物和经济作物的施肥。按某能源公司现有固态和液态有机肥生产能力,年可播种有机种植业面积5万亩。由于产量较大,农场仅能消纳较小的一部分,剩下的靠政府以600元/吨的价格采购,卖给当地的种植大户,有效推进畜牧业与种植业链式发展,与第二、三产业联动,实现产业整体转型升级。

三、实践效果

(一)技术提升,完善链条

为深化"开启模式",某能源公司引进污水处理设备,并与科研机构联合开发液体有机专用肥,针对不同农作物的需求,开发品种繁多的高效农业专用液体肥,填补高效营养肥依靠国外进口的空白,打破普通液体肥量大、运输成本高、受区域限制的瓶颈。该项技术进一步促进农业良性生态循环,带动农业增收,在全国科技农业中起到了领先示范作用。

(二)污物利用,变废为宝

某能源公司采用热电联供技术,发电余热提供发酵热能,发酵后的沼液、沼渣通过深加工作为优质有机肥料用于农业园区及其他种植业,扩大沼液利用规模,减少化肥对土壤的破坏,提高农产品的品质,为社会提供更多的优质、绿色、环保、健康的有机产品。

(三)沼气发电,一举两得

一方面,"开启模式"将生猪排泄物生产沼气用于发电,发电装机容量2兆瓦,可减少养殖污染,减排温室气体,并使排泄物得以再生利用,实现清洁生产和畜禽养殖排泄物的零排放,获得了显著的环境效益;另一方面,畜禽养殖排泄物经过中温厌氧发酵处理,可杀灭其中的致病菌和寄生虫卵,防止疫病的传播,改善畜牧业的卫生环境,促进畜牧业生产安全,有效改善土壤肥力,替代化肥使用,减少生产化肥环节的能源消耗、环境污染。

四、小结

"开启模式"主要依托浙江某能源科技有限公司,其"生猪畜养—沼气发电—沼质(肥)—作物"的生态循环模式在浙江省是首家,在全国也是先例。2015年9月,农业农村部组织全国农业厅领导专家前来学习考察"开启模式",在龙游召开生态循环农业现场会;2016年继续在该公司召开全国现场推进会,农业农村部部长亲自到会指导,"开启模式"得到农业农村部领导的充分肯定。同时,江西、甘肃、吉林、湖南等地的多个省市前来参观考察"开启模式",目前,该模式已在湖南、江西、江苏、内蒙古等地生根开花,有效推进全国农业发展的转型升级。

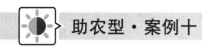

绿色金融支持农业产业化转型升级

××项目是衢州市柯城区政府加快推动绿色发展、转型发展、集聚发展、全力推进全区美丽乡村建设的省重点项目。柯城区政府又通过项目回购的形式以补促建支持产业主体的农业开发转型升级。2017年年初,中国银行衢州市分行主动对接,通过创新项目操作规程,提供利率优惠,统筹规范信贷资金使用,成功助力龙头企业现代化,提升衢州美丽乡村的品牌效应,促进农业的产业化转型升级。本案例的亮点在于银行与政府协同合作,并通过追加保险方式,做好整体风险控制。具有良好的推广普及价值,起到了风向标的引领作用。

一、案例背景

2016年年末,省中医药健康旅游示范项目——××项目落户衢州市柯城区华墅乡。××项目是衢州市柯城区政府加快推动绿色发展、转型发展、集聚发展,全力推进全区美丽乡村建设,突出"田园城市"主题,促进区域产业融合发展的省重点项目。项目在5 000亩的低丘缓坡上进行全面规范的土地整理,造好水田,经过两季水稻种植后,再布产业、引健康,将绿水青山真正转化成金山银山。政府通过公平、公开竞争和"以补促建"EPC模式将垦造水田和种植水稻工程总承包给产业主体,区政府又通过项目回购的形式以补促建支持产业主体的农业开发转型升级。由于农业产业存在前期投入大、投资回报慢的特点,项目前期就遭遇到融资困难、农民观望、启动艰难的困境。

二、案例简述

2017年年初,从项目主管部门了解到相关情况后,中国银行衢州市分行主动对接,上下联动、团队协作,迅速进行行内资源的整合,项目前期建设中对施工人员发放福农分期,专款专用,做好工程建设的资金保障,中期对水稻种植进行授信支持,确保土地整理的成效,同时做好项目的一、二期滚动开发,迅速复制成功经验。接着,再对中医药健康旅游示范项目主体进行农业开发项目综合授信,持续投入、有序产出,促进农业的产业化转型升级。

(一)创新项目操作规程,防范资金风险

政府、企业主体、银行、福农分期客户签订四方协议,明确政府回购资金、客户授信资金的封闭运行。授信由项目主体及施工单位等关联方提供连带责任保证担保,形成共同监管的利益共同体,确保授信用于项目建设,确保授信有明确的还款来源。同时,发挥中国银行集团化经营优势,追加中银保险个贷险、借款人意外险,做好整体风险的把控和分担。

(二)利率优惠期限灵活,最大限度方便客户

签订福农分期四方协议后,符合福农分期的客户只需填写《福农分期申请表》就可使用分期贷款。按客户在项目中实际需要的资金确定分期金额,每位客户的最高额度可达100万元。为降低客户负担,向中国银行浙江省分行申请了最优惠的利率。授信期限按政府回购资金到位的时间节点灵活制定,客户有充分的提前还款选择权。

(三)统筹规范信贷资金使用,确保项目完工

政府回购资金在中国银行衢州分行设立专户,由区财政局、政府牵头部门共同负责工程项目建设的监督和资金拨付的监督,在严格授信资金发放的同时,信贷资金还接受政府与项目主体监督,确保进入项目建设。在满足项目建设期资金需求的同时,同步启动项目产业化主体的综合授信,统筹运作,确保金融服务的全流程、不间断。

三、实践效果

(一)全流程的金融服务,助力龙头企业现代化,提升衢州美丽乡村的品牌效应

中国银行衢州市分行对该项目的支持并不限于项目的前期土地平整和水稻种植,而是延伸至项目后期打造的中医药种植、观光、养生产业的健康小镇,对项目同步设计整体的全流程金融服务方案,为项目投资方解决后顾之忧。目前,××项目顺利推进中,政府在基建工程完工后将启动首期回购。特别是在中国银行授信实质性投放后,其他银行同业也纷纷跟进,形成良性循环互动,起到了风向标的引领作用。

(二)促进产业转型升级,增强产品的竞争力

近几年,政府主导农业转型升级,发挥财政资金的"四两拨千斤"作用,加大对有机农业、家庭农场、现代化规模农业项目的补助补贴。但由于起步晚、积累少,衢州市大部分农业经营主体在硬件设施,如钢结构大棚、水喷系统等转型升级前期投入上普遍存在资金短缺问题。通过中国银行前期以福农分期为主要载体的信贷有效介入,在不影响农户自身经营现金流的情况下,完成硬件配套设施的转型升级,并通过验收审核获得政府补贴资金归还银行授信。据不完全统计,中国银行衢州市分行支持的福农分期客户项目,成功争取到政府补助资金5亿元左右,撬动农业转型升级,提升了产品的竞争能力。

四、小结

中国银行衢州市分行通过创新项目操作规程,提供利率优惠,统筹规范信贷资金使用,成功助力龙头企业现代化,提升衢州美丽乡村的品牌效应,促进农业的产业化转型升级。

(一)福农分期涉及的项目范围广、可复制性强

中国银行的福农分期涉及农、林、牧业,特别对政府补贴项目均优先支持。近年来,衢州市政府践行"两山"理论,大力发展"美丽乡村"生态、旅游、休闲、健康为一体的绿色产业,各市、县、区也在打造"一村一品",家庭农场、现代化规模农业、水稻种植、健康小镇等产业布局。为促进农业各领域的转型升级,提升农业品牌效应,政府每年出台农业补助资金。

(二)操作方便灵活,经营主体接受度高

中国银行通过对农村市场的调研,发现绝大部分农户因缺少有效抵押物而无法获得国有银行的信贷支持。从 2014 年起,衢州市中行因地制宜推出福农分期业务,创新担保方式,将林权等纳入抵质押范围,有政府补贴资金的农户或者农业龙头企业、农业合作社自然人、法人缺少资金都可以通过申请获得福农分期贷款。手续方便、利率优惠,得到农户好评。

(三)全流程服务,有效控制风险

农业的产业化、规模化,使农业不再是单一的种或养、各自的单打独斗,相应的需要金融服务的流程化、集约化。全流程金融服务,拓展金融服务的时间和空间,全面解决项目的后顾之忧,使服务更到位、更可持续,同时也切实降低项目授信风险。有明确的信贷资金用途,封闭式的资金运行,持续有效的资金预期,授信资金更安全、有保障。特别是诸如本案例项目建设的运营一体化项目和转型升级项目,更需要这种链式、系统的金融服务。

助农型·案例十一

绿色金融服务支持农产品加工业绿色崛起

[摘要]

江山市 2016 年启动农业传统产业振兴三年行动计划(2016—2018 年),着力打造"一桃二业三白"传统农业产业五大提升工程,致力于打造"高效生态、特色精品、安全放心"农产品。江山农商行围绕这一目标,通过量身定制"一揽子"金融服务方案,在产品和服务上持续优化升级,助力 35 家传统农产品加工企业转型升级。有效拓展市场空间,提高企业盈利能力,助推江山市农产品产业集群实现绿色崛起。本案例的亮点在于使用电商平台与"小微专车"评级技术,进行科创助力,在经济效益上取得了显著提升。

一、案例背景

江山市 2016 年启动农业传统产业振兴三年行动计划(2016—2018 年),着力打造"一桃二业三白"传统农业产业(猕猴桃、蜂业、茶业、白菇、白毛乌骨鸡、白鹅)五大提升工程,致力于打造"高效生态、特色精品、安全放心"农产品。

二、案例简述

江山农商行围绕这一目标,着力解决传统农业产业转型面临的诸多难题,通过量身定制一揽子金融服务方案,在产品和服务上持续优化升级。

江山农商行开辟量身定制绿色通道,实施产业网格服务,对特色农业企业一对一扶持;创新推出税银贷、商标专用权质押贷款、仓储质押贷款、税银贷、农产品经纪人贷款等产品,激活了特色农业的"沉睡资产";以创新循环贷、灵活还款方式等服务模式,为实体经营发展续力,推出电商贷助推农产品销售驶入电商快道。

(一)实施产业网格服务

以"走千访万"活动为契机推进产业网格服务,由下级支行对接认领辖内特色产业尤其是特色农业,客户经理每月开展一次进企业走访接地气活动,累计走访农产品加工企业348家、农民专业合作社267家。该行还将全市农产品加工企业实行名单制管理,依托CRM系统以"一个产业一个网格"的形式对企业实行一对一服务,对其转型发展计划、融资需求、技术改造等全面调查、摸底、建档,按需求、种类梳理归类,提高服务的针对性、有效性,确保"改进服务围绕客户转,创新模式跟着市场走"。同时该行还对猕猴桃、白菇、养蜂、绿牡丹茶等4大产业化协会建立跟踪回访机制,对上述产业企业存在的经营困难提出意见和建议,建立台账,形成任务交办清单,及时向客户反馈办理结果。对于企业因扩大经营规模和临时性、季节性经营资金困难,积极与企业共商融资方案,着力增加授信额度,尽可能满足企业融资需求。

(二)创新个性化产品

该行坚持金融创新贴近企业和客户需求,从节点、速度、额度、便利度设计个性化系列贷款产品。针对部分农产品加工企业存货多、占用资金大等特点,相继创新推出了应收账款质押、储仓质押、税银贷等信贷产品,积极开办银行承兑汇票、票据贴现、出口项下贸易融资等业务;针对农产品加工企业在转型升级过程中产品研发创新、更换大型设备等融资需求,该行推出了商标专用权质押、设备抵押、政银保、土地承包经营权质押等贷款产品,有效解决了企业在转型升级过程中的融资需求;创新农产品经纪人贷款,联合供销联社、农产品经纪人协会对经纪人信用等级进行联合评定,评出一星至五星级经纪人,享受信贷优先、利率优惠、授信倾斜、灵活担保等政策,给予星级经纪人50万元以内的信贷资金扶持;针对农民专业合作社、家庭农场等缺乏有效担保物创新丰收粮农直通车、农民专业合作社信用贷款等。

(三)转型升级服务模式

从服务模式转型入手,着力打造专业化、标准化服务新模式。为更好地服务企业转型发展,该行设立公司部,配备10名客户经理,专门服务于小微企业发展,并单列信贷计划,为农产品加工企业购置新设备、研发新技术提供资金支持,截至2020年年底,累计投放1.2亿元,支持15家农产品加工企业升级产品流水线;为缓解企业贷款到期时的流动性紧张,推出循环额度贷款,当客户贷款到期日出现暂时流动性困境时,无须自筹资金,便可在未偿还贷款本金不超过授信总额及期限时随贷随用,累计为全市33家农产品加工企业实现2.05亿元贷款还款和续贷的"无缝对接";根据不同产业生产经营和现金回流特点,采取一次性或按月、分期、分段等还款方式，在金额上采取等额本金、等额本息等方式，在企业转贷难问题上持续发力，为农产品加工企业在升级上"甩包袱，大跨步"做出努力。

（四）推动"金融＋电商"双赢

依托于猕猴桃、蜂产品、茶叶、山茶油、食用菌等"一村一品"行动成果，在浙江农信电商平台上打造中国江山特色馆，培育一批生态农特产品网络营销品牌，并建立溯源体系，让最好的产品有处可寻，让最好的产品更具影响力。在电商平台打响一批知名农产品品牌。同时通过"丰收驿站"收集各乡镇特色产业农户、企业的信息，通过"小微专车"评级技术，让授信更灵活、方便、快捷。该行累计发放"电商成长贷"和"电商创业贷"41户，共计893万元，有力推动一批农产品精加工企业线上线下齐发展。

三、实践效果

（一）有效信贷投入不断增加

江山农商行坚持以"精品化、个性化、高效化"理念，走出了依托金融支持农产品精加工，助力农业农村经济发展的新路子。2016年以来，累计投放贷款6.55亿元，支持企业和农产品经纪人达到134家，逐步形成了包括猕猴桃、茶叶、蜜蜂、白菇、白鹅、白毛乌骨鸡等行业在内的全方位、多层次支持农产品加工业发展格局。

（二）绿色农产品加工产业领军企业队伍不断壮大

在江山农商行量身定制服务的支持下，一批农产品加工企业成功实现转型升级发展，产品远销国内外，向更高层次的农产品深精加工迈进。如浙江某生物科技有限公司，作为一家生产环保材料竹质植物炭黑的绿色企业，前身是污染严重、附加值低的水烟碳工厂。2016年，该行通过挖掘企业信用记录价值，以"土地抵押贷款＋厂房抵押＋税银贷"的组合贷款形式，投入500万元支持某生物公司研发全封闭负压破碎技术，该公司不仅每年可新增产值5 000万元，实现净利润800万元，而且做到了高起点、零排放。通过实施"一企一案"专项政策，创新纯信用和动产抵质押贷款业务品种，江山农商行已累计发放信贷资金2.11亿元，助力35家传统农产品加工企业转型升级成为农产品加工行业领头军。

（三）小鲜果带动大产业

江山农商银行围绕猕猴桃鲜果收购、储藏和销售等环节的金融需求，抓住契机，积极延伸"链式"信贷支持，创新"加工企业＋合作社""订单农业"等融资模式，采用林权抵押、小额信用、应收账款质押等灵活多样的贷款方式，2016年以来累计投放3.1亿元信贷资金助力猕猴桃产业深度开发，由单一的猕猴桃鲜果贩销发展到猕猴桃深加工为罐头、果脯、猕猴桃汁、干白猕猴桃酒等10余种产品，带动了鲜果仓储、包装、运输、批发零售等行业发展。

四、小结

江山农商行着力解决传统农业产业转型面临的诸多难题，通过量身定制一揽子金融服务方案，在产品和服务上持续优化升级，精准满足多元化金融需求，切实支持传统农业产业产品创新、工艺创新、技术创新、管理创新、品牌创新和新设备开发能力，有效拓展市场空间，提高企业盈利能力，助推江山市农产品产业集群实现绿色崛起。

助绿型·案例一

念好"四字经"着力打造绿色银行

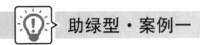

招商银行衢州分行通过组织领导建设、严明工作机制、清晰的绿色发展目标来强化绿色信贷机制建设,创新绿色金融服务,降低企业融资成本并提供便捷服务,履行社会责任,压降产能过剩行业,不仅践行了绿色金融理念,提升了银行业服务实体经济的效率,自身也取得了跨越式发展,贷款增速位于全市前列,绿色信贷不良率为0。本案例的亮点在于绿色金融组织领导、绿色信贷工作机制的风险控制与考核。

一、案例背景

近年来,招商银行衢州分行(以下简称衢州招行)秉承金融支持实体经济的经营宗旨,紧紧围绕供给侧结构性改革目标和衢州经济社会发展战略,积极响应衢州市委、市政府创建全国绿色金融改革试验区号召。

二、案例简述

(一)围绕"严"字强化绿色信贷机制建设

一是严明绿色金融组织领导。设立绿色金融领导小组,实行一把手"负责制"。强化绿色金融工作横向到边,纵向到底的工作思路,加强与政府部门的沟通合作,将绿色信贷战略纳入长期发展规划,制定和细化绿色信贷实施方案,定期开展绿色信贷评估、报告制度;完善内部业务机制,创立专营部门指派专人具体负责组织开展和归口管理绿色金融各项工作。

二是严守绿色信贷工作机制。确立绿色信贷专项审批流程,设立差别化的绿色信贷授信流程和权限,将环境与社会风险审查评估作为授信审批部门的重要参考,并在贷款"三查"、利率定价等方面采取差别化政策。建立绿色信贷分类制度,针对客户贷款环境风险不同进行"四色"分类[1],并在业务系统中启用绿色信贷标识,在客户准入、风险分类、贷后管理中采取差异化的管理措施。专门单列绿色信贷政策和绿色信贷规模,对绿色信贷行业和客户实行绿色通道。将绿色信贷工作纳入绩效考核。

三是严定绿色发展目标。通过创新机制,积极向太阳能发电等新型能源、高端制造、循环经济小镇、绿色公交等项目投放绿色信贷,授信客户保持良好的环境表现,环境友好、

---

[1] 将全部贷款分类为环保绿色贷款(环境友好型)、环保蓝色贷款(环保合格型)、环保黄色贷款(环保关注型)和环保红色贷款(环保缺失型)。

环保合格企业贷款余额占对公贷款余额的比重保持在99.5%以上,"两高一剩"行业贷款占全部一般性对公贷款的比重逐年下降。依托绿色金融,在3～5年内实现"50亿元刚起步、100亿元不是梦"的全资产经营目标。

(二)围绕"新"字开拓创新绿色金融服务

将产品创新、服务创新作为该行推动绿色金融的重要载体。借助系统综合金融优势,结合当地产业经济特点,积极创新与绿色、环保、低碳及循环经济有关的绿色金融产品和服务,打造"绿色金融拳头产品"。

一是发放首笔大额排污权抵押贷款。江山某高压电器公司2017年以前的贷款余额3 000万元,由两家第三方企业提供保证,且存在互保现象。衢州招行经过调查发现,集团内部有一家电镀公司拥有排污许可证,主动调整授信方案,并积极与当地环保部门落实排污权抵押登记相关事项,帮助企业降低两家第三方企业保证额度各1 000万元、500万元,转由排污权质押担保1 000万元,这是衢州市首笔百万元以上的排污权抵押贷款,既为企业解决担保难问题,降低了互保风险,又为企业节约了相关费用。

二是发放绿色交通信用贷款。浙江衢州某集团响应市委、市政府绿色发展号召,拟在全域更新绿色新能源车辆,在该集团名下抵押物评估价值仅8 571万元情况下,衢州招行为其提供17 000万元的绿色综合授信,抵押覆盖率30%,未追加其他保证;贷款期限匹配合理,均为中长期贷款,其中流动资金贷款6 000万元、期限3年,每半年还贷一次,前两年还款总额均为500万元,最后一年归还剩余金额;固定资产贷款7 600万元、期限5年,第二年开始还款,前三年每年归还本金的10%,最后一年归还剩余金额,有效降低企业还贷压力。同时还提供包括智慧支付软硬件服务支持、代发工资、员工理财等一揽子综合性金融服务。

三是创新绿色供应链融资。衢州市某精工机构有限公司是一家年生产轴承套圈2亿套的资金密集型企业,产品全部出口到国外。由于企业市场在海外,资金流转周期长,运营成本较高,传统的抵押担保融资模式难以适应企业快速发展的需要。衢州招行积极改变"以存定贷"的传统放贷模式,创新"暗保理"产品,仅明确回款路线,以实际应收账款为依据,无须交易对手公开确认,向企业发放贷款5 000万元,有效解决企业发展中的融资担保问题。

此外,衢州招行积极响应应收账款融资平台推广,创新"付款代理"业务,在不改变结算方式、不提供额外担保措施的前提下,以核心企业信用为基础为上下游企业提供信用贷款,大幅降低核心企业上下游企业的融资成本。

四是内保外贷助力"一带一路"。浙江某压缩机股份有限公司凭借自身地热节能核心技术,积极开拓"一带一路"沿线发电市场。衢州招行高效运用系统"一带一路"信贷政策,通过内保外贷产品帮助企业拓展海外业务,目前已成功开立1 000万美元保函支持企业印尼地热发电项目开发,加速企业向全球地热运营商的转型升级。

五是综合融资方案支持绿色能源发展。截至2019年6月末,衢州招行共支持清洁能源类项目4个,贷款余额6.95亿元。以浙江某新能源集团有限公司为例,衢州招行利用系统渠道和资源优势,创新运用项目贷款、外保内贷、夹层基金、股权直投等综合融资方案,帮助企业打通资金通道。

（三）围绕"活"字降低企业融资成本

一是引进低成本、操作灵活的资金。2015年以来，衢州招行通过融资租赁、创新金福计划、资管计划、商票入池、招财宝等多元化渠道，为当地企业累计引进表外信贷资金12.6亿元，且操作便捷，时效快，大大提高企业资金周转速度。截至2019年6月末，全行各项贷款余额52亿元，存款19亿元，贷存比为273.68%，相当于向上级行引进表内信贷资金33亿元。据监测统计，2019年上半年招行衢州分行存款年化付息率为1.12%，分别较全市金融机构和股份制银行低31.71%和48.13%，各项贷款平均利率4.62%，较全市平均利率低19.65%。

二是根据企业需求合理匹配贷款期限。如浙江某集团将1年期的短期融资调整为与公司经营更匹配的3年期中长期贷款，还款方式是前35个月每月还款额为贷款本金的1.4%，最后一个月是本金的50%，由于免除财务顾问费，与以前贷款相比，累计可节约融资成本约4 244万元。

三是创新小微企业还款和支付方式。有效筛选小微贷款客户，由客户经理提前两个月对贷款即将到期的小微客户进行电话营销，实行贷款到期无缝对接，当前已为小微客户自动转贷16 332万元。对存量困难企业实行减免、降息、解担保圈、自动转贷等措施进行帮扶或有序退出，并通过核销转让等措施化解处置不良贷款。创新推出移动支票业务，在业内首发公司金融O2O闭环支付产品，费用全免，在提高客户支付体验同时节约其财务成本。

四是落实市委、市政府"最多跑一次"要求。开通空中贷款服务，客户有贷款需求时，可直拨打95555专线，由95555空贷客服对客户进行贷前调查与区域划分，所有空贷客户必须在24个小时内予以响应；对符合条件的客户，当地机构客户经理全程通过PAD报件。

（四）围绕"退"字压降产能过剩行业

衢州招行将绿色信贷作为履行社会责任的具体举措，在不断加大对绿色经济支持力度的同时，严格控制对"两高一剩"行业的信贷投放。仅2014年，退出产能过剩企业近百家，当年压降"产能过剩"行业贷款1.78亿元，当年降幅超过25%。2016年以来，对存量风险贷款及产能过剩行业贷款，继续执行"摘尖"和"压退"分类管理策略，下大力度退出行业内处于竞争劣势的客户。2019年1—6月，压退金属冶压、基础化工等产能过剩行业的贷款390万元，高耗能客户贷款较2019年年初下降1 145万元。截至2019年6月末，累计发放巨化集团等节能减排项目贷款4.15亿元，余额3.49亿元。

三、实践效果

1. 经济效益

截至2019年6月末，衢州招行各项贷款余额52.34亿元，同比增长57.00%，贷款增速位居全市金融机构前列，其中绿色信贷余额19.3亿元，占全部贷款余额的36.87%，居全市金融机构第一位，占全市绿色信贷余额10.37%，绿色信贷不良率为0。

2. 社会效益

衢州招行大力发展无纸化结算支付方式，将智慧支付从校园通向公共交通等民生领域有效推进，开展全市首个开展小小银行家活动，将绿色金融送到学校、送进课堂。

3. 环境效益

据测算,衢州招行19.3亿元的绿色贷款每年可节约标准煤4.6万吨,其中,清洁能源类项目4个,贷款余额6.95亿元,每年可节约标准煤1.58万吨;节能环保类项目1个,贷款余额4.4亿元,实现二氧化碳减排量1248吨,节约标准煤0.69万吨;绿色交通运输类项目1个,贷款余额1.36亿元,年节柴油量6448吨,替代燃料量6574吨油当量,二氧化碳减排量762吨;科技型企业18个,贷款余额1.92亿元,每年可减少二氧化碳排放量262.26吨,节约标准煤1.06万吨;其他类项目1个,贷款余额5亿元,每年可节约标准煤1.27万吨。在推动企业绿色发展的同时,积极将自身企业文化、企业社会责任和绿色发展相融合,践行绿色办公,注重减少办公运营的资源、能源消耗,降低运营成本,减少温室气体排放,并倡导员工绿色生活等。

四、小结

衢州招行以创新为引领,优化金融服务,依托绿色金融助推自身转型发展,做好"严、新、活、退"四字文章,严明绿色金融组织领导、绿色信贷工作机制,积极创新大额排污权抵押贷款、绿色交通信用贷款、创新绿色供应链融资、助力"一带一路",引入资金提供便捷服务,在践行绿色金融理念和提升银行业服务实体经济的效率的同时,自身也取得了跨越式发展。

 助绿型·案例二

创新绿色发展,建设银行勇担当

 [摘要]

建行衢州分行制定了支持衢州作为全国绿色金融改革创新试验区推进方案,积极架构顶层设计、改进组织体系;加大对支行绿色金融的考核权重;2018年年末,在浙江分行、建信金融科技和衢州市政府三方共同努力下,环境权益资源交易平台在电脑端和手机端正式上线,积极推动绿色金融产品创新;参加本机构或其他社会组织开展的环境和社会公益活动,并进行宣传;有效进行绿色信贷风险控制,实现了绿色信贷投放与风险控制的统一。本案例的亮点在于组织体系建设,协同合作利用科技建立平台,积极开展宣传活动,有效进行风险控制。

一、案例背景

发展绿色金融是新时代推进绿色发展的重要举措,也是助力经济优化升级的重要抓手。衢州是全国绿色金融改革创新试验区,近年来,建行衢州分行积极担当社会责任,抓住先行先试机遇,不遗余力推进绿色金融创新发展,制定了建行衢州分行支持绿色金融改革创新试验区推进方案,明确把建行衢州分行打造成一家绿色导向清晰、组织体系完备、产品服务丰富、保障设施完善、稳健安全运营的"绿色金融示范分行"。在此基础上,建行衢州分行各部门通力合作,齐心协力,通过近两年的努力,在机制建设、标准设立、产品创新、流程改造等方面取得了一定的成果,体现了国有大行的担当与责任。

二、案例简述

(一)顶层设计有架构,组织体系有保障

2017年9月14日,建行衢州分行根据建行总行和省分行要求,结合国家七部委印发的文件精神,制定并同时下发了《中国建设银行衢州分行支持绿色金融改革试验区推进方案》(建衢发〔2017〕69号)。该方案明确把衢州分行打造成一家绿色导向清晰、组织体系完备、产品服务丰富、保障设施完善、稳健安全运营的"绿色金融示范分行"的总体目标,并确定了"坚持系统化推进,突出重点""坚持市场化原则、兼顾风险收益""坚持上下联动、多部门协调推进"三项基本原则。方案根据条线职责分工,细化了推进期内各项主要任务及归属部门,以及保障措施。

2017年9月19日,建行衢州分行根据绿色金改推进要求,为进一步加强统筹协调,加快推进落实,成立了绿色金融改革创新推进领导小组和协调推进办公室(建衢发〔2017〕70号)。

2017年11月22日,根据绿色金改推进方案,经建设银行浙江省分行审批同意,建行衢州市分行成立衢州分行绿色金融事业部(建衢发〔2017〕76号),与建行衢州分行公司业务部(资金结算业务部)合署办公。2017年11月23日,为充分挖掘区域特色优势,探索具有该行特色的绿色金融业务发展途径,提升对绿色经济的服务能力,根据绿色金改推进方案,经建行衢州分行绿色金融改革创新推进领导小组研究讨论,最终确定开发区支行、开化支行为衢州分行绿色金融专业支行(建衢函〔2017〕96号)。

2017年和2018年,该分行根据衢州银监分局要求,制定并印发了《中国建设银行衢州分行"绿色金融深化年"活动方案》(建衢函〔2017〕33号)和《中国建设银行衢州分行"绿色金融提质年"活动方案》(建衢函〔2018〕17号),明确了当年绿色金融的重点工作。为进一步提升绿色金融服务能力,支持绿色金融发展,市分行制定了《中国建设银行衢州分行绿色金融实施细则(2018—2020年)》(以下简称《细则》),明确了实施期间的"十大目标"和"八大任务",并将培育绿色金融专业机构、加强绿色金融产品和服务模式创新、绿色金融资产交易平台和环境权益资源交易平台建设三项任务作为重点任务。

(二)执行到位有考核,主动作为有投放

为鼓励辖内经营机构发展绿色信贷等绿色金融业务,建行衢州分行 KPI 考核办法中进一步加大对支行绿色金融的考核权重。

建行衢州分行在大力支持衢州地区绿色清洁能源事业方面,近年来涌现出一批社会效应良好、示范效应较高、金融支持实体特色化明显的金融案例。鉴于衢州地区具有较丰富的太阳能资源,比较适合建设并网光伏电站和分布式光伏电站,建行与国家电力投资集

团、中广核集团、中国核工业集团等央企进行强强联手,支持了一大批衢州市区域内光伏发电项目。

(三)流程改造有平台,产品创新有落地

2018年5月,衢州市人民政府、建行浙江省分行、某金融科技有限责任公司三方在衢州签订了《全面深化绿色金融改革战略合作协议》。2018年年末,在建行浙江省分行、建信金融科技有限责任公司和衢州市政府三方共同努力下,环境权益资源交易平台在电脑端和手机端正式上线,为该分行后续绿色金融改革创新工作奠定了坚实基础。2019年,该分行紧紧抓住平台上线重大契机,丰富平台发布的内容的绿色特点,介绍该分行绿色金融服务、绿色信贷产品,全程不收取任何费用。同时优化办理流程,让更多的企业享受到借款申贷"零跑腿"。

在产品创新方面,该分行深入实施绿色金融"两山转化"工程,积极推动绿色金融产品创新,立足服务民生,运用互联网思维和先进的无感支付技术致力于智慧城市建设,联合创新推出"智慧出行、无感停车"项目,在更多客户享受到"无感停车"的便利后,势必辐射到周边的人群,届时停车场甚至可以不再雇用人员进行人工管理收费,只需远程监控管理,能有效降低人力成本。

(四)绿色发展有宣传,大行品牌有风范

2018年以来,建行衢州分行积极组织和鼓励员工参加本机构或其他社会组织开展的环境和社会公益活动,弘扬建行精神,践行大行责任。例如,万人健步走活动、"3·15"公益宣传活动、2017年衢州马拉松比赛、垃圾分类宣讲公益行动、"五水共治"绿色公益行动、"送金融下乡"助美丽乡村建设活动、"清洁家园"公益活动等。

(五)政策制定有支持,绿色风控有保障

在推进绿色信贷方面。按照党的十九大"加快生态文明体制改革,建设美丽中国"的总体要求以及"十三五"生态环境保护规划。为进一步贯彻落实该分行绿色金融改革实践,探索具有该分行特色的绿色信贷业务发展途径,提升对衢州市绿色经济的服务能力,2018年3月26日,该分行风险管理部下发《衢州分行绿色信贷业务授信指引》(建衢险〔2018〕3号),指导全市绿色信贷工作。

在绿色信贷风控控制方面,为了能够更好地服务绿色金融,力争做到绿色信贷零不良,建行衢州分行严格落实建行浙江省分行《环境和社会风险管理实施细则》,通过政策解读、现场宣讲等途径将文件精神传导至各经营部门,确保各经营机构能够准确地掌握要点。分行还在风险管理部门的牵头下,按客户所属条线指定专人进行分类审核,确保该项工作推进扎实开展。在执行过程中,授信审批部门作为二道防线,在业务申报环节对客户的环境和社会风险分类情况进行审查,对于未及时进行分类或分类不准确的客户不得进入审批流程,从源头上进行了杜绝。

三、实践效果

截至2019年6月末,绿色信贷余额57.33亿元,高于对公平均增速8.3%。截至2019年6月末,无绿色信贷不良,"两高一剩"行业贷款余额36.17亿元,较2019年年初下降2.4亿元。

截至 2018 年 6 月末,建行在市本级、江山、龙游、常山四个区域累计投放分布式光伏发电项目贷款 2 亿元。

从绿色信贷开办至今,未出现因环境和社会风险而被审计署或监管机构通报的情况。

四、小结

建行衢州分行在组织体系、考核办法、平台应用、产品与服务、风险控制方面积极针对绿色金融进行合作与创新,取得良好成果,积极担当社会责任,抓住先行先试机遇,不遗余力推进绿色金融创新发展。

助绿型·案例三

巧借金融之力,助燃绿色引擎

[摘要]

邮储银行在人民银行的关心和指导下,绿色金融的政策、流程、产品得到了创新和发展,将进一步完善和丰富绿色金融工作内容,探索开展与绿色发展相适应的金融制度设计,按照"政府引导、社会参与、市场运作、企业化管理、绩优者扶持"的原则不断发展。本案例的亮点在于组织体系创新,分类、分流程管理,有效控制风险,建立一系列绿色标准动态跟踪过程,优化服务流程,强化科技应用,产品服务绿色实体。

一、案例背景

2019 年,是国家绿色金融改革创新试验区建设持续深入推进、力争取得重大突破的关键之年,邮储银行衢州市分行充分认识到绿色金融的重要性,并从信贷资金安全运行的高度出发,做好绿色信贷的授信工作,围绕"绿色产业金融化、金融体系绿色化"工作主线,积极做好与上级行的沟通工作,多方位开展市场调研,结合当地特色在创新绿色金融产品、改进服务模式、优化工作流程方面做了诸多努力。

二、案例简述

(一)政策引领发展,提升内生动力

为加强该行绿色银行建设的组织领导,扎实有序地推进绿色银行建设,2018 年该行成立了中国邮政储蓄银行衢州市分行绿色银行建设领导小组和绿色金融事业部,统筹推

进全行绿色金融发展建设工作。2019年1月起,该行建立了绿色金融领导小组月例会制度,以加强和改进对绿色金融工作的领导,增进内部沟通交流,有助于更好统领、把握绿色金融发展。

在精准的产品定位、全方位的绿色宣传、积极的业务拓展下,2019年1—6月,该行绿色信贷余额达到18.5亿元,较2019年年初增长59.74%,净增6.94亿元,2019年上半年绿色金融贷款余额增量在衢州市的排名第5,存量余额排名第14。

在这一过程中,该行积极执行授信政策,制定并坚定实施《2018年"绿色金融提质年"工作方案》。此外,该行还建立了绿色金融宣传工作机制,制定了《中国邮政储蓄银行衢州市分行绿色金融宣传计划》,进一步推进了绿色金融建设工作,为绿色金融发展创造良好的内外部环境。

在信贷投向上,坚持绿色与可持续发展,明确重点支持项目范围,切实防范"两高一剩"行业风险。同时积极跟踪地方金融办出台的《浙江省绿色项目清单(2017—2022年)》在辖内的落实情况以及项目更新情况,进一步加强优质项目合作,确保年度绿色贷款余额增速达到18%及以上。

在管理上,实行绿色金融分类及全流程管理。加强环境、社会和公司治理风险(ESG)管理,有效识别、计量、监测和控制,坚决执行环保一票否决制,加大涉污客户贷后检查频次,严防环境及社会风险向信用风险传导。严格实行差异化动态审批政策和差异化授信引导机制。优先支持环境友好型的融资需求,严格开展A类的客户和项目风险评估和审批层次管理。

在行业研究上,该行持续跟踪国家供给侧结构性改革和产业政策动态,开展绿色环保行业研究。从2018年9月开始,为明确绿色信贷的重点领域,实行差异化、动态的授信政策,该行持续开展了绿色金融授信政策研究,2018年全年共提交4个行业的调研报告。2019年上半年已完成《水果种植行业调研报告》《食用菌行业调研报告》。

(二)精准绿色定位,动态跟踪过程

为科学地评价和识别该行绿色银行的建设成果,动态跟踪绿色银行的实施过程,该行建立了一系列的绿色标准,具体包括:实施绿色金融绩效考核办法;建立行内绿色金融统计制度;系统化风险控制机制;完善全流程绿色金融管理机制;申请创建"绿色金融试点行"。2018年6月,该行正式以行文形式向衢州市银监局申请将辖内的衢州市开发区支行申请创建为"绿色金融试点行"。通过开发区支行"绿色金融试点行"的创建,在绿色银行的体制机制建设、绿色金融和绿色服务创新方面积极探索、先行先试,努力打造一张可复制、可推广的绿色金融发展样本,为衢州全国绿色金融改革创新试点工作作出贡献。

(三)优化服务流程,强化科技应用

在绿色银行的探索建立过程中,该行深刻把握绿色金融、绿色发展和衢州分行实际,以发展普惠金融为着力点,提升服务实体经济的规模和效率。

1. 简化服务流程,缩短操作频次,实现金融服务"限时办""简化办"

(1)实现公司账户在线开户预约,提升客户满意度。该行积极落实人民银行关于优化企业开户服务指导意见的各项要求,在总行的建设及推广下,目前已实现公司账户在线预开户功能。此外,还可通过公司账户官网、微信公众号在线预约开户功能进行线上开户预约。

(2)制订方案优化小企业贷款审查审批流程。深入推行"平行作业"和"优先办结"制度,前后台联动组成作业团队精密合作。针对优质信贷客户开辟绿色通道,优先完成审查、审批工作,提升对优质客户的服务能力。

2. 加强信息化建设,实现金融服务"机器办""线上办"

(1)结合市场需求,进一步创新推出线上产品。一是个人经营性贷款、信用消费类贷款均可通过微信二维码进行在线额度预估与申请。二是结合市场需求,运用大数据,创新研发线上消费贷款产品——邮享贷。三是该行代发工资客户直接登录该行手机银行便能获得贷款授信,通过线上申请、审核与放款的方式达到效率的最大化。四是该行针对经营性贷款及消费贷款客户,开发了小额 E 捷贷、个商 E 捷贷、网贷通等线上产品。

(2)加大科技投入,提升金融服务效率。一是充分发挥网点工作人员的主观能动性,积极引导客户通过 ATM、智能终端机等自助设备办理,减少金融机构营业网点排队时间,提升金融服务效率。二是充分依托计算机、移动互联网等技术,利用移动展业设备,针对有需要的客户,实现银行账户开立、信用卡激活、ETC 安装办理、授信审批等金融服务送上门,减轻客户负担。

(四)产品以点及面,服务绿色实体

在经济新常态下,许多绿色农业企业出现抵押物缺乏、融资难问题,针对这些问题,该行负重前行。围绕代发类小额贷款,通过政银企的联动合作,与农业局、粮食局等政府相关部门配合,该行对农业经营主体的粮食订单情况、各类农业补贴情况进行核实,并建立沟通机制,及时提示风险。2017 年,在邮储银行浙江省分行小企业部牵头下,相继与多个担保公司建立战略合作关系,该行 2017 年推出"农业担保贷"业务,有效拓宽了新型农业企业的融资渠道。此外,该行还积极开发各类新的绿色产品业务,先后开办了污水处理收费权质押贷款、光伏贷、双创精英贷,支持各个绿色行业发展。

2019 年年初,为贯彻落实《关于金融服务乡村振兴的指导意见》,加快探索浙江省开展农村生物活体抵押贷款的有效模式,浙江省农业农村厅牵头在龙游县开展了生猪活体抵押调研,该分行高度重视,在 2019 年 3 月 21 日接到调研通知后,随即派分行产品经理及龙游支行人员随邮储银行浙江省分行产品经理一同赴龙游县支行参加调研座谈。

此次调研会上除相关部门外,还邀请了当地生猪养殖的龙头企业。与会人员在会上对生猪活体抵押进行了深入的交流。生猪活体抵押在具体实施上主要的难点有五点:一是生猪存栏情况的掌握,生猪不同于固定资产,存栏数每天都在变化;二是生猪价格的合理评估;三是生猪活体抵押的登记部门、流程;四是对生猪病、死风险的把控,确保银行信贷资金安全;五是养殖户对融资贵提出相应诉求。

目前邮储银行浙江省分行和中国人民保险省公司签署了合作协议,制定并下发了《银保合作生物活体资产抵押贷款操作流程》,对邮储银行衢州分行工作的开展做了具体指导。该分行也即刻开展了相关的市场调研和业务推广工作。

三、实践效果

(一)经济效益

2019 年 1—6 月,邮储银行衢州分行绿色信贷余额达到 18.5 亿元,较 2019 年年初增长59.74%,净增6.94亿元,2019年上半年绿色金融贷款余额增量在衢州市的排名第5、存量余额排名第14。

截至2019年5月末,共发放线上贷款产品8 740笔,金额13.18亿元。

(二) 社会效益

截至目前,小企业业务的审查审批时限较2018年有所提升,审查时间从0.97天提高至0.74天,审批时间从1.83天提高至1.81天。

截至2019年8月底,邮储银行衢州市分行小企业部已成功落地银保合作生物活体资产抵押贷款1笔,后续针对客户需求将批量展业,同时做好相应的贷后走访工作。

四、小结

近年来,邮储银行在人民银行的关心和指导下,绿色金融的政策、流程、产品得到了创新和发展,为邮储银行绿色金融改革工作奠定了坚实基础,各种调研和实践为邮储银行支持绿色发展积累了经验,提高了绿色金融发展能力。邮储银行衢州市分行将进一步完善和丰富绿色金融工作内容,探索开展与绿色发展相适应的金融制度设计,按照"政府引导、社会参与、市场运作、企业化管理、绩优者扶持"的原则,让绿色金融根植衢州"大花园"。

 助绿型·案例四

支持绿色金融发展,助力衢州绿金试验区建设

 [摘要]

交通银行衢州分行与衢州市政府签订绿色金融战略合作协议,成立绿色金融领导小组、绿色金融事业部,积极对接上级行和总行获取授权,培育绿色信贷专业人才,设立专项考核,创新拳头绿色产品,加强信贷精细化管理,注重贷中、贷后管理。该行绿色信贷实现翻番、无不良贷款的佳绩。本案例的亮点在于成立绿色金融领导小组和绿色金融事业部,创新拳头绿色产品,注重贷中名单制管理和贷后动态管理。

一、案例背景

2017年以来,交通银行衢州分行(以下简称衢州交行)紧紧围绕衢州市委、市政府建设"大花园"、拥抱"衢时代"的主基调,唱响绿色金融主旋律,对内制定各类绿色信贷实施

办法,对外争创绿色金融改革示范行,向上积极申报绿色信贷项目、绿色审批通道和绿色信贷专项规模,借助交行平台优势及信贷资源,大力支持衢州市绿色项目融资建设。

二、案例简述

(一)完善绿色金融机制,助力服务衢州绿金改革

1. 成立绿色金融领导工作小组,明确部门分工与细化工作职责

衢州交行正式发文成立绿色金融工作领导小组,主动配备相应信贷资源,实现绿色金融的归口管理,从机制上做好保障。

2. 制定绿色金融发展行动纲要,明确短期和中长期发展目标

衢州交行制定绿色金融发展行动纲要,明确了绿色金融发展短期和中长期目标:初步构建绿色金融服务体系,每年绿色信贷余额增速高于全行贷款平均增速,绿色信贷余额占比不低于30%,力争5年内绿色信贷余额占比达到60%以上。

3. 设立绿色金融事业部,全面推动绿色金融业务发展

为更好地推动绿色金融业务发展,衢州交行专门成立绿色金融事业部,负责组织和引导客户经理重点开展绿色信贷产品创新、业务推进。

(二)积极争取授信政策,设立绿改四专机制

1. 单列专项绿色信贷规模,加强与衢州地区战略合作

(1) 2017年9月27日,交通银行浙江省分行与衢州市政府签订《绿色金融改革创新试验区战略合作协议》,在未来5年内向衢州市提供高达300亿的绿色金融专项融资规模,以支持衢州经济转型、绿色发展。

(2) 自衢州作为国家绿色金融改革创新试验区以来,交行衢州分行积极对接上级行和总行,争取绿色金融专项规模,用于绿色金融项目;另外,利用减退非绿色风险客户腾出的信贷规模重点支持了某化工龙头企业、某新材料上市企业、江山首个PPP源水工程项目、江山首个PPP公路项目等绿色项目的投放。

2. 争取授信专项转授权,开通信贷绿色通道

除历年已有的小微业务专项转授权外,该分行还争取到常规授权、最高4 000万元存量续授信常规授权、3 000万元的新增专项授权,部分积极支持行业可高达8 000万元。授信申报要求经营部门2周内完成,授信审批要求5个工作日内完成,开通绿色审批通道,简化程序,缩短时间,高效、快速服务衢州绿色金融企业。

3. 培育绿色信贷专业人才,定期开展绿色信贷培训工作

为强化信贷条线人员的绿色信贷理念,由绿色金融事业部会同授信与风险管理部负责开展绿色产品、业务、统计相关的培训工作,以提升信贷人员在绿色金融方面的专业素养,逐渐培育绿色金融专业人才,提升绿色金融服务水平。

4. 设立绿色信贷专项考核,激励和推动绿色信贷业务发展

为真正体现该分行绿色信贷发展的成效,该分行正式发文《关于开展2017年度绿色金融劳动竞赛的通知》(交银衢办〔2017〕40号),建立绿色信贷专项激励考核机制,从绿色信贷投入、绿色金融改革创新银行业典型案例申报、绿色支付、绿色信用体系建设四个维度细化考核指标,并设置先进集体奖、专项先进奖和组织推进奖三大专项奖励,以激发全

行人员投入绿色金融建设的主动性。

（三）培育拳头绿色产品，提升金融综合服务

在原有"沃易贷""POS 贷"等基于大数据、利用各种平台简化融资担保方式及审批流程的绿色信贷产品的基础上，新推出了"抵押＋""优待通""税融通"等深受市场欢迎的特色金融产品。

（四）绿色金融贯穿全流程，加强信贷精细化管理

1. 实行绿色标识管理，建立环保"一票否决制"

贷前调查环节，要求经营部门全面深入了解授信客户绿色信贷相关信息，根据绿色信贷"三色七类"标识和环境、社会风险 A、B、C 标准分类的核心定义，选择相应的绿色信贷标识，及时录入系统并动态更新，确保标识的及时性和有效性。同时，建立环境和社会表现一票否决制，对违反国家环保、安监、质检、土地、移民等政策的环境和社会不合规客户及项目，一律不予支持。

2. 重点关注环境和社会风险状况，实施名单制管理

贷中管理环节，要求审查员充分关注企业各个生产环节的环境和社会风险状况，对表现为负面 A 和 B 类客户，坚决不予进入授信审批流程。同时，对客户的环境和社会风险实行名单制管理，要求红黄二类客户、环境和社会风险 A 类客户以及环境和社会风险缓释措施不足的 B 类客户必须列入名单管理，对列入名单的客户，要求指定并落实重大风险应对预案，与经营部门协商明确的减退计划。并开通绿色信贷审批通道，对满足绿色信贷的项目，在 2 个工作日内完成审查，实现同等条件下优先审批。同时，将客户环境和社会风险管理状况作为信贷资金发放的重要依据，查询客户环境社会风险情况，并要求客户签署《绿色信贷补充协议》，否则不予放款。若发现存在隐患的，则制定减退计划，逐步退出授信。

3. 动态关注外部环保信息，加强贷后管理工作

贷后管理环节，要求经营机构密切关注外部环保信息动态，对存量客户发生重大环境和社会事故的，应积极采取应对措施，在 5 个工作日内上报信贷备忘录，说明风险事件，并实行名单制管理，加强定期、不定期监控力度，暂停授信额度的提用，采取切实可靠措施加固保全，必要时实施减持退出，确保资金安全。同时，根据客户的环境和社会风险情况，及时在资产风险分类、准备计提、损失核销等方面进行调整。

三、实践效果

2019 年 6 月末，邮储银行衢州市分行绿色信贷余额 21.56 亿元，较 2017 年 6 月末增加 15.01 亿元，增幅达 229.16％；各项贷款余额 34.82 亿元，较 2017 年 6 月末增加 13.58 亿元，增幅达 63.94％；绿色信贷余额增幅比各项贷款余额增幅高 165.22 个百分点；绿色信贷余额占全部贷款余额的 61.92％，较 2017 年 6 月末上升 31.08 个百分点；绿色信贷户数 14 户，较 2017 年 6 月末新增 8 户；绿色信贷资产质量良好，无不良贷款产生。该行绿色金融工作获得衢州市金融办认可，在 2018 年度衢州绿色金融考核中获得第三名的佳绩。

四、小结

交通银行衢州分行成立绿色金融领导小组、绿色金融事业部，积极对接上级行和总行

获取专项与常规授权,定期开展绿色信贷培训工作,设立专项考核推动绿色信贷业务,创新拳头绿色产品,提升综合服务,加强信贷精细化管理,注重贷中、贷后管理。

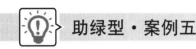

"银团贷款+收费权质押"助力地区能源结构转型升级

[摘要]

在国家能源总局颁布的《太阳能发展"十三五"规划》的指导下,浙江某农林光伏项目开创了中草药种植和光伏发电相结合的新型开发建设模式,由工商银行牵头国家开发银行、进出口银行等政策性银行牵头组成联合银团,投放专项贷款9.24亿元,充分发挥绿色金融支持环境友好型企业发展的支点作用,推动衢州地区能源结构转型升级。本案例的亮点在于由工商银行牵头国家开发银行、进出口银行等政策性银行牵头组成联合银团助力地区能源结构转型升级。

一、案例背景

清洁能源是撬动能源结构调整乃至整个经济结构调整的重要支点,是发展绿色经济、生态经济、低碳经济的重要举措。近年来,党中央和国务院相继出台多项规定支持清洁能源发展。作为普及清洁能源的重要推手,光伏发电得到了大利推广。国家能源总局颁布的《太阳能发展"十三五"规划》提出,到2020年年底,太阳能热利用面积达8亿平方米,光伏发电在电力结构中比重达7%。

二、案例简述

浙江某200兆瓦农光互补地面电站为全国最大的林光互补地面电站,开创了中草药种植和光伏发电相结合的新型开发建设模式,实现了"板上发电,板下农业"农光互补的特殊效应。该项目总投资11.84亿元,由工商银行牵头国家开发银行、进出口银行等政策性银行牵头组成联合银团,投放专项贷款9.24亿元,充分发挥绿色金融支持环境友好型企业发展的支点作用,推动衢州地区能源结构转型升级。

(一)创新担保方式

浙江某农林光伏项目为农光互补模式,大部分资金投入在电板铺设和发电设备上,即在不改变农业用地性质基础上,采用支架模式搭棚发电,在棚下形成最低不低于1.2米、最高超过3米的种植空间。因此,企业在向银行融资时无法提供传统的土地厂房等足值有效的抵押物。在此基础上,工商银行创新担保方式,突破传统抵押贷款思维,提出以项目自身电费收费权质押作为征信措施,有效解决担保不足问题。

(二)加大信贷投放力度

一般项目贷款要求项目方自筹比例达到30%,该项目总投资11.84亿元,按此要求,需自筹项目资本金3.55亿元,企业负担较重。在充分论证项目前景的前提下,为支持绿色能源发展,工商银行衢州分行率先提出降低自筹比例要求,将自筹资金比例降低至22%,即2.6亿元,较传统贷款资本金需求减少近1亿元,极大减轻了企业负担。

(三)组建联合银团,降低财务费用支出

为降低企业银行融资财务费用支出,工商银行衢州分行作为主牵头行主动邀请国家开发银行及进出口银行等政策性银行作为参贷行角色介入该项目,充分发挥政策银行资金价格低的优势,降低贷款利率总体水平,同时,适当拉长贷款期限至15年,给予融资方充分时间回款和再造血。

(四)组建项目小组攻坚克难,提升贷款投放效率

该项目作为上市公司在衢州地区第一个光伏项目,同时也是衢州地区能源结构转型升级的标杆工程。工商银行衢州分行由分行行长挂帅组建贷款小组,协调分支行行动,第一时间反馈并处理项目贷款审批中遇到的各种难题,最终仅花费两周时间就实现了贷款投放,极大提升了项目建设效率。

三、实践效果

(一)社会效益

该项目目前已全部建设完毕,工商银行衢州分行累计投放项目贷款5亿元,国家开发银行和进出口银行合计投放贷款4.24亿元,给予了项目方极大的支持。

(二)环保效益

该项目占地6 300多亩,安装了67万块光伏电板。电池板下方种植铁皮石斛、白术等中草药,实现了框架上清洁发电、框架下高效种植的"双赢"模式,真正实现了农光互补。该项目满负荷生产发电后,可实现年发电量2亿千瓦时,相当于每年节约7万吨标准煤,减排了18万吨的二氧化碳。

四、小结

针对该农林光伏项目,由工商银行衢州分行牵头创新担保方式,提出以项目自身电费收费权质押作为征信措施;加大信贷投放力度,极大减轻了企业负担;组建联合银团,降低财务费用支出;组建项目小组攻坚克难,提升贷款投放效率。

此外还将发展与江郎山景区互动的生态旅游,实现"三产融合、三位一体"的创新发展模式,实现"一地多用、立体发展"的目标。工商银行衢州分行将继续发挥银行金融杠杆作用,支持绿色经济、生态经济、低碳经济的可持续发展。

助绿型·案例六

绿色金融支持水资源保护，
助力资源变财源

[摘要]

江山市是钱塘江水系之源，多年来经济社会的快速发展遗留下众多问题，对江山市水域环境造成诸多影响。为了更好地支持水资源利用保护工程，江山农商行安排了一系列的配套政策，为水资源利用和保护领域的企业和项目提供多元化、全方位的金融支持，使水资源变财源，成功解决水污染问题。有力助推了将生态优势转化为资源优势，资源优势转化为发展优势。本案例的亮点在于银行贷款支持企业引进先进科学技术，通过科创助力，取得了经济效益和社会效益的显著提升。

一、案例背景

作为浙江省生态屏障和钱塘江源头之一，江山市 2 019 平方千米的土地上有流长 105 千米的江山港，是钱塘江水系之源。江山市多年平均水资源量为 20.8 亿立方米，人均占有水资源量为 3 865 立方米，各项水质指标年均值基本达到地表一类水，水资源较为丰富。但是，多年来经济社会的快速发展也遗留下来众多"旧账"，生猪养殖污染、河道非法采砂、工业企业生产线落后及污水处理不当等问题对江山市水域环境造成诸多影响。

二、案例简述

确保"一江清水送出江山"，既是对浙江省下游群众安全用水的责任担当，更是建设惠及江山市人民的根本前提。为了更好地支持水资源利用保护工程，江山农商行吹响"护水亲水"集结号，安排了一系列的配套政策，为水资源利用和保护领域的企业和项目提供多元化、全方位的金融支持，重点扶持水产业、绿色食品产业和生态农业产业发展，近年来，该行累计为水资源治理和利用保护提供信贷资金 5.35 亿元。

（一）建立机制，分类扶持，有保有压

一是建立绿色金融工作机制。专门出台《浙江江山农村商业银行股份有限公司绿色信贷实施方案》《浙江江山农村商业银行股份有限公司信贷工作指导意见》，明确提出"三大目标""四项行动""五大体系"，充分发挥融资在支持企业发展、转型升级的导向功能。二是实行名单制管理，分类扶持。通过"周联月访季谈"活动，摸清客户底数，针对"两高一剩"企业逐步压缩退出，支持其技术改造；针对有利于水资源利用保护的企业和项目工程，优先扶持、利率优惠、方式灵活等开辟绿色信贷通道。三是盘活信贷资源，重点支持家庭

农场、农民专业合作社等新型生产经营体,盘活水源山区资源优势,充分利用水源山区山多、地多、纯天然等特点,积极发展猕猴桃、茶叶、渔业等传统特色优势产业,促进"水植联姻""水养联姻"。

(二)专项扶持,示范带动"五水共治"

一是支持生猪养殖规范整治,助推养殖户转型,不断促进畜牧产业转型升级。探索财政资金与金融资金结合,支持生猪养殖向茶叶、蜜蜂、食用菌等生态农业转型,累计投放信贷资金 2.1 亿元,支持 1 182 户养殖户转型转产。二是以量身定制的信贷专项服务支持企业引进生物发酵"零排放"养猪技术。以林权抵押、商标专用权质押等特色产品集成综合服务方案,提供 1 500 万元信贷资金支持某农业龙头企业新建大型生物发酵设备。江山农商行先后为江山市 11 家畜牧业企业节能减排、提高能源利用率、发展绿色循环生态畜牧业提供信贷支持 4 780 万元。

(三)主动创新,"保护+发展"实现双赢

加快创新担保方式和贷款产品,支持水利工程基础设施建设和水库移民创业致富。针对水利水电企业缺乏有效抵押物的困难,该行创新水利建设无缝续贷、水力发电企业经营权质押等贷款产品,信贷支持了峡口水库和江山市英岸电站进行节水续建配套项目和基础设施维护。创新水库移民创业致富贷款,支持峡口水库、白水坑水库人口迁移工程,投入 7 750 万元信贷资金支持 406 户库区移民搬迁置业,增收致富。

(四)因案施策,掀起水产业"红盖头"

为更好利用江山丰富的水资源,该行主动创新产品和担保方式,支持本地传统食品重点企业转型为重点绿色食品企业。针对水产业投资回收期相对较长的状况,提供中长期贷款为企业优化融资结构;针对部分水产业企业缺乏有效担保品,采用"仓储质押"方式为企业提供综合授信。2020 年,累计发放 3 350 万元支持 5 家企业发展水产业,其中以 500 万元中期贷款支持浙江某科技有限公司投产葛根生产线,帮助其由原先以生产鹅系列产品、山茶油等土特产企业改造成为集规模化、产业化、机械化、信息化为一体的现代化葛根饮料生产企业。

三、实践效果

(一)经济效益

1. 高质水源,资源变财源

江山市水库用水的电导率、pH 值等多项重要指标已接近国家 1 级纯净水标准。为进一步提高江山水资源利用率,江山市在莲华山工业园区内专门规划了 2.18 平方千米的绿色食品产业园区,重点发展水产业,形成集群效应。国内最大的饮料生产企业 W 集团慕名而来。2015 年占地 300 亩、总投资逾 10 亿元的饮料食品有限公司动工,当年 10 月,日产 10 万桶 4.5 升装的纯净水生产线即建成投产。目前正与多家知名饮料企业进行对接交流,力求引进更多优质水产业投资项目。

2. "两条腿"走路,打造幸福江山

江山市打造水源保护和经济发展"两条腿"走路。2016 年,江山市累计投入财政资金 1.9 亿元,共完成易地搬迁 9 054 户,安置 30 011 人,通过抓源头控制,提升生态涵养。种植特色优势产业猕猴桃 2.3 万亩,产值 4.1 亿元,茶园面积 5 万多亩,产值 8 670 万元。636 个山塘水库实施洁水养殖渔业,规模达 4.7 万亩,产值 2.8 亿元,有效保障农民在护水后的增产增收。

(二) 环境效益

通过实施水环境综合治理系列措施,2016 年江山市成功创建省"清三河"达标县,勇夺"大禹鼎"。江山港水环境监测数据实现"两降两升",出境水的水质大幅改善,空气质量优良率稳定在 85% 以上。江山市率先在浙江省开展生猪养殖污染整治,新增生态消纳土地 4.5 万亩,成功创建无猪村 200 个、无猪乡镇(街道)4 个。生猪饲养量从 275 万头削减到不足 50 万头。关停砂场 63 家,全面禁止河道采制砂。拒绝 90 多个环评不达标项目落地,相继转产、关停 20 多家污水排放整改不达标企业。所有行政村施行农村生活污水治理,176 个村实施垃圾分类处理。完成水利投资 18.75 亿元,加固江山港干流堤防 40.8 千米。解决 4.3 万人口饮水安全问题。

四、小结

江山农商银行为水资源利用和保护领域的企业和项目提供多元化、全方位的金融支持,重点扶持水产业、绿色食品产业和生态农业产业发展,形成集群效应,有力助推了将生态优势转化为资源优势,资源优势转化为发展优势,为幸福江山的绿色发展增添活力。

绿色金融为 5A 景区增后劲,助推"国家东部公园"建设

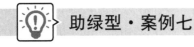

[摘要]

为丰富"国家东部公园"的内涵,开化县委提出打造生态品牌、文化品牌,明确以某国家级 5A 景区建设为龙头,大力发展文化旅游产业。中国银行衢州市分行积极行动,创新模式,完善服务,破解融资难问题。目前,该 5A 景区已成规模,并带动开化文化旅游产业快速发展,促进就业转移,生态功能示范初显,成功助推"国家东部公园"建设。本案例的亮点在于银行助力开化特色的生态文明建设,已形成重点生态功能区建设示范区,成为典范,具有良好的推广普及价值。在经济效益、社会效益、环境效益上取得了显著提升。

一、案例背景

2014年1月17日,浙江省人民政府办公厅发布《关于在开化县开展重点生态功能区示范区建设试点的通知》,明确将开化县建设为全省重点生态功能区建设示范区。试点的重点任务为:大力发展以休闲旅游、文化创意、健康服务等为重点的现代服务业,加快推进旅游度假区、文化产业园、茶文化创意园、文化旅游区等平台建设。在群众路线教育实践活动中,衢州市委又提出要按照习近平总书记"绿水青山就是金山银山"的理念,加快"四个一"建设,努力构建创新驱动发展的生态体系,实现绿色崛起,转型跨越。同时,衢州市取消了对开化县的工业经济和GDP考核,取而代之的是以生态为先、民生为重的单列考核。

作为浙江省欠发达县域,开化立足山区资源优势,在全国率先提出并实施"生态立县"的发展战略,并于2013年提出建设"国家东部公园"的口号。随着浙江省政府批准的生态功能区建设的推进,为丰富"国家东部公园"的内涵,开化县委提出既要打生态品牌,更要打文化品牌的战略,明确以该地某国家级5A景区建设为龙头,大力发展文化旅游产业。

ZG公司是开化县一家以生产销售根雕艺品、休闲旅游、园林古建、特色装潢、城雕创作、民间工艺美术研究于一体的综合性文化企业,公司经过二十多年的积累和发展已上规模,在绿色金融的支持下,已形成具有特色的根雕文化产业。于2002年投资开发文化休闲旅游项目,创建浙江省开化某旅游区,2010年成功创建国家级4A景区,又于2013年成功晋升为国家级5A景区。

二、案例简述

(一)从小扶持,培育壮大

作为根雕产业的摇篮,开化地处山区,有着丰富的原材料资源,20世纪80年代末兴起了一大批根雕小作坊,以当时的×××作坊最具代表性,其创造的作品风格独特,妙趣横生。1991年10月,×××成立开化根雕厂,自任厂长。中国银行衢州市分行在考察该企业时,发现该企业虽为小小的根雕厂,但其所生产的根雕艺品个性独特,形象生动,具有很强的市场竞争力和发展前景。根据当时根雕厂的规模和资金需求,给予×××个人2万元贷款支持其创业。在银行的持续支持下,2000年根雕厂更名为ZG公司,公司规模发展到30多人,资产也从万元增加到千万元。到2013年,ZG公司的核心资产景区晋升为国家级5A景区。为跟进后期景区建设,破解项目融资难题,2013年7月,开化县政府与该公司签订战略合作发展意向书,双方达成协议:由开化国资委独资的开化县文化旅游开发有限公司分四年认购ZG公司2 250万股,占该公司股份的29.94%。县国资参股后顺利推进该公司5A景区三期建设,并将该项目列入衢州市政府"互看互学"重点项目、浙江省411工程、市县两级政府"一把手"工程。

(二)创新模式,破解融资难题

自2013年起,ZG公司全面展开三期景观建设,以响应省政府对开化县重点生态功能区建设示范区建设以及开化县国家公园试点县各项建设的推进,打造5A景区的开化品牌。根据三期景观建设总体投资计划 15 亿元左右的资金需求，针对该公司自有资金不足和抵押物有限的实际情况，中国银行衢州市分行由"一把手"带队，深入调研协调，由县国资公司担保提供 1.7 亿元贷款。

（三）完善服务，提升专业性

为支持 ZG 公司日益壮大的旅游产业发展，中国银行衢州分行及时跟进，专业设计配套的综合金融服务方案，做好该公司后续项目的融资顾问，为其提供理财业务咨询，为员工办理代发工资，在集团和各个收费处设立 POS 机收费站，为其景区的特殊性配置公众责任险产品等一揽子服务，为公司持续发展提供强有力的绿色金融服务。

三、实践效果

（一）经济效益

目前此 5A 景区已成规模。ZG 公司在绿色金融服务的支持下稳步发展，特别是景区被评为 5A 景区后，中国银行衢州分行 1.7 亿元绿色金融贷款让 5A 景区注入新鲜血液，开辟了新的景点。目前，运营开放的景点有三十多个，陈列盆景奇石作品 4 000 余件，大型根艺作品 20 000 余件（套），已经成为开化县乃至衢州旅游专区的金名片。

在 5A 景区的带动下，开化文化旅游产业的快速发展。2016 年开化县全年接待游客 848.07 万人次，同比增长 22.77%；旅游收入 53.58 亿元，同比增长 25.57%。文化旅游区以根雕艺术、民居民宿展示开化地域民俗文化特色，对开化县旅游企业转型升级、提高知名度、美誉度，促进县域经济社会可持续发展具有重要意义。

（二）社会效益

开化旅游的快速发展，不仅带动了交通、通信、餐饮等行业的发展，对促进就业转移也起着重要作用，仅就相关工艺品公司而言，目前公司员工就达 421 人。此外，该项目建设带动的劳动就业链，缓解了开化人民的就业压力。

（三）环境效益

开化县积极响应实施重点生态功能区建设示范区战略，在生态保护的道路上，走出了一条具有开化特色的生态文明建设新路子。开化也荣获全国十佳生态休闲旅游城市、浙江省年度旅游发展十佳县（市、区）等称号，并多次被央视以"蓝天白云、青山绿水"的典范加以介绍。

四、小结

绿色金融为国家级 5A 景区增后劲，带动文化旅游产业，提升就业效应，进行具有开化特色的生态文明建设，促进了县域经济社会可持续发展，成功助推"国家东部公园"建设。

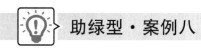 助绿型·案例八

助推绿色金融看转型发展，杭州银行在行动

 [摘要]

针对常山县生态园区无水管网改造升级项目，杭州银行衢州分行通过实地走访调查，多方对接并发起融资授信方案，为该园区在未来污水处理、环境保护方面发展起到正向作用，促进就业与城市化进程。本案例的亮点在于银行定期组织开展绿色金融内部审计，进行了组织建设，并加强考核和奖惩机制，鼓励信贷人员合规拓展绿色金融信贷业务，有效防范风险，在经济效益、环境效益、社会效益上取得了显著提升。

一、案例简述

杭州银行衢州分行以助力"国家绿色金融改革创新实验区"建设为导向，以"绿动衢州"为主题开展了相应工作。

（一）始终坚持以绿色金融为导向，持续加大注入绿色信贷资金量

截至2019年6月末，该行各项贷款余额53.38亿元，较年初新增了9.59亿元；至2019年6月末绿色信贷余额为236 436万元，占分行总的信贷余额比例为44.23%，较年初新增50 724万元，增长率达27.31%，高于分行各项贷款增速。绿色信贷户数总计为3 264户，其中对公户数18户，余额177 437万元，连年来持续实现余额和户数双增长。

杭州银行衢州分行身体力行，持续致力于衢州市"绿色金融看转型"助推工作，特别关注以科技创新、节能减排、无污染、低耗能及新能源新技术的环保行业、科技型环保企业和环保绿色项目，为衢州未来的碧水青山注入杭银力量。

（二）始终坚持以绿色信贷政策和制度执行情况为检验标准，持续加强绿色金融践行力度

（1）按照绿色信贷管理制度的相关条款，将环保政策法规融入尽职调查、合规审查、授信审批、合同管理、贷后管理等各个环节，在贷款"三查"、授信、利率等方面设立差别化政策。

（2）单列专项绿色信贷规模，加大对绿色经济、循环经济、低碳经济的信贷支持，明确绿色金融支持的重点行业、领域，并制定重点行业客户的环境和社会风险清单，实行名单制分类管理，严格执行环保一票否决制。

（3）绿色信贷专有流程优化服务，优先保障绿色信贷业务规模，优先进行绿色信贷业务审查审批，行业准入上自动准入等。

(4) 持续推行"突出重点、区别对待、有保有压"的信贷政策,积极调整信贷结构,强化对节能环保企业的信贷支持,遏制高耗能、高污染企业的盲目扩张。

(5) 抓好信贷业务流程管理,贷前对于符合信贷条件的绿色信贷客户,分行除了正面实地调查之外,注重从侧面进行非现场调查,包括人行征信、法院被执行信息、同业、上下游了解等,全方位了解借款企业;贷中由审查审批岗位人员严格遵照年度授信政策指引和细化的行业授信政策开展审查审批工作,并完善问责机制,杜绝违规审查情况的发生,确保审查审批的合规性。对于发生环保风险事件的借款企业,谨慎审批其信贷业务;对于环保不过关、两高一剩的企业,坚决不予介入。贷后若客户出现相关环境、社会风险的,客户经理需在规定时间内上报突发风险报告,并提出相关处置措施,积极化解风险;对于未上报突发风险情况的,予以严肃问责。

(6) 定期组织开展绿色金融内部审计,建立健全客户重大环境和社会风险的名单制管理、内部报告和责任追究制度,及时采取风险处置措施,加强考核和奖惩机制,鼓励信贷人员合规拓展绿色金融信贷业务,有效防范风险。

(7) 培养信贷人员增强大局意识、责任意识和服务意识,主动承担起环保、节能、减排等"绿色"工作义不容辞的社会责任。

(三) 典型服务案例

该项目为常山县生态园区污水管网改造升级项目,园区位于320国道附近,规划总占地80.5公顷,目前入园企业200多家,重点企业分类为纺织、造纸、化工、机械制造、食品加工、电子信息、新材料、新能源、轴承等产业。开发区内原污水处理模式为废水经区内污水管网收集经污水提升泵站送至常山县天马污水处理厂处理,达到《城镇污水处理厂污染物排放标准》(GB18918-2002) 中一级A标准后排入常山港。

随着园区发展扩建、项目招商的顺利开展,以及中小企业孵化园启动并签署合作意向协议的大环境下,现有的污水管网处理设施及效率已经满足不了生产所需,如果污水管网设施不增加,就会出现污水直接排入河道,河道污染日趋严重的现象。一方面,直接影响常山县的投资环境和居民正常生活、工作环境,制约其社会经济的发展;另一方面,影响钱塘江上游常山港、长江流域球川溪的水环境,所以,园区内的污水处理管网迫切需要快速高倍规划建设,提高污水收集率。

1. 实地走访调查,进行项目评估和上报,助其突破瓶颈

该分行在日常客户走访过程中持续关注绿色元素贷款需求的客户和项目,日常走访和沟通中获知常山县开发区管委会新增有污水管网项目建设的需求,且前期对接了多家金融机构,但是由于项目主体不断变化且情况较为复杂,均未能获批落地。该行得知该信息后,看重其对环境保护的重要性,结合总分支机构对绿色金融业务的重视和政策支持度,第一时间上门拜访,赴常山县开发区管委会了解该项目具体情况,在"了解客户、了解业务、尽职调查"前提下,通过前期资料搜集和后续多次实地走访等,对该项目进行了评估和上报,助其突破瓶颈。

2. 多方合作,发起融资授信方案

在了解该项目的基本情况以及融资需求后,该分行与常山县开发区管委会、常山县国资公司、浙江某投资开发有限公司进行了多方对接,在对项目概况、行业情况以及未来前

景进行细致分析后,初步确认该项目符合分行绿色信贷导向,该分行迅速将其纳入重点业务进行融资方案设置,以浙江某投资开发有限公司为融资主体发起污水管网项目融资授信方案上报,最终获批项目授信 1 亿元,并于 2019 年 3 月全额发放投向该企业,同期成功纳入了杭州银行衢州分行绿色信贷业务统计数据当中。

二、实践效果

(一) 经济效益

自 2017 年衢州市成为绿色金融发展示范区以来,杭州银行衢州分行在绿色金融服务方案设计、绿色金融数据搜集及统计、绿色金融营销指引及制度建设等各方面进行不断的探索和完善,取得了一定的成绩。

绿色金融贷款余额变化情况如图一所示。

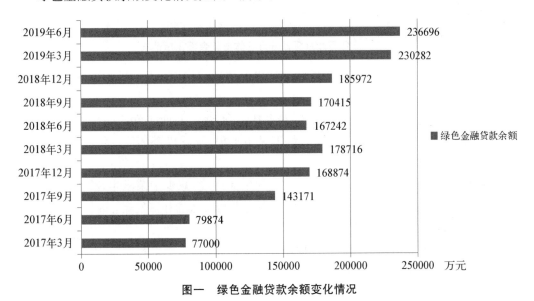

图一　绿色金融贷款余额变化情况

由图一可以看出,该分行自 2017 年以来绿色金融信贷业务不断攀升,2018 年上半年略有下降,主要是受政府融资整改的部分项目融资提前还款所致,经过该段时期后保持一路攀升的势头,且于 2019 年 3 月突破 20 亿元。

绿色贷款余额占该分行总体贷款余额比重情况如图二所示。

由图一和图二可以看出,该分行绿色金融贷款余额占总体贷款余额比重的变化趋势与该分行绿色金融贷款余额变化趋势基本一致,由此说明该分行在绿色金融改革试点以来,始终以绿色金融贷款为主要导向发展资产业务,建立绿色金融审查审批绿色通道,新增投放优先考虑和保障绿色贷款投放额度,加强绿色贷款数据搜集机制和统计管理机制,真实反映绿色金融显现的效用。

(二) 环境效益

该项目的顺利落地,将为该园区在未来污水处理、环境保护方面发展起到不可估量的正向作用。

一是保护常山县乃至整个水系流域周边人民的饮水安全,关系到钱塘江流域、长江流

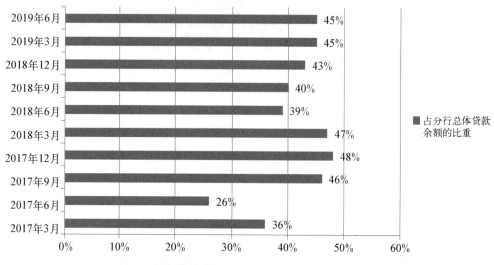

图二　绿色贷款余额占分行总体贷款余额比重情况

域、长三角旅游区的整体生态环境,保障浙江省经济持续稳定发展,实现省、市、县各级经济的环境友好可持续性发展。

二是能够直接改善周边及下游的生态水环境,对进一步改善常山的生态环境,提高人民群众生活质量,树立常山县环境友好型城市形象,优化投资环境等将起到至关重要的作用。

三是能够极大改善衢州市区域人民群众的生活环境,减少细菌滋生,减少疾病,从而降低医药费开支,提高城市卫生水平,有助于促进人与自然的和谐发展。

（三）社会效益

该项目有利于常山县生态工业及旅游业的发展,加快吸引农村富余劳动力向城市转移,从而促进区域整体城市化进程的加速。

三、小结

杭州银行衢州分行始终坚定不移地为促进绿色金融发展奠定良好的基础,根据绿色金融的政策引导和产业导向积极做好信贷结构调整,持续深入挖掘绿色贷款客户及重点建设项目的需求,秉着不遗余力攻坚克难的理念,踏踏实实履行社会责任,为各大具有绿色元素的重点项目、重点企业提供优质、便捷、高效的融资服务,为进一步完善投融资环境贡献力量,助推绿色金融产业转型发展。

综合篇

衢州绿色金融的探索与实践

专家点评

作为首批国家绿色金融改革创新试验区中唯一一个以"金融支持传统产业绿色改造转型"为主线的城市,衢州市率先开展了多项首创性工作,当地金融机构的创新能力和活力也均明显提高,全力助推衢州绿色金融改革创新试验区建设。本篇节选的金融机构探索绿色金融创新的5个代表性综合案例,包括华夏银行衢州分行成立绿色金融工作领导小组,常山农商银行主动将绿色发展理念融入经营管理当中,常山联合村镇银行切实履行地方法人金融机构的社会责任,中国工商银行衢州分行围绕绿色项目、绿色转型、绿色政策和绿色流程等四个方面集中发力,温州银行衢州分行通过新产品、新政策与新服务推动绿色金融发展,可以视为绿色金融改革"衢州样本"的缩影。

——**胡冬雯** 上海市环境科学院研究院高级工程师

 案例一

绿动衢州两周年,华夏银行添助力

 [摘要]

华夏银行衢州分行成立绿色金融工作领导小组,推进绿色金融项目的专业认证,拓宽绿色融资方式,将绿色金融提高到战略高度,打造绿色流程,创新绿色产品并进行推广,实现了绿色金融业务授信一系列提升。本案例的亮点在于与同业的深度合作以及绿色金融的组织领导建设。

一、案例背景

为深入推进国家绿色金融改革创新试验区建设,华夏银行衢州分行激发积极投身绿色金融改革创新的内生动力,契合新时代绿色发展理念,充分发挥绿色金融在调结构、转方式、促进生态文明建设、推动经济可持续发展等方面的积极作用,探索建立区域性绿色金融服务体系,推动经济绿色转型升级。

二、案例简述

(一)组织领导

该行高度重视绿色金融,成立分行绿色金融工作领导小组。组长为分行行长,副组长为公司业务分管行长,成员为分行相关部室负责人。

(二)绿色标准

一是推进对绿色金融项目的专业认证。由公司业务部牵头,联合授信审批部、授信运行部、小微企业金融部,对新报授信及存量授信从项目预审、授信审查、授信审批环节介入,出具绿色金融专业化审定意见,明确所属的具体行业类别,并要求营销人员在信贷系统打上绿色金融标识,方便后期的自动化数据采集和精确化统计分析。

二是根据衢州市绿色发展项目、绿色企业和广大经济主体的需求,拟创新推广排污权、林权、节能环保项目特许经营权、绿色工程项目的收费权和收益权等抵质押贷款模式;推广银团贷款、投贷联动、金融租赁等融资模式,支持符合条件的绿色企业在新三板、创业板、中小板、主板上市增发,开展并购重组或股权投融资,拓宽绿色企业、绿色项目融资方式。

(三)绿色政策

在华夏银行总行层面,绿色金融被明确为"2017—2020"四年发展规划中的四大战略之一,从战略高度提升了绿色金融的地位,在总行成立了绿色金融中心,全面推动、组织、管理全行绿色金融业务的开展,这为分行进一步做大做强绿色金融提供了有效的保障。

在华夏银行衢州分行层面,将发展绿色金融确定为当年的重大经营决策,并作为公司业务转型升级的重要抓手来推进。同时,在《公司业务市场规划及营销策略》《信贷与投融资政策》《2017年公司客户开发指导意见》中,该分行进一步细化了绿色金融的重点方向、重点领域,为经营单位开展有效营销提供了指引;在《进一步提升服务实体经济质效工作方案》中,明确提出了培育绿色金融浙江模式,并指明重点支持方向、运用的产品特别是绿色债券,以引导经营机构注重绿色金融项目的开发和挖掘。对于绿色金融业务,在现有放款预约制的基础上,优先安排信贷资金给予信贷规模支持;在项目收益率方面,比同类非绿色金融业务定价优惠一定的幅度,加快信贷投放。

(四)绿色流程

一是设立绿色金融业务专营部室。对标华夏银行总行,在华夏银行衢州分行设立绿色金融部,设有专业产品经理岗,全面负责全行绿色金融业务的组织、营销推动及管理工作。

二是建立绿色金融业务授信审批专用通道。在授信审批部设立绿色项目专职审批人,全程跟进项目申报进度,开通绿色金融业务审批绿色通道。每个审批流程环节均设定处理时间上限,项目上报杭州分行后原则上3个工作日内审批完成,上报华夏银行总行审批项目时间控制在一个月内,保证审批效率100%满足项目进度需要。

三是实行对绿色金融业务的专项考核。根据业务发展需要,年初华夏银行衢州分行修订完善了分行综合经营考核分配办法,将绿色信贷作为重要考核内容,并制定了授信客户开发和项目储备竞赛办法,加大对绿色信贷客户开发激励力度,引导经营单位积极营销绿色金融项目。

(五)绿色产品

一是持续做好对绿色金融项目的专业化、标准化认证工作。严格按照银监会、华夏银行总行对于绿色金融具体行业的分类,对存量授信业务以及新报授信业务进行有效的界定和认证,并要求机构在上报授信时,做好授信项目绿色金融系统标识,为后期的精确化计量及分析夯实基础。

二是重点区域重点产品重点推广。在衢州地区,整合国家发改委能效研究所等外部智库资源,帮助地方政府探索绿色特色小镇整体布局和规划设计,并推动其绿色产业、项目与金融资源的无缝结合,使华夏银行衢州分行成为其唯一的绿色金融战略合作伙伴;同时,将进一步推动世行转贷业务在全行的营销组织推动,努力将绿色金融打造成华夏银行衢州分行的拳头产品。

三是大力推动绿色债券业务。对于符合中国金融学会绿金委绿色债券重点行业领域,积极寻找潜在发债目标客户,引入第三方绿色权威认证,推广绿色企业债券业务运用,确保取得实效,加快绿色债业务在华夏银行衢州分行的落地推广。

四是加强与同业的深度合作。加大与同业沟通交流,学习借鉴同业好的做法,积极探索与租赁公司、证券公司、保险公司合作,多渠道服务绿色项目,打响该行市场品牌。

三、实践效果

截至2019年6月底,华夏银行衢州分行绿色金融业务授信余额49 268.44万元,较年初新增 19 372.79 万元。其中,表内贷款 43 653.06 万元,较年初新增 16 757.41 万元;表外融资余额合计 5 615.38 万元,较年初新增 2 615.38 万元;信贷客户数为 17 户,较年初新增 6 户。

2019 年 6 月 28 日,该分行成功发放衢州市首笔、浙江省第二笔世界银行转贷业务,额度为 900 万欧元(折人民币 7 307 万元),期限为 4.5 年,年利率为 4.50%(远低于市场利率水平),满足了衢州某金属制品有限公司余热发电能效提升技改项目的投资建设需求。

该项目采用高温超高压余热发电技术对现有中温中压余热发电机组进行改造,项目建成实施后年发电量达 109 298 万千瓦时,较现有的中温中压余热发电机组在同等热源条件下增加发电量 36 258 万千瓦时,新增净外供电量本 33 722 万千瓦时清洁能源,节约标煤约 10.55 万吨。这将极大提高余热余压利用水平,提高企业二次能源回收效率,从而降低企业运营成本。本次成功引入世界银行转贷资金开展相关业务,是华夏银行衢州分行对衢州绿色金融改革试验区先行先试、引领示范的工作要求的积极探索和有效实践,将为地方积累更多国际化合作经验,打造绿色金融亮点,助推地方经济高质量发展。

四、小结

为了进一步加强衢州市政府与该行在绿色金融业务方面的合作,提升合作的空间与深度,该行将紧紧抓住深化生态文明建设、走绿色发展转型升级之路的有利时机,大力支持"五水共治"、节能减排、节能环保、自然保护及生态修复、循环经济、清洁能源等绿色项目,为衢州经济的腾飞贡献力量。

绿色金融,绿色赋能

[摘要]

常山农商银行主动将绿色发展理念融入经营管理,以三信工程创建为抓手,以服务"三农"和小微企业、有效履行本土银行的普惠责任为目标,夯实发展基石,加强绿色信贷机制建设,将信贷工作重点放到支持符合国家产业政策、产品有市场、经济效益好、有发展前景的企业,构建绿色贷款通道。本案例的亮点在于开展战略合作,促进污水处理、绿色信贷发放、支持先锋村产业振兴。

一、案例背景

2017年衢州市被列为全国绿色金融改革创新试验区,全面贯彻落实浙江省农村信用社联合社和衢州市政府推进绿色金融改革创新试验区建设战略合作协议的工作部署。

二、案例简述

(一)绿色标准

衢州农信积极响应启动绿色金融项目,常山农商银行主动投入该项工作。历时8个月,通过对现有制度、流程、客户的全面梳理,建成了绿色银行服务平台,出台了一套具备权威性、科学性、创新性、实用性的绿色信贷三大标准:客户环境风险评估标准、绿色信贷自动映射标准、环境效益计量标准。

1. 客户环境风险评估标准

该项标准是根据《中华人民共和国环境保护法》《中华人民共和国环境影响评价法》,结合衢州市实际,该行科学构建了产业、环境、社会三大表现维度,设置了一票否决的直接判定指标和54项综合判定指标,实现了对客户的精准画像。依托绿色银行服务平台,系统自动评分,该行将客户分为三个类别,分别为一类适度支持类、二类逐步压缩类、三类锁定退出类。客户环境风险评估三大分类构成了客户的准入门槛。

2. 绿色信贷自动映射标准

对应中国人民银行、中国银行保险监督管理委员会、中国金融学会绿色金融专业委员会等权威机构出台的绿色标准,衢州农信首创了"名单制、产品制、单列制"的工作方法来实现对绿色信贷的识别。名单制主要按企业主体的产业特征来判断是否绿色;产品制主要按信贷产品来判断是否绿色;单列制主要按行业投向判断是否绿色。在此基础上,形成了绿色信贷映射关系表,实现了对绿色信贷的精准识别。该映射表的建立,一方面,统一了对绿色标准的理解;另一方面,依托绿色银行服务平台实现了贷款的自动导入、逐笔识别、一键导出、数据可视,解决了中小金融机构共同面临的客户多、金额小、类别广所导致的定标难、贴标难的困惑,大大节省了相关人力、物力、财力,打造出衢州绿色金融新样板。

3. 环境效益计量标准

针对绿色信贷带来的实实在在的环境效益,该行也提出了一整套适用于中小金融机构的量化标准。该项标准以国家认可的环境效益测算方法为基准,依据行业特色,制定出通用公式16套,定制公式18套。计量绿色信贷带来的环境效益,以节约标准煤、二氧化碳减排量、其他减排量等指标进行展示,让绿色效益看得见、摸得着。

以上三大标准已在常山农商银行广泛应用,为全面推动绿色金融改革提供有效助力。

(二)绿色政策

2017年以来,该行积极践行绿色金融经营理念,发布《常山县农村信用合作联社关于绿色金融五年行动计划(2017—2021年)的实施细则》《常山农商银行关于绿色银行服务平台全行推广的工作方案》《常山农商银行关于确定绿色专营支行的通知》等一系列文件,通过设立绿色支行、专设绿色信贷规模等模式将绿色金融与特色产业、行业相结合,有效支持该县实体经济、小微经济、绿色经济的良性发展,现时也完善了自身不足之处,为该行建设全县绿色银行标杆提供了制度保障。

(三)绿色产品

截至2019年6月末,该行已创新推出多项绿色信贷产品,具体包括:支持高层次人才创业的好邻居·人才贷、促进退现役军人创业消费的好邻居·军创贷、激活企业沉睡资产排污权的排污权质押贷款、以纳税数据支持的税银贷、支持农户光伏发电安装的好邻居·光伏贷、支持乡村旅游经济发展的好邻居·民宿贷、扶贫产品爱心贷、与文明办联合推出的"家风贷""常山三宝"产业链贷款、政银合作的两山农林贷以及纯线上贷款产品浙里贷等。其中,"常山三宝"产业链及"两山农林贷"两款产品相继获得衢州市绿色金融工作领导小组评选的衢州第一届、第二届绿色金融十佳产品荣誉。

(四)绿色流程

该行积极落地绿色金融项目成果,通过贷前准入、差异支持、集中审查三方面实现信贷流程绿色化管理。

一是严把信贷准入关,全面了解信贷客户风险情况、经营情况、产业规模、绿色环保等情况,构建了产业、环境、社会等各个维度组成的信贷准入制度,通过要求客户经理全面搜集数据并录入,实现了对客户的精准画像。二是通过信贷额度以及审批通道等方面的差异化,引导客户生产经营向绿向好。三是成立贷款审查中心,集中审查全行超权限贷款、专项贷款。为进一步加强该行信贷管理、完善授(用)信管理机制,倡导"严授信、便用信"的理念,该行设立专职审查中心。审查中心设置A、B岗两名专职授信审查人员、一名用信审查人员,通过授(用)信审查、审批,该行基本实现无纸化审批,信贷系统全流程支持的模式。同时集中审查制度的建立也为该行绿色信贷的开展提供了有力的支撑,对于符合该行条件的绿色贷款,可走绿色通道,不受贷款预申报、贷款审查排队制等因素影响。

(五)绿色金融案例

近年来,该行全力扶持常山县特色产业。一是大力支持"常山三宝"特色绿色产业。"常山三宝"产业链金融服务主要是突破传统的单个主体信贷模式,以产业链中资产实力较强的企业、农民专业合作社为核心企业,以核心企业为中心,以产业链各个节点之间的利益关系为纽带,通过对核心企业与上下游合作伙伴之间的生产规律、交易关系以及资金流、物流等信息进行分析,统一进行授信。这一联合授信的方式有效减轻了农户特别是核心企业上下游客户融资难的困境,打破了农户因土地经营权、林权、农村住房等资产难以抵押的融资瓶颈。二是开创"排污权质押"绿色信贷模式,盘活企业沉睡资产。浙江某新材料科技有限公司是一家专业生产有机颜料、医药中间体和硅片切割液的企业,年产值达9 000余万元,年对外排污1 000吨。企业2019年准备投资800万元新建一个污水处理池,用于改善污水处理能力,但是企业建设资金难以支持,向银行贷款,手续又比较繁杂。在获悉情况后,常山农商银行积极上门,和环保局多次协调并调研后,向该公司发放78万元排污权质押贷款。三是支持乡村振兴先锋村,全力支持村集体经济发展。2019年7月,该县6个行政村被衢州市委评为市级先锋战队,7个行政村被常山县委评为县级先锋战队,33个人被评为常山县级先锋战士。

三、实践效果

(一)经济效益

常山农商银行的绿色信贷产品推出以后,税银贷已累放 6 户,金额 1 260 万元;光伏贷余额 760 户,金额 4 856 万元;"家风贷"累计办理 52 笔,金额 1 760 万元;"民宿贷",累计办理 28 笔,金额 1 280 万元;"人才贷"累计办理 118 笔,金额 3 160 万元;两山农林贷 80 户,余额 6 090 万元。通过"常山三宝"产业链贷款,该行已对全县"常山三宝"产业农户及企业授信 62 584 万元,受惠全县农户数达 1 800 余户,贷款余额已达 41 175 万元。

(二)社会效益

为支持先锋村产业振兴,注入金融活水,该行与各先锋战队及先锋战士村结对合作,为每个先锋村信用授信 200 万元,先锋战士授信 30 万元~50 万元,利率按基准利率执行。

(三)环境效益

该行还助力浙江某新材料科技有限公司改善污水处理能力。

四、小结

常山农商银行将绿色发展理念融入经营管理当中,以三信工程创建为抓手,以服务"三农"和小微企业、有效履行本土银行的普惠责任为目标,与中国诚信信用管理股份有限公司开展战略合作出台绿色信贷标准,发布一系列绿色政策,创新推出多项绿色信贷产品,通过贷前准入、差异支持、集中审查三方面实现信贷流程绿色化管理。

深化绿色金融体系改革,为绿水青山建设添动力

[摘要]

为实现可持续发展,加强全行绿色信贷机制建设,常山联合村镇银行将信贷资源重点投放到符合国家产业政策、产品有市场、经济效益好、有发展前景的小微企业和"三农"领域,结合实际业务发展情况,探索绿色金融改革,为建设绿色经济添砖加瓦。

一、案例背景

常山联合村镇银行主动将绿色发展理念融入日常经营管理当中,以"做小、做散、做

精"的市场定位服务县域"三农"和小微企业,切实履行地方法人金融机构的社会责任。

二、案例简述

(一)绿色标准

1. 绿色信贷统计制度

(1)建立绿色信贷统计管理办法及操作细则。为进一步明确该行各部门绿色信贷金融统计职责,确保该行绿色信贷金融统计工作顺利进行,根据《中华人民共和国商业银行法》《中华人民共和国银行业监督管理办法》《银行业监管统计管理暂行办法》《中国人民银行关于建立绿色贷款专项统计制度的通知》规定,结合实际,该行制定了《常山联合村镇银行绿色信贷金融统计暂行办法》,一是明确绿色信贷统计工作的部门和职责;二是明确各类绿色信贷统计的报表内容、基础数据提供部门和报送时间;三是明确绿色信贷统计的工作要求;四是明确绿色信贷统计工作的考核和培训细则。

(2)绿色信贷数据管理及报送明确归口部门和责任人。该行确定由合规风险部统计岗专职负责绿色信贷的统计,认真做好绿色信贷统计工作,由合规风险部负责人对信贷数据的真实性进行复核,最后由分管行长审阅并上报人民银行;同时由合规风险部审查人员将绿色信贷政策实施情况、信贷资产环境风险管理情况以及防范信贷资产环境风险的成功经验、良好做法、取得成效以及相关典型案例及时报送监管部门,做好管理、监督部门的职责。

2. 绿色信贷统计信息体系建设

该行已经在信贷管理系统中实现了绿色信贷业务全流程标示和记录,下一步可以在系统中实现绿色信贷数据的自动取数和数据管理。

3. 绿色信贷统计数据质量

(1)建立绿色信贷数据质量管控机制。该行一是严格按照《中国人民银行杭州中心支行转发〈中国人民银行关于建立绿色贷款专项统计制度的通知〉的通知》(杭银发〔2018〕11号)和《中国人民银行杭州中心支行转发〈中国人民银行关于开展2018年金融统计检查的通知〉的通知》(杭银发〔2018〕60号)的要求开展绿色信贷数据的统计工作,确保制度准确执行,确保数据的完备性;二是严格按照年初制定的信贷投向指引,认真核实每笔绿色贷款政策标识、基础及资料,确保授信、笔数、余额等数据的相互匹配。

(2)定期开展绿色信贷数据自查和数据治理评估。该行定期开展数据自查工作,每年上报人民银行年度绿色贷款专项统计数据自查报告。

(二)绿色政策

1. 制订全行性绿色信贷政策,突出体现绿色信贷具体要求

该行于2019年年初制定的《常山联合村镇银行2019年信贷投向政策》(常联村银〔2019〕12号)中,对全行2019年度授信业务的总体思路做出了明确的规定。2019年,该行授信业务的总体思路是着重加大对小微企业贷款的支持力度,以绿色信贷为抓手,积极调整信贷结构,有效防范信贷风险,更好地服务实体经济,促进常山经济的可持续发展。

2019年,该行对公司类客户:一是重点支持浙江省环境信用等级评价结果为绿色,符合绿色经济、循环经济、低碳经济相关政策的重点节能减排、水污染治理、资源回收利用、

清洁能源、可再生能源开发利用项目及提供相关配套服务的企业;二是用于支持环境改善、应对气候变化和资源节约高效利用,投向环保、节能、清洁能源、绿色交通、绿色建筑等领域项目的企业,适度支持浙江省环境信用等级评级结果为蓝色的企业;三是审慎支持浙江省环境信用等级评价结果为黄色的企业;四是禁止投放浙江省环境信用等级评价结果为红色、黑色的企业。

2. 制订并发布侧重于绿色信贷的产业、行业、金融产品专项政策

该行自开业以来制定了《常山联合村镇银行"阳光贷"管理办法》《浙江常山联合村镇银行股份有限公司"农场乐"贷款管理办法》和《常山联合村镇银行林权抵押贷款管理办法》等具有明显绿色属性的专项办法。

(三)绿色产品

1. 建立绿色信贷差别化利率定价机制并切实执行

2018年,该行在原有定价的基础上,对绿色无污染企业、生态农业企业和旅游服务业企业实行利率优惠,按照帮扶困难企业的原则,采取"一户一策"方案综合考虑企业的成长阶段、转型升级需要,给予最优惠利率。

2. 绿色信贷产品或服务获得地市级以上金融管理部门的认可与肯定

一是该行选送的《用好央行再贷款,"绿色金融+客户"助力农民增收致富》的案例荣获绿色金融支持传统产业转型升级案例征集评选活动一等奖;二是该行的"农场乐"贷款产品获得了人民银行组织的绿色金融产品创新大赛第一名。

3. 加大精准扶贫力度,帮助农民增收增利

该行在精准扶贫道路上探索出了一套以"人行政策支持+农业专家指导+绿色科技+金融支持"的绿色金融精准扶贫新模式,实现多方获益。

4. 加大绿色金融支持,创新绿色信贷产品

(1)加大绿色金融支持。常山联合村镇银行着力将信贷资金倾斜于绿蓝企业,严格限制对有环境违法行为的企业用信。2013年至今,结合该县开展的"立窑整治"工作,该行对整治名单中的客户进行了充分的排查,对转型升级的企业继续进行信贷支持,对于高能耗的企业进行逐步压缩,并落实责任人,深入分析企业经营状况,合理地有节奏地进行贷款进度压退,共对7家企业进行了压缩授信或退出,授信金额涉及1 020万元。

(2)引科技、贴资金,启动"仟禾福"惠农工程。为改变常山农业的现状,该行积极响应政府号召,大力拓展绿色农业金融,打开思路,针对常山农业存在的缺技术、缺资金、缺专家和脱贫难的问题,加大产品创新和资金保障支持。2016年,该行与杭州某农业生物科技有限公司联合推出仟禾福惠农工程。为使农民接受仟禾福这一新型绿色生物化肥,累计购买了10万元肥料免费向种植水果、蔬菜等近60户种植户赠送、发放,并多次邀请公司的专家为种植户进行技术指导。通过跟进示范农户仟禾福使用情况,对示范田进行挂牌对比,请农技专家上门指导等方式,让仟禾福惠农工程落地生根。

该行在进行市场调研后,草拟管理办法将推出农房安置贷款产品,用于下乡脱贫安置、危房改造、绿色农房改造等县域内新农村建设,为美丽乡村建设及绿色农村发展提供金融服务保障。

(3)积极配合,支持传统产业改造升级。2018年以来,常山县启动轻钙企业整治,先

关停、后拆除、再引资,计划在三年内实现钙产业转型升级。该行作为扶持小微、民营企业发展的小法人金融机构,对曾是常山一大支柱产业的轻钙企业进行过帮扶,在轻钙企业整治前,该行共有17家轻钙企业客户,在该县下发的常山县16家需整治轻钙企业名单中,该行涉及11家企业,授信金额为2 632万元。该行积极配合政府工作,截至目前,以上轻钙企业全部整治关停。

(四)绿色流程

1. 明确相关制度和流程

在贷款流程中加入环境风险尽职调查、合规审查要求,强化授信审批管理并切实执行。常山联合村镇银行为防范信贷风险,严格信贷审批条件,在信贷营销、调查、评估、审查等各个环节,均将企业环保信息作为评审的必要内容之一,对尚未拿到环评报告、环保不达标、存在潜在环保风险或环保行为违法的企业坚决否决,对企业环境行为评价结果不良的,严格信贷准入;同时在贷后管理上进行加强、健全风险机制,深入项目和客户进行检查,密切关注项目和客户环保意识、减排整改等情况。

2. 制订具体清单

制订具体的有关环境风险尽职调查指引及实施工具(如环境影响尽职调查清单),制订标准化的环境方面的合规文件清单和合规风险审查清单及审查指引。该行合规风险部根据要求制定了环境影响尽职调查清单,明确了有关环境风险尽职调查需要提供的材料清单明细。

3. 基础设施

(1)建立有效的环境信息搜集机制,准确、全面地把握客户所面临的环境风险。该行能够做到及时与政府、环评部门沟通协作,及时掌握最新的环评信息,建立有效的环境信息搜集机制。

(2)开展环境信息披露相关工作,在该行发布的绿色信贷发展报告、社会责任报告、可持续发展报告中,突出相关环境信息披露。该行在每年撰写的年度绿色金融发展报告中对该行的绿色信贷相关工作进行了披露。

(五)绿色金融案例

为改变常山农业的现状,常山联合村镇银行积极响应政府号召,大力拓展绿色农业金融,打开思路,针对常山农业存在的缺技术、缺资金、缺专家和脱贫难的问题,加大产品创新和资金保障支持。

1. 引科技、贴资金,启动"仟禾福"惠农工程

为助力农民增收致富,2016年常山联合村镇银行与杭州某农业生物科技有限公司联合推出仟禾福惠农工程。为使农民接受仟禾福这一新型绿色生物化肥,累计购买了10万元肥料免费向水果、蔬菜、胡柚等近60户种植户赠送、发放,并多次邀请公司的专家为种植户进行技术指导。通过跟进示范农户仟禾福使用情况,对示范田进行挂牌对比,请农技专家上门指导等方式,让仟禾福惠农工程落地生根。

2. 聘专家、送技术,优化惠农工程

为有效解决农民的技术难题,改变现有农民种植技术短缺的问题,常山联合村镇银行专门聘请了常山县农业专家张法全老师为农业技术顾问,定期开展深入田间地头的实地走访，为农户解决种植技术难题。通过科技和专家技术的双重支撑，彻底解决农民种地难的问题。

3. 配政策、给优惠，扶贫资金促发展

常山县人行在了解常山联合村镇银行仟禾福惠农工程的相关情况后，给予了大力支持。2016年6月，常山联合村镇银行成为衢州市第一家获批扶贫再贷款资金的金融机构。2019年4 000万元再贷款资金的到位，大力推进了该行扶贫支小工作。该行将4 000万元资金第一时间送到了真正需要的农户手中，有效解决了农民融资难、融资贵的问题。

三、实践效果

1. 经济效益

截至2019年6月末，常山联合村镇银行累计发放扶贫再贷款46笔，金额达4 000万元。

2. 社会效益

该行共对7家高能耗的企业进行了压缩授信或退出授信，涉及金额达1 020万元。积极配合政府工作，截至目前，以上轻钙企业全部整治关停。

3. 环境效益

2018年，该行对绿色无污染企业、生态农业企业和旅游服务业企业实行利率优惠。另外，该行与杭州某农业生物科技有限公司联合推出仟禾福惠农工程，用新型绿色生物化肥惠及农民，保护生态环境。

四、小结

常山联合村镇银行以"做小、做散、做精"的市场定位服务县域"三农"和小微企业，切实履行地方法人金融机构的社会责任，建立绿色信贷标准，制订绿色信贷政策，创新绿色产品，完善绿色流程，启动仟禾福惠农工程，聘专家、送技术、配政策、给优惠，促进绿色经济可持续发展。

坚持"五个度"，为衢州绿色金融改革创新试验区建设贡献工行力量

[摘要]

中国工商银行衢州分行紧紧围绕绿色项目、绿色转型、绿色政策和绿色流程等四个方

面集中发力,全力助推衢州绿色金融改革创新试验区建设。本案例的亮点在于联合武汉工行成为银团贷款方,组建了特色小镇专项金融服务小组,利用科技推广绿色支付。

一、案例背景

为深入贯彻落实党的十九大精神和习近平总书记"两山理论",助力"活力新衢州、美丽大花园"建设,近年来,工商银行衢州分行始终坚持"绿色+特色"理念,紧紧围绕绿色项目、绿色转型、绿色政策和绿色流程等四个方面集中发力,全力助推衢州绿色金融改革创新试验区建设。

二、案例简述

(一) 支持绿色项目有力度

该行上半年为衢州市25个绿色项目新增授信107.27亿元,为15个项目新投放贷款12.47亿元。一是保障基础设施建设,参与一批惠民项目。通过与北京工行组建行内银团的模式,为衢州建市以来单体最大投资工业项目——衢江抽水蓄能电站项目完成授信25亿元,成为该项目最大授信提供方之一;联合武汉工行一起为杭衢高铁项目社会资本方中铁四院提供金融服务方案,并成为银团贷款方,全力保障项目实施。二是围绕城市战略定位,参与一批重点项目。组建了特色小镇专项金融服务小组,加强项目的服务对接。为四省边际中心医院新增项目授信8亿元;为衢化、江山两个区域棚户区改造项目新增项目授信15.52亿元,并已实现投放3亿元。计划为姜家山城中村改造、斗潭危旧房改造二期等相关项目授信共计42亿元。三是支持企业转型升级,参与一批技改项目。为夏特新材料年产5万吨印刷装饰纸油漆纸项目和浙建集团浙西智能化管理PC构件生产基地项目各新增授信1亿元;为7个先进制造业项目投放融资2.26亿元;计划为7个项目授信8亿元。四是关注小微企业成长,参与一批园区项目。为响应浙江省委、省政府号召,该行加大对辖内小微产业园建设支持力度,为龙游城北创业孵化基地新增项目授信2亿元,已完成投放7800万元。

(二) 支持绿色转型有深度

近年来,该行充分利用投贷联动等创新手段助力传统产业转型升级。2019年已为巨化集团承销中票2.4亿元(本次发行总额6亿元)。同时充分利用工商银行作为浙江省"凤凰行动计划"唯一签约银行在品牌效应、资金实力、信息资源、业务能力等综合优势,重点培育上市企业,正在洽谈龙游一家区域性公用热电企业股权投资。根据绿色债券项目支持标准,筛选辖内绿色项目,引导市国资或巨化集团发行绿色债券。通过引进PE、VC等机构对衢州拟上市的绿色企业开展Pre-IPO等股权业务投资,加快对接资本市场步伐;通过引进工银租赁,拓宽制造业技改、公共事业等领域的融资渠道。围绕多家上市企业开展工作,跟进企业发展中产生的新型需求,提供更全面的融资服务,比如对可转债发行、定向增发等资本市场业务提供代理投资支持,其中重点跟进开山非公开发行股票需求;对优化财务结构需求提供降杠杆服务,正在配合工银投资、浙江省工行推进某企业债转股业务,投资标的为该企业在衢子公司。

(三) 实行绿色政策有温度

在帮扶民营小微方面,一是创新产品化解融资难,运用网上小额信用贷款产品投产商户场景、金融资产支持场景等一批数据挖掘模型,累计为1 000户客户提供预授信2.98亿元,2019年上半年新提款客户200余户,金额超8 000万元;以担保增信解决中小企业缺抵押困境,为市本级、江山两个区域核准授信1.8亿元,并为7户企业发放贷款1 350万元;创新推出"衢烟e贷",目前已为55户烟草经营户融资1 300万元;为2户企业创新办理商标权质押、专利权质押贷款,金额300万元,大大拓宽中小企业融资渠道。二是优化服务化解融资慢。通过优化业务流程,使民营、小微企业申贷获得率达到99%以上,贷款流程缩减到3个工作日以内;创新推出"e抵快贷"在线融资产品,实现"线上申请+线上评估+线上审批"的快捷流程,仅2019年半年时间已累计为1 500余个客户办理融资14亿元。三是减费让利化解融资贵。普惠贷款平均收息率4.66%,系业内最低;推广"无本续贷"业务,自2019年3月试点以来,累计为78户企业办理107笔业务,涉及金额4.1亿元,为企业节省转贷成本近百万元;实现不动产押品线上评估,为1 500个客户减免评估费用10万元以上。

在支持"三农"方面,该行目前正创设"党建先锋贷",对"先锋战队"村给予总额不超过1亿元的优惠利率贷款政策,对"先锋战士"给予最高30万元的个人信用贷款。同时,根据中央及地方精准扶贫、人才吸引、新农村建设等方面出台的引导政策,正在研究推出"人才贷""奔康扶贫贷"等特色产品。

在绿色支付方面,2017年该行在全市各网点推出"共享雨伞"活动,为广大市民提供了便利;开展了"绿色支付进校园"活动,走进3家乡镇学校,以扫码活动费用赞助学校添置教学用品;上线农民工工资账户监管系统,助力农民工权益保障;积极与某汽运集团开展合作,已在20余辆公交车上安装智能车载POS,首家实现"非一票制"分段计费功能;积极推动"物管家""停管家"的场景建设等。

(四) 优化绿色流程有速度

该行积极践行"最多跑一次"改革,2017年4月,该行在行政服务中心设置的一站式窗口率先实现了对外营业;实现了个人贷款"最多签一次"、畅通卡违章缴罚"最多跑一次"、网络融资"一次申请、循环使用"等多方面服务创新;研发投产了基于手机银行端的中小企业便捷开户项目;与抵押中心合作,实现线上抵押一站式办理,真正实现贷款"最多跑一次";2019年6月实现了公积金(组合)贷款"一证通办",真正实现了"数据多跑路,群众少跑腿"。

(五) 支持公司上市有广度

2015年11月,XHTZZ股东会作出决议,决定将XHTZZ由有限责任公司整体变更为股份有限公司,注册资本为由5 000万元增至45 000万元。多年来,工商银行衢州分行一直作为XHGF有限公司的主办银行,最高授信额度4.22亿元,其中非专项授信4.2亿元,衍生交易专项授信200万元,并以投贷联动方式成功助力公司于2018年4月20日在A股上市。

一是通过各种融资方式有效满足企业资金需求。授信额度从最初的2.7亿元增加至目前的4.22亿元。特别是2017年年底,企业处于上市关键节点,该行为其在常山的某热电联产项目投放项目贷款1.7亿元,有效解决了企业上市前的资金需求。此外,在信贷规模紧张形势下,该行积极创新业务,通过理财直投业务,为企业办理股权收益权融资1.5亿元,不仅满足了企业资金需求,还进一步优化企业负债结构,助力企业上市步伐。二是通过跨境融资,为企业节约财务成本。该行为企业提供的服务项目涵盖进口开证、进口押汇、银行承兑、流动资金贷款、项目贷款、代理理财投资、国内保理业务、出口订单融资及出口发票融资等。近两年为该企业办理进口开证约3 180万美元,有效解决了企业进口原材料所涉及的资金缺口问题,为企业原材料正常采购提供了强有力保障。近两年共办理各类国际贸易融资约3 000万美元,既有效满足了企业进出口贸易项下融资需求,同时还降低企业财务成本约100万元,提高了企业经营效益。三是通过工银聚平台,为企业有效解决结算及内部管理的痛点。四是通过国际业务一对一服务,为企业解决了跨境结算的问题。该行多次组织有关专家上门为企业解决咨询解答人民币汇等相关问题,并提供相关汇率避险金融服务方案,有效帮助企业规避人民币汇率波动所带来的风险。

三、实践效果

至2019年6月末,该行本外币全部贷款335亿元,较2019年年初新增24亿元,居同业首位,增速7.72%;不良率0.50%,比2019年年初下降0.11个百分点。信贷结构不断优化,绿色信贷余额72.27亿元,增速49.63%,高出全部贷款增速41.91个百分点,占全部贷款21.57%,较2018年年末提高6.03个百分点;普惠贷款余额63.9亿元,增速41.06%,高出全部贷款增速33.34个百分点。

四、小结

中国工商银行衢州分行支持绿色项目有力度,支持绿色转型有深度,实行绿色政策有温度,优化绿色流程有速度,支持公司上市有广度,满足企业资金需求,节约财务成本,改善金融服务。

 案例五

新产品、新政策、新服务,推动绿色金融创新转型

[摘要]

温州银行衢州分行积极响应政府号召,建立了一支绿色金融队伍,完善了一揽子绿色信贷政策,推出了一系列绿色产品,创新了一种担保方式。本案例的亮点在于成立了绿色

金融市场部,加强绿色金融组织体系建设。

一、案例背景

近年来,温州银行衢州分行积极响应政府号召,不断深化绿色金融创新,加大对地方绿色发展、小微企业转型升级等工作的支持力度,以切实的行动支持推进衢州市绿色金融改革创新试验区建设。

二、案例简述

(一)重视绿色金融

1. 建立了一支"绿色金融"队伍

2017年10月,该行为积极响应衢州市委、市政府的号召,加快向绿色银行转型升级,强化绿色金融工作的统筹协调,研究制定了《关于成立绿色金融推进工作领导小组的通知》(温银衢〔2018〕188号),在分行本级、江山支行、柯城支行、开化小微企业专营支行成立了绿色金融市场部,由各机构负责人和骨干业务人员组建了绿色信贷拓展专业队伍,加强了基层一线绿色信贷业务的导向理念,有序开展相关业务拓展工作,着力支持绿色信贷投放。截至2019年7月末,该行绿色信贷余额6.53亿元,总户数1 415户,绿色信贷余额占比为29.35%,较年初增长了11.55%。

2. 完善了一揽子绿色信贷政策

近两年来,温州银行自上而下逐步完善各类绿色金融信贷政策指导意见。2018年3月,制定了《温州银行绿色信贷业务发展指导意见》(温银〔2018〕65号)和《温州银行衢州分行绿色信贷业务指导意见》(温银衢〔2018〕24号),明确绿色信贷发展目标,健全绿色信贷管理架构。2018年9月,制定了《温州银行衢州分行关于"绿色金融提质年"行动计划》和《温州银行衢州分行绿色金融行动方案(2018—2020)》。同时,在《关于2018年利率管理的相关规定》文件中,针对绿色信贷给予了优惠利率政策:在正常贷款的利率上浮基础上,绿色信贷利率可再降低10%。2019年3月,温州银行总行制定了《关于提升绿色信贷发展质效的通知》,给予各分支机构绿色信贷倾斜性支持,激励各机构发展绿色信贷规模,要求从项目、客户和行业等维度全面调整信贷结构,推动信贷结构乃至资产结构的"绿色化"。2019年4月,该分行制定了《关于全面梳理提升绿色信贷业务发展的通知》,明确2019年绿色信贷发展定位,同时在2019年《温州银行衢州分行辖属机构经营目标考核办法》中纳入绿色信贷指标考核,加大考核权重,激励绿色投放,提升业务机构发展绿色金融的积极性。

通过各项政策支持和考核引导,该行根据现有政策条件、地域绿色产业特点有针对性地继续在支持"三农"、绿色消费等方面加强产品及业务创新,加大对节能、节水环保项目的信贷投放。

(二)实践绿色金融

1. 推出了一系列绿色产品

(1)"温享贷"产品。温州银行总行深化了"银税互动",推出以税申贷的"温享贷",依托"融资畅通"工程,构建以大数据共享应用为基础、整合各类外部资源信息的互联网平台开发的线上数字化信贷产品,着力破解民营企业因金融服务信息不对称导致的"融资难、融资贵、融资慢"难题。该产品不同于其他商业银行推出的针对企业办理的银税产品,是纯信用的个人申贷产品。该产品实现了对企业业主贷款额度、利率、期限等精确自动运算分析,通过"线上申请+大数据风控+线上审批+线上提款自助",实现授信资金快速到账功能,最高金额可达 100 万元,最快放款速度 1 秒钟。

(2)"微抵贷"产品。此产品可实现非该行客户通过在该行手机银行 APP 端进行申请进件,避免客户来回跑银行,极大缩短了客户办理的时间,并在办理贷款业务时提供绿色通道便利服务。

2. 创新了一种担保方式

(1)"亩均贷"产品。该行加快推出契合创业就业需要、突出特色的"贴心"金融产品,2019 年以来,与江山市中小企业担保中心合作推出"亩均贷"产品,主要是针对区域工业园区内的民营小微企业。与政府和担保公司合作,通过资源要素差别化配置,形成正向激励机制,促使政策性融资担保资源倾斜,激发各类市场主体创业创新活动。"亩均贷"产品以纯信用担保方式对符合条件的企业和企业主给予授信。

(2)"创业贷"业务。该行还积极推广"创业贷"业务,与衢州市人行、社保局和中小企业担保中心合作开展创业就业担保贷款实施模式。另外,温州银行总行已与中国人民财产保险股份有限公司合作开展小额贷款保证保险业务,在分行层面也将积极探索推进,进一步切实了解市场的业务需求,加强业务营销及落地力度。

3. 优化了一整套绿色服务流程

(1)优化绿色流程服务。该行现阶段对绿色信贷的营销、投放、管理基本能够实现全流程跟踪,积极开展与绿色金融改革创新有关的各类信息宣传工作,通过集中培训、日常指导、深入机构一线进行现场业务指导工作等方式提升客户经理对绿色项目识别的能力。为加快绿色信贷审批效率,该行设置绿色信贷项目绿色通道,该行审查审批条线人员实行平行作业,与业务一线人员一同参与现场走访调查,第一时间提出授信方案或建议,提高审批通过率。

(2)实行审批承诺制。该行深入践行"最多跑一次"绿色金融改革,一般情况下,确保个人贷款 1 个工作日内反馈问题,1 个工作日完成审批,公司类客户 2 个工作日内反馈问题,2~3 个工作日完成审批。

(3)落实抵押登记延伸服务。2019 年 7 月中旬该行完成与衢州市不动产中心登记系统对接,目前已实现衢州市区集中抵押登记办理及抵押物在线登记查询,真正让客户享受一站式绿色金融服务。

(4)推出"一证通办"。该行通过对接大数据平台,实现创新业务流程,简化业务程序,2019 年 7 月初推出了公积金组合贷款"一证通办",客户无须提供任何纸质资料,只需跑一次,极大提高了服务效率和群众满意度。

三、实践效果

温州银行衢州分行将推进"绿色金融"发展与促进自身转型、服务地方经济和企业发展融合在一起,在市场定位、经营定力方面都明确贯彻落实了绿色金融的内涵和要求,进一步推动在"标准、政策、产品、流程"等方面的创新创造,持之以恒地加大各项政策倾斜,研发推出更多的新产品,优化再造更多的新流程,坚持为推动衢州市建设国家绿色金融改革创新试验区作出贡献。

2019年1—6月,该行新增投放工业节能环保项目、资源循环利用项目、绿色农业开发项目合计3 350万元。

目前温州银行衢州分行已与江山市中小企业担保中心签订相关协议,给予"亩均贷"业务3 000万元的授信额度。

四、小结

温州银行衢州分行积极响应政府号召,建立了一支绿色金融队伍,完善了一揽子绿色信贷政策,推出了一系列绿色产品,创新了一种担保方式。此外,该行将加大各项政策倾斜,研发推出更多的新产品,优化再造更多的新流程,推动衢州市建设国家绿色金融改革创新试验区。

发挥市场关键作用,助力"三个先行示范"——衢州市"两山银行"改革实践及成效

[摘要]

当前衢州市面临生态资源向资产资本转化"最后一公里"尚没有打通,农村丰富的生态资源还没有成为农民走向共同富裕的"金饭碗",多元化、市场化生态补偿机制还不健全等挑战。为此,衢州市委、市政府以"绿水青山就是金山银山"为指引,整体谋划推进生态产品价值实现机制和"两山银行"改革,力争在"产业生态化、生态产业化"中摆脱高碳产业路径依赖,走出一条"两山"转化、生态富民、共同富裕新路径,在经济效益与社会效益上取得了良好提升。

一、案例简述

当前,生态资源向资产资本转化"最后一公里"尚没有打通,农村丰富的生态资源还没有成为农民走向共同富裕的"金饭碗",农民和村集体并不能真正共享生态资源开发运营的红利。同时,多元化、市场化生态补偿机制还不健全,排污权、用能权、碳排放权、森林碳

汇抵消机制等市场机制改革进展缓慢,生态产品中的生态调节服务(生态功能)产品缺乏价值实现有效渠道。为此,衢州市采取的主要做法如下:

(1) 聚集转化堵点,创新生态资源整合运营机制。一是构建政府主导的生态资源整合体系。二是探索市场认可的生态产品标准体系。三是创新风险可控的生态金融支撑体系。衢州市把生态资源产品化为根基,把市场化作为关键,把金融化作为支撑,力争为全国生态产品的价值实现提供衢州范例。

(2) 构建制度闭环,探索生态富民利益共享机制。一是创新"期权＋股权"的生态资源储蓄机制。二是创新"利息＋分红"的开发收益分红机制。三是创新"资源＋资金"的股权投资分红机制。衢州市把改革的落脚点放在"让老百姓获益、让弱势群体受益,加快推动共同富裕"上,构建"存入绿水青山、取出金山银山"和"资源从老百姓手中来、资金回到老百姓手中去"闭环机制,力争为山区共同富裕提供衢州范例。

(3) 创设生态账户,培育生态环境权益交易市场。一是以碳账户为先行,探索碳达峰、碳中和市场化推进机制。二是以生态功能账户为核心,探索生态功能占补平衡市场化机制。三是以"生态大脑"为支撑,探索数字赋能"两山"转化路径。衢州市以生态系统生产总值(GEP)核算为基础,以"两山银行"为平台,探索构建包括生态资产账户、生态功能账户、碳账户、生态补偿账户等"生态账户"市场交易体系,以"生态资源一张图、生态资产一本账、生态产品一家店"3个方面共计22个应用场景为重点,全面构建"生态大脑"智能治理体系,通过对全域生态进行即时监测、精准分析、整体研判、协同处置、评估交易,为"生态账户"市场交易体系建设赋能。

三、实践效果

1. 经济效益

全市7个生态资源开发运营公司对碎片化的各类农村生态资源进行了归集整合,共收储土地资源64 778亩、闲置农房195幢、闲置厂房9.8万平方米、水库112座、香柚树30万株、矿产砂石资源165.87万吨,整合形成可招商项目67个,引进社会资本开发29个,完成投资3.55亿元。

自2021年4月28日衢江区开具全国首张"两山银行"生态资源储蓄单后,各区纷纷跟进,全市已形成20个试点村,柯城区还在全区开展了土地经营权存储试点,对全区耕地实行"一年起存,'利息'为每亩每年450斤稻谷"的措施,目前共有800户农户主动存入2 154亩耕地;龙游县在全县开展了水库资源储蓄试点,目前共有104个村集体存入107个水库。这一做法机制使地方国资平台公司服务企业"项目找资源",转变为服务群众"资源找出路"。

2. 社会效益

目前,衢州市已成功创建从生产到消费的碳排放计量核算体系,形成碳源捕获计量路径,"绿能码"和工业企业碳账户覆盖到全市620家企业,完成40家重点监测工业企业碳账户的精细测算与碳效能贴标,正在制订差别化的用地、用能、用水、排污、融资等配套政策,计划到2021年年底初步形成碳排放责任账户、碳配额和碳汇资产账户体系,开展企业碳排放节余配额交易试点,形成碳达峰、碳中和市场化推进机制。

四、小结

衢州市委、市政府以"绿水青山就是金山银山"为指引,整体谋划推进生态产品价值实现机制和"两山银行"改革,力争在"产业生态化、生态产业化"中摆脱高碳产业路径依赖,走出一条"两山"转化、生态富民、共同富裕的新路径,目前已取得初步成效。

图书在版编目(CIP)数据

衢州绿色金融的探索与实践/李志青,丁丽霞主编. —上海:复旦大学出版社,2021.9
(绿色金融系列)
ISBN 978-7-309-15831-1

Ⅰ.①衢… Ⅱ.①李…②丁… Ⅲ.①地方金融事业-绿色经济-研究-衢州
Ⅳ.①F832.755.3

中国版本图书馆 CIP 数据核字(2021)第 147208 号

衢州绿色金融的探索与实践
QUZHOU LÜSE JINRONG DE TANSUO YU SHIJIAN
李志青　丁丽霞　主编
责任编辑/鲍雯妍

复旦大学出版社有限公司出版发行
上海市国权路 579 号　邮编:200433
网址:fupnet@fudanpress.com　http://www.fudanpress.com
门市零售:86-21-65102580　团体订购:86-21-65104505
出版部电话:86-21-65642845
上海四维数字图文有限公司

开本 787×1092　1/16　印张 16　字数 370 千
2021 年 9 月第 1 版第 1 次印刷

ISBN 978-7-309-15831-1/F·2816
定价:68.00 元

如有印装质量问题,请向复旦大学出版社有限公司出版部调换。
版权所有　侵权必究